Stephen Greenblatt

〔美〕斯蒂芬·格林布拉特　著　　闵雪飞　译

THE SWERVE

大 转 向

世界如何步入现代

HOW THE WORLD BECAME MODERN

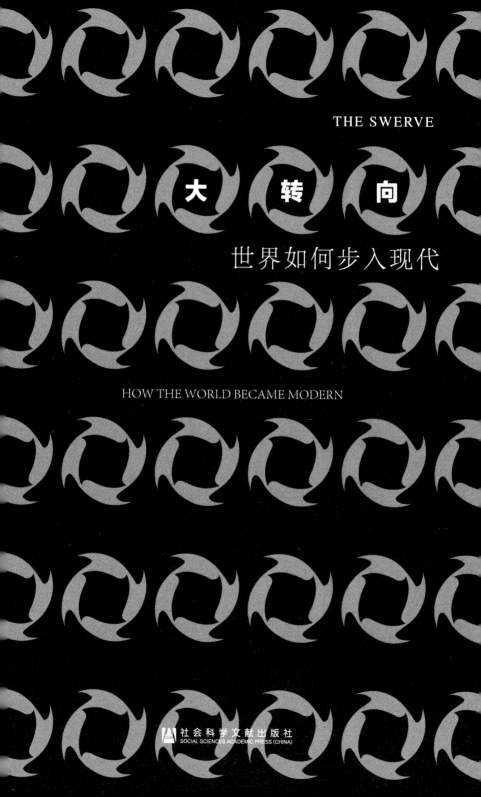
社会科学文献出版社
SOCIAL SCIENCES ACADEMIC PRESS (CHINA)

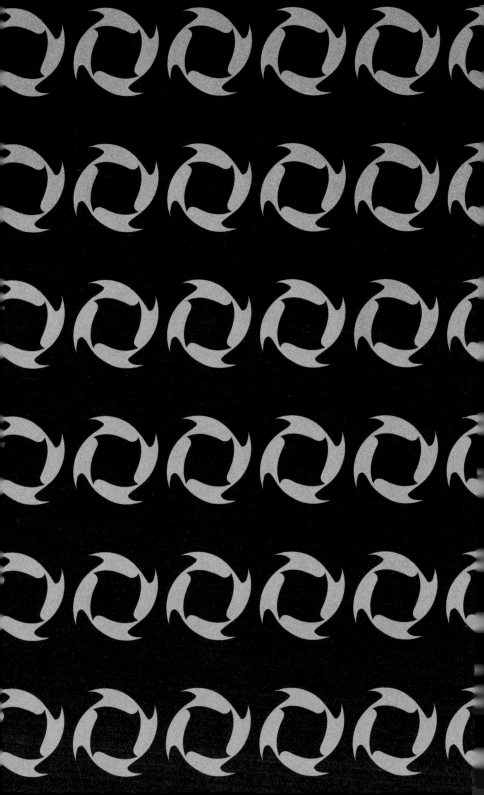

本书获誉

《大转向》蕴含的思想巧妙地融入了有关寻找的叙事之中……格林布拉特在《大转向》中提供的历史细节既生动又准确……本书的大量事例可以证明格林布拉特作为一个作家所具有的杰出且罕见的天赋：借用《大转向》中的话来说，这是一种充分感受"被埋葬的过去的全部重量"的能力。

——《纽约时报》

本书知识丰富、引人入胜，不仅是传记，也是一部思想史，哈佛大学莎士比亚研究学者格林布拉特将他的注意力转向文艺复兴的前沿，转向作为西方文化基础的起源：对真理的自由质疑。

——《出版者周刊》书评

这是一部由杰出的学者和历史学家撰写的极具启发性的文艺复兴史。

——《科克斯书评》

在《大转向》中，文学史专家斯蒂芬·格林布拉特探究了（卢克莱修的）《物性论》为何几乎散佚，又如何被拯救，以及这一拯救对我们来说意味着什么等问题。

——莎拉·贝克威尔，《纽约时报书评》

本书是对启蒙现代性的诞生的出色评估，著名莎士比亚研究学者格林布拉特巧妙地将读者带进了文艺复兴的黎明时分……来自人文学科的读者会发现这个迷人的故事具有难以抗拒的魅力。

——《图书馆学刊》书评

每一个关于思想史的保存的故事，都应该像斯蒂芬·格林布拉特从历史尘埃中挖掘和重新发现卢克莱修的《物性论》那样丰富多彩和令人赞叹。

——约翰·麦克法兰，《书业资讯》

阅读格林布拉特追溯这些思想在 15 世纪的欧洲，乃至更远的地方的传播是很有趣的，很大程度上这要归功于布拉乔利尼对卢克莱修诗歌的复原。

——Salon. com

《大转向》是一个紧张有趣、充满感情的真实故事，一个对我们所有人都利害攸关的故事。你越往下读，这个故事就变得越令人惊奇。这是一部我们如何成为现在的自己，如何形成现有的世界观的书。没有人能讲完整个故事，但格林布拉特抓住了一个关键的转折点：一个复原的时刻，一个传播的时刻，就像小说情节一样神奇。

——《费城询问报》

这是一个惊心动魄、充满悬念的故事，读者会从中得到启发，并对眼下的人类文明进程充满疑问。

——《波士顿环球报》

一首诗能改变世界吗？哈佛大学教授、畅销莎士比亚传记作者格林布拉特在这个令人着迷的思想史故事中巧妙地证明了这一点。这是一部非常有趣的书，讲述了一个具有激进思想的古罗马文本，这个文本震撼了文艺复兴时期的欧洲，激发出令人震惊的现代思想（如原子论），这些思想至今仍有回响。

——《新闻周刊》

献给阿比盖尔和亚历克斯

目　录

前 言

学生时代，我常在学年结束之际，去耶鲁大学的书店找暑
假要读的书。我的零花钱极少，但书店通常会以不可思议的低
价出售滞销书。这些书杂乱地堆在大木箱里，我翻箱倒柜，期
待有什么会引起我的兴趣。有一次，我被一本极为奇特的平装
书封面吸引住了，那是取自超现实主义者马克斯·恩斯特
（Max Ernst）的一幅画的部分细节。一弯新月下，远离地面，
有四条腿——身体不可见——缠在一起，似乎在半空中性交。
此书——两千年前卢克莱修（Titus Lucretius Carus）长诗《物
性论》（De Rerum Natura）的散文译本——标价十美分，我买
下了它，说实话，既是为了诗人对物质世界的经典描述，也是
为了那张封面。

假期并不特别适合阅读古典物理学，但在夏天的某个时
候，我漫不经心地拿起这本书读起来。我马上为那张性欲封面
找到了充分的理由。卢克莱修开篇便是对爱神维纳斯的热情赞
美，她在春天降临，驱散了乌云，天空流光溢彩，整个世界充
满了旺盛的情欲。

女神，首先是空中飞鸟，以其有力的翅膀，刺破天
穹，发出您进入的信号。其次是野兽和牲畜在丰盈的草地
上奔跑，在湍急的河流中畅游：无疑它们都被您的魅力吸

引，急切地跟随着您的身影。随后您将性欲之爱注入每一个生物的心中，包括：生活在海洋、群山、激流和鸟类出没的灌木丛，并植入繁殖后代的激情和欲望。[1]

诗篇开头的这种强烈的感情让我吃惊，我继续读下去，读到战神玛尔斯睡在维纳斯腿上这一情景——"他被永不愈合的爱的创伤所征服，向后仰着那英俊的脖子，凝望着您"；接着为和平祈祷；对哲学家伊壁鸠鲁（Epicurus）智慧的赞颂；对迷信恐惧的坚决谴责。当读到诗人开始对哲学基本原理作冗长阐述时，我料想要索然无味了：没人要我读这本书。我的目的只是快乐，我所获得的价值已远超十美分。但出乎意料的是，我发现这本书令人兴奋。

我并不是对卢克莱修优雅的语言有反应。后来我读了六音步诗体《物性论》的拉丁文原著，我开始理解它丰富的语言结构、微妙的节奏、巧妙的精确及辛辣的意象。但我最初读到的是马丁·弗格森·史密斯（Martin Ferguson Smith）水准一般的散文英译本——清晰简明，但说不上精彩。不，一定是还有什么东西打动我，在两百多页密密麻麻的文字中，有一些鲜活的东西流淌于字里行间。就我的职业而言，我力劝人们对他们读到的这些表面文字要谨慎。诗歌的快乐和趣味在很大程度上取决于这种细读。然而，即使是读一个平庸的译本，仍有可能对艺术作品产生强烈的体验感，更不用说一个优秀的译本。

3 这毕竟是大部分读书人接触《创世纪》、《伊利亚特》或《哈姆雷特》的实际情况，虽然从原著语言来读这些作品效果肯定更好，但坚持认为除此之外就不能真正读懂它们则是误导。

我能在任何情况下断言，甚至在散文译本中，《物性论》

仍然能够深深地拨动我的心弦。它爆发出的力量某种程度上取决于个人情况——艺术总是能穿透特定的缝隙进入人们的精神生活。卢克莱修长诗的核心是对死亡恐惧的一种深刻的、治疗性的沉思，对死亡的恐惧支配了我的整个童年。并不是我自己终将死亡让我如此惊恐不安，我有着一个普通、健康的孩子对永生的向往。我的恐惧完全来自我母亲的执念：她认为她注定会早死。

我母亲不害怕来世：像大多数犹太人一样，她对坟墓之外可能的存在只有一种模糊朦胧的感觉，她也很少想这件事。倒是死亡本身——就是不再活着——吓坏了她。在我的记忆中，她着魔般地想着她即将到来的末日，这种情绪一再被勾起，尤其在离别的时刻。我的生活充满了有关辞别的绵长、歌剧一般的情景。每当她同我父亲从波士顿到纽约度周末时，每当我去夏令营时，甚至——面对对她而言尤其难以接受的事情时——当我只是离家去学校时，她都会紧紧抱住我，说她感到脆弱，说我可能再也见不到她。如果我们一起去某个地方，她会经常停下来，似乎她即将晕倒在地。有时，她会给我看她脖子上一处搏动的静脉，她会抓起我的手指，让我去感受一下她危险的心跳。

我开始对她的恐惧有记忆时，她肯定还只有三十多岁，她的那些恐惧在时间上显然可追溯至更早。似乎在我出生前十多年，当她年仅十六岁的妹妹死于急性喉炎时，她的恐惧就生根发芽了。这一事件——在盘尼西林发明之前的年代很常见——始终是我母亲无法愈合的伤口：她时常说起，默默哭泣，让我再三读那个十多岁女孩在她病重期间写的那些辛酸的书信。

我早就理解了我母亲的"心病"——心悸会让她和她身

边的每个人生命骤然停止——那是生命的一种安排。这是一种同情和哀悼她已故妹妹的象征性手段。这是一种表达恨——"你明白你让我多么难过"——和爱——"你明白我仍然为你做这一切，即使我的心都要碎了"——的方式。这是她对存在感到恐惧的一次发泄和预演。总之，这是一种吸引注意力和渴求关爱的方式。但这一理解并没有使我童年所受的影响得到显著减弱：我爱母亲，害怕失去她。我没有办法来厘清心理策略和危险症状的关系。（我想她也没有这个能力。）作为一个孩子，我没有办法去评价这种对即将到来的死亡不断抱怨的怪异，以及每次告别犹如永别的伤感。唯有现在，当我有了自己的家，我才理解这种强迫症有多么可怕，它导致慈爱的父母——她是慈爱的——将如此沉重的情感负担压在她的孩子身上。每天都会带来一种黑暗必将到来的确定感：她的末日离我们很近。

而结果是，我母亲差一个月就活到了九十岁。当我初次读到《物性论》时，她仅有五十多岁。那时，我害怕她死去的心情同一种痛苦的感觉纠缠在一起，因她的极度恐惧，她把自己的大部分生活给毁了——也给我的生活投上了阴影。因而，卢克莱修的话就在我耳边响起，清晰得可怕："对我们来说，死亡算不了什么。"他写道，在死亡的焦虑中度过一生，真是愚蠢。这无疑是让你的生活残缺和无趣的一种做法。他还表达了这样一种想法，对此我即使在内心也不太会允许自己表达出来：让别人产生这种焦虑是控制欲和残忍的表现。

就我而言，这就是此诗的个人切入点，就是直接作用于我的力量所在。这种力量不仅是我个人生活经历的一个特殊结果。《物性论》打动我的地方还在于它对事物的自然存在方式所做的解释既令人惊讶，也让人信服。说真的，我很容易理解，这种古典解释的许多方面如今似乎显得荒唐。我们还能期待什么呢？卢克莱修相信，太阳围绕地球运转，他认为太阳的热量和大小跟我们所能感知到的差不多。他认为蠕虫是从潮湿的土壤中自发产生的，他将闪电解释为从云层中喷射出的火种，将地球描述为一位更年期母亲因非常艰辛的繁殖工作而疲惫不堪。但他的长诗的核心奠定了对世界的一种现代理解的基本原则。

卢克莱修指出，宇宙的物质是在空间随机运动的无数的原子，就像阳光下的尘埃，互相碰撞，缠在一起，形成复杂的结构，再次破裂，处于不断创造和破坏的过程中。这一过程无从逃避。当你仰望夜空，莫名感动，惊叹天上无数的星星时，你并没有看到神灵的杰作，或一颗脱离我们短暂世界的水晶球。你所看到的是同样的物质世界，你是它的一部分，你是由它的元素构成的。没有总体规划，没有神的缔造者，不是“智慧设计论”①。所有事物，包括你所属的物种，已经经历了漫长的进化。进化是随机的，虽然就生物体而言，它涉及自然选择。那就是，适合生存及繁殖的物种成功地存活，至少存活一段时间；那些不适合生存和繁殖的物种很快就灭绝了。但没有事物——从我们这一物种到我们生活的地球到赐予我们光明的太阳——会永存。只有原子是不朽的。

在一个这样的宇宙中，卢克莱修认为，没有理由认为地球或它的居住者占据着中心位置，没有理由将人类与其他动物区

---

① 该论点认为世界十分复杂，因此其产生并非偶然，必定是由上帝或其他智慧生物所创造出来的。——译者注

别开来，不必希望去贿赂或安抚神灵，没有宗教狂热的空间，不需要禁欲克己，没有理由去追求无限的力量或绝对的安全，没有理由发动侵略战争和自我扩张，没有战胜自然的可能性，无法逃避形式的创造、毁灭和重建。另一方面，作为对那些兜售虚假的安全愿景或煽动非理性死亡恐惧的人的愤怒，卢克莱修提出一种解放的感情和一种力量，能够俯视曾经具有威胁性的事物。人类能够及应该做什么，卢克莱修写道，就是克服他们的恐惧，接受他们自身以及他们所接触到的所有事物都是短暂的这一事实，他们要拥抱世界的美丽和快乐。

我很惊讶——我至今仍然惊讶——这些观念在一部两千多年前写的书里得到了充分的阐述。这部作品与现代性之间的联系并不是直接的：没有什么会如此简单。有无数的遗忘、消亡、复苏、解除、扭曲、挑战、转换和新的遗忘。然而它们存在着关键的联系。在我自己认同的这种世界观背后，隐藏着一首古老的诗，一首曾经失落，显然不可复得，但又被发现的诗。

因此，卢克莱修长诗的哲学传统与神灵崇拜和城邦崇拜是如此格格不入，甚至在包容的古典地中海文化中，它仍被认为是可耻的。这并不奇怪。这一传统的信徒有时会被斥为疯子、不诚之徒或是蠢人。随着基督教的兴起，他们的著述受到攻击、嘲笑、焚烧或——最具破坏性的——忽视并最终遗忘。令人惊讶的是，这一哲学体系最为清晰的表达——这部长诗的发现是本书的主题——得以幸存。除了一些零碎的材料和二手记录，这一丰富传统的全部遗产都包含在这一作品里。随便一把火，任何一种破坏行为，下决心抹杀被认定是异端邪说的最后的痕迹，那现代性的过程就会有所不同。

在所有的古典名著中，这部长诗多半会同那些曾经启发过它的作品一样消失，并将永久消失。但它没有消失，多个世纪后它又浮出水面，再次开始传播其极具颠覆性的观点，这一状况或许可以被称为奇迹。但此诗作者并不相信奇迹。他认为没有什么能破坏自然法则。相反，他宁可将其称为"转向"——卢克莱修主要用的一个拉丁词是 clinamen——事物的一个预想不到、不可预知的时刻。此诗的重现就是这样一个转向，是通向遗忘之路的一次意外偏差——此诗及其哲学思想仿佛正在传播途中。

当一千年后，它重新流行，此诗关于宇宙——由无限虚空中原子碰撞而成——的大部分内容似乎显得荒唐。但那些最初被认为既不虔诚又荒谬的观点结果却是当代对整个世界进行理性理解的基础。问题的症结在于不仅要对古代现代性的关键因素给予关注，更是提醒我们自己，虽然希腊和罗马的经典在我们的课程中大多数已被替代，但实际上它们绝对塑造了现代意识。也许，更令人惊奇的是这种感知，《物性论》的字里行间充满了这种感知，即世界的科学景象——无限宇宙中原子随机运动的图景——源于诗人的好奇心。这种好奇不取决于神灵、妖魔及来世的梦想；在卢克莱修看来，它出于这样的认知：我们由同样的物质构成，如同星辰、大海及所有其他事物。他认为，这样的认知应该是我们日常生活的基础。

在我看来，这也绝不单是我的观点，古代之后的文化，最能体现卢克莱修式对美和快乐的拥抱，并向前推进为一项合理和有价值的人类追求的是文艺复兴时期的文化。这种追求不局限在艺术领域。它规范了朝臣的服饰和礼仪、宗教礼拜的祷告词、日常用品的设计和装饰。它也体现在列奥纳多·达·芬奇对科学和技术的探索中，伽利略有关天文学的生动对话中，弗朗西斯·培根雄心勃勃的研究计划中，以及理查德·胡克的神学中。这实际上是一种反射，如此，那些似乎与任何美学抱负相去甚远的作品——马基雅维利对政治谋略的分析、沃尔特·雷利对圭亚那的描述，或者罗伯特·伯顿对心理疾病百科全书般的说明——得以精心撰写，以产生最强烈的阅读快感。但文艺复兴时期的艺术——绘画、雕塑、音乐、建筑以及文学——则是追求美的最高体现。

9

我自己情有独钟的则是且始终是莎士比亚；但莎士比亚的成就在我看来，只是一场更大的文化运动的一个奇观，这场运动包括阿尔贝蒂、米开朗琪罗、拉斐尔、阿里奥斯托、蒙田及塞万提斯，还有其他十多位艺术家和作家。这场运动有许多纠缠在一起并经常冲突的方面，但在他们中间有一种对生命活力的肯定。这种肯定甚至扩展到文艺复兴时期的许多艺术品，在这些作品中，死亡似乎就是胜利。因此在《罗密欧与朱丽叶》的结尾，坟墓并不能完全吞噬掉恋人，而是让他们作为爱的化身进入未来。四百余年来，在观看此剧时如痴如醉的观众心目中，朱丽叶实际上表达了她的心愿，在她死后，黑夜将罗密欧带走

> 分散成无数的星星
> 把天空装饰得如此美丽
> 使全世界都恋爱着黑夜。

（第三幕第二场第 22～24 行）

对美和快乐的一种相当宽广的拥抱——这种拥抱一定程度

上从生命扩展到死亡，从生命的创造扩展到了生命的消解——具体表现为蒙田对物体运动的无休止的思考，塞万提斯笔下疯癫骑士的编年史，米开朗琪罗对剥落的皮肤的描绘，列奥纳多的旋涡草图，卡拉瓦乔对基督脏了的脚底给予慈爱的关注。

有些事情在文艺复兴时期发生了，这就是对几个世纪以来围绕好奇心、欲望、个性形成的约束的反对，就是对物质世界持续的关注，及对身体权利的主张。众所周知，这一文化转型很难界定，其意义也备受争议。但凭直觉就很容易明白其意义所在，只要你在锡耶纳看看杜乔画的圣母像《光荣圣母》（*Maestà*，约 1310 年），然后在佛罗伦萨看波提切利的《春》（*Primavera*，约 1482 年）——并非巧合，此画受到了《物性论》的影响。在杜乔华丽的祭坛画《光荣圣母》的正面，天使、圣徒和殉道者的崇拜置于静默的中心，身着长袍的圣母和她的孩子沉浸在庄严的沉思中。在《春》这幅画中，古老的春天之神结伴来到一片青翠的树林中，他们投身于复杂、有节奏感的更新的自然繁殖力的舞蹈之中，这让人想起卢克莱修的诗歌："春天来了，维纳斯来了，领先的是维纳斯的有翼先驱，还有花神弗洛拉，紧跟西风之神泽菲尔的脚步，为他们开路，洒下各种精致的色彩和香味。"[2] 这一转向的关键不仅在于复兴了对异教神灵及其曾有的丰富含义强烈而又深厚的兴趣，还在于对一个动态世界的整体想象，这个世界并非无足轻重，但其短暂性、其性欲力量及其不断的变化使它变得更加美丽。

虽然最明显的是艺术作品，但对世界的感知和生活方式的转变并不限于美学领域：这种转变还有助于解释哥白尼和维萨里、焦尔达诺·布鲁诺和威廉·哈维、霍布斯和斯宾诺莎等人在理智领域的大胆探索。这一转型并非突如其来或一劳永逸，但是越来越有可能摆脱对天使、恶魔和非物质因素的关注，转而关注这个世界的事物；有可能理解人类如同其他事物，用同样的材料构成，是自然秩序的一部分；有可能进行实验而不必害怕侵犯上帝小心翼翼守护的秘密；有可能质疑权威，挑战既有信条；有可能将追求快乐躲避痛苦合法化；有可能想象在我们这个世界之外另有世界；有可能接受这个想法，在无限的宇宙中，太阳只是其中一个星球；有可能过一种道德生活而不涉及死后的奖赏和惩罚；有可能不必颤抖着思考灵魂的死亡。总之，这成为可能——绝不容易，但有可能——如同诗人奥登所说，发现一个凡人的世界足矣。

对于文艺复兴的发生和对塑造我们这个世界所释放出的力量，没有单一的解释。但我在本书中想要讲一个鲜为人知却堪称典范的文艺复兴的故事，波焦·布拉乔利尼（Poggio Bracciolini）发现《物性论》的故事。这一发现很好地说明了一个术语，当我们论及现代生活和思想的起源，我们就用这一术语来表示一种文化转换：文艺复兴（re-naissance），即古典的复兴或再生。一首诗本身当然不足以促成一次知识、道德和社会方面的整体转型——没有一部作品能够做到，更别说一部几个世纪以来在公共场合自由谈论就不无危险的作品。但这部独特的古典作品突然重见天日，自有其与众不同之处。

然而，这是一个世界如何转向一个新方向的故事。推动变革的不是一场革命，不是一支大军兵临城下，或者登上一块新大陆。对于这类事件，历史学家和艺术家给大众想象提供了令人难忘的画面：巴士底狱的陷落、罗马的抢掠，或者西班牙船只上衣衫褴褛的水手在新大陆竖起他们的旗帜那一时刻。这些世界历史性变革的标志可能具有欺骗性——巴士底狱几乎没有

因犯；阿提拉的军队很快从帝国首都撤走；而在美洲，真正的
决定性运动并非旗帜招展，而是首次一个患有传染性疾病的西
班牙水手，被好奇的土著团团围住，他打喷嚏、咳嗽。还有，
在此情况下，我们至少可以抓住这一生动的象征。但本书关注
的划时代变革——虽然影响了我们所有人的生活——并非简单
地与一个戏剧性形象联系在一起。

12

当大约六百年前的变革发生时，关键时刻被遮蔽，几乎看
不清楚，隐藏在墙后一个偏僻的地方。没有英雄壮举，没有观
察家为子孙后代热诚地记录这一伟大事件，天地之间没有任何
迹象表明一切都永远改变了。一天，有个矮小、和蔼、机敏的
三十多岁男子伸出手来，从图书馆架子上拿起一份古老的手
稿，他激动地看出他发现了什么，他吩咐将手稿抄写下来。就
是这样；但这就够了。

手稿的发现者当然并未完全把握这一情景的意义，或预想
到它的影响，这种意义和影响，几个世纪后才逐渐表露。确
实，如果他对将要释放的力量有所了解，那他就会对是否要将
具有如此威力的一部作品从它沉睡的黑暗中取出来而三思了。
此人手中拿着的这本书是几个世纪里被人辛苦地抄录下来的，
但它长久以来并未被人传阅，也许那些抄写它的孤独的灵魂也
理解不了。一代又一代，根本没有人谈论它。4世纪至9世纪
之间，在举例说明语法和辞典编纂时它被短暂地引用，即作为
正确使用拉丁语的范本。在七世纪，塞维利亚的伊西多尔
（Isidore of Seville，即"圣伊西多尔"）编辑了一大本百科全书，
此书成为气象学方面的权威之作。在查理大帝时代，它又短暂
地出现过，其时，人们对古代书籍兴趣大增，一个名叫邓格
尔（Dungal）的爱尔兰学者型修道士对一个抄本做了仔细修订。

13   但既没有讨论也未有传播，在这些短暂的露面之后，似乎又石
沉大海。接着，在沉睡并被遗忘一千多年后，它又恢复了
流通。

作为这一重大回归的有功之人，波焦·布拉乔利尼是一位
热衷于写信的作家。[3] 他曾将这件事记录下来写给了他家乡意
大利的一个朋友，但那封信不见了。尽管如此，根据他的亲笔
书信和他的社交圈里其他人的书信，还是有可能还原这一事件
的来龙去脉。尽管从我们的角度来看，这份手稿是他最伟大的
发现，但它绝不是他唯一的发现，也不是偶然的发现。波焦·
布拉乔利尼是位珍本、秘本书搜猎者，也许是这个痴迷于挖掘
和恢复古代世界遗产的时代最伟大的猎书人。

寻找一部失落之书通常不被认为是一个惊心动魄的事件，
但事件背后却是对教皇的逮捕和监禁，是对异端的焚烧以及对
异教古代的兴趣大爆炸。发现的行为表明了一位才华横溢的猎
书人的生命激情。这位猎书人，不知不觉成为现代性的一个助
产士。

第一章　猎书人

1417 年冬天，波焦·布拉乔利尼骑马经过德国南部树木
繁茂的丘陵和山谷，前往遥远的目的地——一座被认为藏有旧
手稿的修道院。对于从小屋门口朝他望去的村民来说，此人显
然是个陌生人。他身材修长，胡子刮得精光，看上去穿着得
体，身着做工考究但式样简单的束腰外衣和斗篷。很明显，他
不是乡下人，然而他也不像城里人或王室成员，当地人会习惯
地时不时瞥上他们一眼。[1] 他没带武器，也没有穿护身的铠甲，
当然不是一个条顿骑士——一个骨瘦如柴的乡巴佬用棍子可以
轻松地把他打趴下。虽然他似乎不是个穷人，但也没有常见的
财富和地位的迹象：他不是朝臣，朝臣会穿着华丽的衣服，头
上洒了香水，留着长长的发卷；也不是个外出打猎和放鹰的贵
族。从他的衣着和发型上看，他显然也不是个神父或修道士。

德国南部那时很繁荣。三十年战争①带来了灾难性的破
坏，乡村被洗劫，该地区所有的城市被摧毁，但那是以后的事
情，就像我们时代的恐怖行为毁掉了从这个时期幸存下来的大
部分东西。除了骑士、朝臣和贵族，其他阶层的人忙着在车辙
纵横、拥挤不堪的道路上穿行。拉芬斯堡靠近康斯坦茨，曾进

---

① 三十年战争（Thirty Years' War），指 1618～1648 年，由神圣罗马帝国内
战演变而成的一次大规模的欧洲国家混战，也是历史上第一次全欧洲大
战。——译者注

行亚麻交易，最近开始生产纸张。乌尔姆位于多瑙河左岸，是个繁荣的制造业和商业中心，如同海登海姆、阿伦、漂亮的陶伯河上游的罗滕堡（Rothenburg ob der Tauber），以及更漂亮的维尔茨堡。城市自由民、羊毛经纪人、皮革和布料商人、葡萄酒商和其他酿酒商、工匠和他们的学徒，还有外交官、银行家及收税官，都是常客。但波焦是个陌生人。

还有一些不那么富裕的人——佣工、补锅匠、磨刀师傅及其他流动的生意人；朝圣的信徒，他们去圣地膜拜现存的一块圣骨或一滴圣血；走街穿乡的杂耍艺人、算命先生、小贩、杂技和哑剧演员；逃亡者、流浪汉和小偷。还有犹太人，他们戴着圆锥形帽子及基督教当局强迫他们佩戴的黄色徽章，作为蔑视和仇恨的对象可以很容易被认出来。波焦当然不属于上述任何一类人。

对那些旁观者来说，事实上，他一定是个来历不明的家伙。那时，大多数人会显示他们的身份，即他们在社会等级体系中的位置，有一些大家能明白的标志，如染工手上擦不掉的污渍。波焦则难以辨认。孤身一人，从家族结构和职业之外去考虑，没有多大意义。重要的是你属于什么，乃至你属于谁。英国诗人亚历山大·蒲柏以嘲讽的语气写于18世纪的一首两行诗，影射女王的一条小哈巴狗，但可以很恰当地引用到波焦所生活的世界里：

16

我是陛下的裘园之狗；
请告诉我，先生，你是谁家之犬？[2]

家庭成员、亲属关系、行业协会、社团组织——这些是人格建设的基石。独立自主则没有文化的立足点；确实，它们几乎不被意识到，更别说珍惜了。在指令和服从的关系中，身份获得了恰当和彼此认同的位置。

试图打破这种关系是愚蠢的。一个鲁莽的举动——拒绝对特定的某人鞠躬、下跪或摘下帽子——会导致鼻梁被打断或脖子被扭断。这究竟是什么问题？似乎没有任何连贯的替代选择，当然也没有由教会、朝廷或城镇寡头阐述清楚的方案。最好的做法是谦卑地接受命运给予的身份：农夫只需知道怎样耕地，织工知道怎样织布，修道士知道怎样祷告。当然这些事情有可能做得更好或更糟；波焦发现自己感谢这个社会，并在相当程度上获得了不同寻常的技能。但是，为了某些不可言喻的个性、多面性或强烈的好奇心而奖励一个人则几乎是闻所未闻的。确实，好奇心被教会视为一桩弥天大罪。放纵好奇心就意味着永堕地狱的危险。

那么，波焦是谁？他为什么不公开显露自己的身份？这是体面人习惯的做法。他没有佩戴任何徽章，也没有携带任何商品。他有一副习惯同大人物打交道的自信的模样，但他自己显然是个无足轻重的人物。大家知道一个重要人物是什么样子，因为这是一个重要人物会带着家丁、武装侍卫和穿制服的仆人的社会。骑马的这个陌生人，穿着简单，只有一个同伴。当他们在小酒店停留时，似乎是个助手或仆人的他的同伴开口张罗。当店家与他说话时，很明显他几乎不会说德语，他的母语是意大利语。

如果他试图向一个好奇者解释他是做什么的，那只会加深他身份的神秘感。在一种读写能力有限的文化环境中，对书籍感兴趣是一件怪事。波焦如何解释他拥有这种特殊兴趣的较古怪的特质呢？他不是寻找祈祷书、弥撒书或赞美诗，这些书装帧精美、华丽，就是文盲也知道它们的价值。在这些书中，有的用宝石或黄金镶嵌，经常被锁在特殊的盒子里或用链子系在讲台和书架上，所以手段再高超的窃贼也无法得逞。但这些书对波焦没有特别的吸引力。他也不关注神学、医学或法学著作，这些都是专业精英青睐的重要工具书。这种书甚至对那些读不懂的人也具有留下深刻印象或令其畏惧的力量。它们有一种社会魔力，大部分与不愉快的事件相关联：一桩诉讼、腹股沟疼痛的肿胀、巫术或异端指控。一个普通人懂得，这种书有牙齿和爪子，因而理解为什么一个聪明人会猎杀它们。但波焦对此漠不关心，这又令人费解。

这个陌生人打算去一个修道院，但他不是神父或神学家，也不是异端审判官，他也不收藏祈祷书。他要搜寻旧手稿，其中许多手稿发霉、被虫蛀，即使训练有素的专业读者也几乎无法辨认。如果写有这些书的羊皮纸仍然完好无损，那就会有一定的现金价值，因为这些羊皮纸可以用刀仔细刮干净，用滑石粉弄平整，重新书写。但波焦并不从事羊皮纸交易，他实际上厌恶那些将原有文字刮掉的人。他想看这些羊皮纸上写了什么，即使字迹潦草难认，他最感兴趣的是四五百年前的旧手稿，即 10 世纪甚至更早时期的手稿。

除了少数人，对德国大部分地区的人而言，要是波焦试图说清楚意图，那他的这种搜寻似乎很奇怪。如果波焦继续解释他实际上对四五百年前写的东西一点不感兴趣，那这就会让人觉得更奇怪了。他鄙视那个时代，视其为迷信和无知的污水坑。他真正希望发现的是那些文字与它们被写在旧羊皮纸的时刻无关，他希望在最好的情况下，那些文字没有被低级抄写员的精神世界污染。波焦希望，那个抄写员尽职并准确地抄写一份更旧的羊皮纸，这张羊皮纸之前由另一个抄写员抄写，除了留下的这个痕迹，他们卑微的生活对猎书人没有特别的影响。如果这近乎奇迹般的好运持续下去的话，那先前的手稿早已消失在尘埃之中，倒是更古老手稿的一份忠实的抄本，而那份手稿则是另一份手稿的抄本。现在对波焦来说，这一搜寻终于有了激动人心的结果，这位猎书人胸腔里的心脏跳得更快了。这条线索让他返回罗马，不是回到当下的罗马：教廷腐败、尔虞我诈、政治衰弱以及鼠疫的周期性爆发，而是回到有着论坛、议事院和拉丁语的罗马，它那水晶般的美丽曾使他充满了惊奇及对一个失落世界的渴望。

对任何一个在1417年踏上德国南部土地的人来说，上述这些意味着什么呢？如果听取波焦的说法，一个迷信的人可能怀疑这是某种特定的巫术或《圣经》占卜；一个更老练的人可能诊断为一种叫藏书癖的心理执念；一个虔诚的人可能想知 19道为什么一个健全的灵魂会在救世主为愚昧的异教徒带来救赎的希望之前，感受到一种充满激情的吸引力。所有人都会问这个显而易见的问题：此人为谁服务？

波焦可能自己也难以找到答案。他不久前为教皇若望二十三世（Pope John XXIII）服务，更早之前他也先后为几位罗马教宗服务过。他的职业是"文书"（scriptor），即罗马教廷官方文件的一个熟练书写者，由于心灵手巧，他已经晋升到若望二十三世麾下使徒秘书这个令人垂涎的职位。他随时准备写下教皇的话，记录其教谕，用优雅的拉丁文为其撰写大量的国际信件。在正式的教廷环境中，身体能近距离接触绝对统治者的就是一个重要的人物，因此波焦是个重要人物。当教皇在他耳边低声说什么，他仔细听着；他也低声对教皇说话；他明白教皇微笑和皱眉的意思。正如"秘书"一词所表明的，他有权获知教皇的秘密。而这位教皇有许多秘密。

但此时，波焦正骑马搜寻古代手稿，他不再是使徒秘书了。他并没有冒犯他的主子教皇，他的主子仍然活着。但一切都改变了。波焦服务过的教皇，之前在其面前，信徒（及不那么信从的人）会颤抖，而此刻，即 1417 年冬天，这位教皇坐在海德堡的帝国监狱里，被褫夺了头衔、名号、权力和尊严，遭到公开羞辱，被教会的权贵们谴责。"神圣和正确"的康斯坦茨宗教大会宣布，因他的"可憎和不当的生活"[3]，他给教会和基督教世界带来了丑闻，他不适合再留在那个崇高的职位上。因而，宗教大会解除了所有信徒对他的忠诚和服从；确实，现在禁止称他为教皇，也不允许效忠于他。在漫长的教会史上，有许多令人印象深刻的丑闻，但这样的事以前很少发生——之后也没有再发生过。

这位遭废黜的教皇并不在场，但波焦，教皇昔日的使徒秘书可能在场，当里加大主教将教皇的印章交给一个金匠，金匠一脸肃穆地把它打碎，打碎的还有教皇的左臂右膀。前教皇所有的仆人都被遣散，他的信件——波焦曾在这些信件的管理方面起了重要作用——被正式封存。他施洗礼时被称作若望二十三世的教皇不再存在；曾经拥有这个头衔的人又一次名为巴尔达萨雷·科萨（Baldassare Cossa）。而波焦现在成了一个无主的人。

在 15 世纪初期，没有主子，对大多数人而言是一种尴尬，甚至危险的状态。无论乡村还是城镇，人们会用怀疑的眼光看

待游荡者；流浪汉会被鞭子抽，会被刻上烙印；在一个基本上
没有监管的世界的偏僻的路上，不受保护的人是非常脆弱的。
当然，波焦并非流浪汉。他精明老练，长期活动在大人物的圈
子里。梵蒂冈和圣天使城堡（Castel St. Angelo）的武装警卫不
加询问就让他进出城门，教廷职位的钻营者尽力引起他的注
意。他可以直接接触一个绝对统治者和富裕而狡猾的巨大领地
的主人，这些人声称是西方基督教王国（Western
Christendom）全体民众的精神领袖。在宫中私室里，如同在教
廷本身中，使徒秘书波焦是个大家熟悉的人物，他和珠光宝气
的红衣主教们开玩笑，同大使们闲聊，用水晶杯或黄金杯喝精
美的葡萄酒。在佛罗伦萨，他得到了领主宫（Signoria）一些 21
最有权势的人物的友好对待，这些领主是城里的统治者，总
之，他有一个杰出人物的朋友圈。

　　但波焦不在罗马或佛罗伦萨。他在德国，他跟随前往康斯
坦茨城的教皇则在牢里。若望二十三世的敌人获胜并取得了控
制权。曾经对波焦打开的大门紧紧闭上了。钻营者渴望得到帮
助——一份特许、一桩法律裁决、一个对他们自己或亲属有利
可图的职位——他们曾向这位秘书献殷勤，作为向他的主人献
殷勤的一种途径，如今他们都另找门路了。波焦的收入突然枯
竭了。

　　那份收入曾经相当可观。文书没有固定的补贴，但他们可
以就收发文件收费，得到所谓的"特许权"（concessions of
grace），即经过教皇口头或书面授权做一些技术上的修正或破
例以谋取合法的好处。当然，还有别的一些非官方的费用，可
以私下揣入教皇耳目的口袋。在 15 世纪中叶，一个秘书的年

收入为 250 至 300 弗罗林①，一个具有进取精神的秘书可以挣得更多。在十二年任职期结束时，波焦的同事，特拉比松的乔治在罗马银行存有四千多弗罗林，还有对房地产的可观投资。[4]

在写给朋友的信中，波焦声称他一生既无雄心也不贪心。在他的一篇署名文章中，他攻击贪婪是人类最可憎的恶习之一，谴责虚伪的修道士、肆无忌惮的贵族和不知满足的商人的贪婪。当然，仅凭表象就对他的态度信以为真是愚蠢的。从他的职业生涯后期可以充分看出来，当他设法返回教廷时，他利用其职位很快发了大财。到 1450 年代，除了一幢豪宅和一处乡下的庄园，他还设法购入了几座农场、十九块不同的土地、佛罗伦萨的两处住房，在银行和商号他还有大量存款。[5]

但他的兴旺发达是几十年以后的事。由税务官员编制的一份 1427 年的官方财产清册（叫作 catasto）表明，波焦财产属于一般水平。而十年前，在若望二十三世被废黜时，他的财产肯定要少得多。确实，他后来的占有欲可能是对那些漫长岁月的记忆的一种反应，他有过几年贫困生活，那时他发现自己身处陌生的地方，既无工作也无收入，难以为继。1417 年冬天，波焦骑马经过德国南部乡村时，他几乎不知道他的下一个弗罗林来自何处。

更令人吃惊的是，在这个困难时期，波焦并未很快找寻一份新工作，或急于返回意大利。[6] 他所做的反而是去猎书。

---

① 弗罗林（Florin），13 世纪意大利开始铸造的一种金币。——译者注

第二章　发现的时刻

自从诗人和学者彼特拉克因猎书给自己带来了荣耀之后，
在 14 世纪的大部分时间里，意大利人沉迷于猎书。[1] 约 1330 年
代，彼特拉克整理出李维的传世之作《罗马史》（*History of
Rome*），并且发现了被遗忘的，如西塞罗、普罗佩提乌斯
（Propertius）及其他人的杰作。彼特拉克的成就激励了其他人
去寻找失落的经典，这些书尘封已久，经常在几个世纪里未被
阅读。重新获得的文本被抄写、编辑、评注并急切地交换，那
些寻书者被赋予了鲜明的特征，并形成了所谓"人文研究"
的基础。

那些致力于这一研究的人被称作"人文主义者"
（humanists），以仔细阅读从古代罗马幸存下来的文本、许多
曾经很有名的书或仍有缺失的残本而为人所知。偶尔，波焦和
他的人文主义者同行热切阅读古代作家的作品，那些作家对这
些书做了引人入胜的引用，经常伴随着夸张的赞美或污辱性的
攻击。比如在讨论维吉尔和奥维德时，罗马修辞学家昆体良说
过："马切尔和卢克莱修当然值得一读。"[2] 他接着讨论阿塔克
斯的瓦罗、科尼利厄斯·西弗勒斯、萨莱乌斯·巴苏斯、盖乌
斯·拉比里乌斯、阿尔比诺瓦努斯·佩多、马库斯·弗里乌斯
·比巴库卢斯、卢修斯·阿克齐乌斯、马库斯·帕库维乌斯，
还有其他他非常欣赏的作家。人文主义者知道那些散佚的书中

有些可能永远消失了——事实证明，除了卢克莱修，上述提到作家的著作都不知所踪——但他们怀疑，也许别的书当中的大部分被藏在黑暗之处，不仅在意大利，还可能穿越了阿尔卑斯山。总之，彼特拉克在比利时的列日（Liège）找到了西塞罗的《为诗人阿奇亚斯辩护》（*Pro Archia Poeta*）手稿，在巴黎找到了普罗佩提乌斯的手稿。

对波焦和他的猎书者同行来说，首要的猎场是古老修道院的图书馆，这有充分理由：在很多世纪里，修道院实际上是唯一的藏书机构。至少按我们的标准，甚至在罗马帝国的稳定和繁荣时期识字率也并不高。[3] 随着帝国的崩溃，城市衰落，贸易水平下降，日趋焦虑的民众望着远处逼近的野蛮人大军，整个罗马的根基和高等教育体系分崩离析了。以缩小规模开始，接着整体崩塌。学校关闭，图书馆和学术机构大门紧闭，语法专家和修辞学教师发现自己失去了工作。比起书的命运，有更重要的事情让人们担心。

但所有的修道士应该知道如何阅读。在一个逐渐由文盲武夫统治的世界上，修道院制度早期形成的对僧侣的期待，具有不可估量的重要性。以下是 4 世纪末由科普特人圣帕科缪（Saint Pachomius）制定的埃及和整个中东地区修道院的规则。当一个申请进入修道院的候选人向长老们介绍自己时，

他们将给他看二十篇诗或两篇使徒书信或《圣经》的其他部分。如果他是文盲，他将在第一个小时、第三个小时和第六个小时之际去找指定给他的、能够教他的人。他将站在此人面前怀着感激之情，勤奋学习。教他音节的基本原理，给他写出动词和名词，即使他不愿意，他也会

25

被迫学习识读。[4]（规则 139）

"他也会被迫学习识读。"正是这种强制行为，在几个世纪的混乱中，帮助拯救了古代思想的成果。

虽然在写于 6 世纪最有影响的修道院规则中，圣本笃（St. Benedict）没有简单地规定明确的文字要求，但他提出了一个相当的要求，包括每天有一段时间用于阅读——"虔诚地阅读"，他如是说——再加上体力劳动。"懒惰是灵魂的敌人"，圣本笃写道，他明确时间会被填满。僧侣们会被允许在其他一些时间读书，虽然这种自愿的阅读必须保持严格的沉默。（在圣本笃的时代，和整个古代一样，阅读通常要读出声来。）但关于规定的阅读时间，阅读并不是自愿的事。

修道士必须阅读，无论他们喜欢或不喜欢，《规则》要求需要认真监督：

> 首先，当弟兄们阅读时，一定要派一两个年长者在修道院巡视。他们的职责是注意有没有哪个弟兄心不在焉，浪费时间，或者忙于闲聊而不认真阅读，这种行为不仅伤害他自己，而且也分散别人的注意力。[5]（49：17 – 18）

"无精打采"（acediosus）一词有时也译作"冷漠"，指一种病症，特指发生在修道院团体内，这种病症在 4 世纪末由沙漠神父约翰·卡西安（John Cassian）出色地诊断出来。得了"无精打采"症的修道士会发现他难于或无法阅读。在阅读时走神，他可能试图用八卦来分散自己的注意力，但更可能对他的周围环境和他的修道士同伴感到厌恶。他会觉得别处的生活更

26

好，觉得他在浪费生命，觉得一切陈腐而没有意义，他感到
窒息。

> 他焦虑地四处张望，叹息说没有一个兄弟来看他，经
> 常在小房间进进出出，时常凝视着太阳，仿佛嫌落日太
> 慢，心灵处于一种毫无理智的混乱状态，就像身处漆黑的
> 夜晚。[6]

这样一个修道士——显然为数不少——已经接近于我们所谓的
抑郁症的临床状态。

卡西安称这种病为"午间的恶魔"（the noonday demon），
《圣本笃规则》要求仔细观察，尤其在阅读时间细致观察，以
查出任何有此症状的人。

> 如果这样一个修道士被发现——上帝不容——他应该
> 受到一两次训斥。如果没有改进，他必须按规则受罚，这
> 样其他人能引以为戒。[7]

在规定的时间拒绝阅读——无论出于走神、厌倦或沮丧——首
先会受到当众批评，之后，如果他仍然拒绝阅读，就会被鞭
答。精神上的痛苦可以用皮肉之苦来消除。这样经受适当的惩
罚，至少原则上，这个消沉的修道士就会回归"虔诚地
阅读"。

还有一个时间，《圣本笃规则》要求阅读：每天用餐时，
指定其中一个兄弟，每周轮流，大声朗读。圣本笃很清楚，至
少对某些修道士来说，这项任务会让他们感到骄傲，因而，他

尽力抑制这种感觉："让新来的读者要求所有人为自己祈祷，以便上帝可以使他远离得意扬扬之感。"[8] 他还意识到，对其他人来说，阅读可能是一个仅仅用来聊天和嘲弄的机会，所以规则也做了仔细的规定："室内保持肃静。不许低声交谈，不许大声说话——室内只能听到朗读者的声音。"[9] 但最重要的是，他想要阻止因这些阅读而引发的讨论和辩论："任何人都不应冒昧地问有关阅读或其他什么事情的问题，以免产生意外。"[10]

"以免产生意外"：此话在规则条文中，意思相当清楚，但其实很含糊。谁有意外或什么意外？现代编辑有时会加上一个词"邪恶"（"以免产生邪恶"），这其实正是这句话所包含的意思。但为什么黑暗王子会为一个阅读问题激动起来？答案必定是，任何问题，即使无害，也会引起讨论的可能，一旦讨论就意味着宗教教义对质询和争辩打开了大门。

圣本笃并不绝对禁止对大声朗读的宗教经典进行评价，但他想限定其出处：《规则》允许"上级可以说几句指导的话。"[11] 那些话不能被质疑或反驳，确实，所有争论原则上都是被压制的。如爱尔兰修道士科伦巴努（Columbanus，出生在圣本笃去世那年）制定的有影响的规则，其中的惩罚条款表明，激烈的辩论，无论是理性的还是其他性质的，都是禁止的。对敢于用这样的话，如"这不像你说的那样"来反驳同行的修道士，惩罚是很重的："禁言或击打五十下。"高墙禁锢了修道士们的精神生活——被迫沉默、禁止提问、对争辩者施予鞭打的惩罚——所有这些手段清楚地说明，这些虔诚的集体与希腊或罗马的哲学学院正好相反，那些学院在辩驳的精神上发展起来，也培养了一种不安分的、广泛的好奇心。

所有类似的修道院规则都要求阅读，那足以启动一条非同寻常的因果链。阅读不是选择性的、令人满意的或被推荐的行为；在一个以严肃的态度履行义务的集体，阅读是义不容辞的。阅读需要书籍。书籍不断翻阅最终就会散架，无论如何小心都难免。因而，几乎不经意间，修道院的规则要求修道士不断购买或搜求书籍。在 6 世纪中叶残酷的哥特战争及战后更悲惨的景况中，图书生产的最后一批工场垮了，图书市场的最后地盘土崩瓦解了。因而，又几乎是不经意间，修道院的规则要求修道士细心地保存和抄写那些他们已有的书籍。但和埃及莎草纸市场的所有交易早已消失，在没有商业性图书市场的情况下，将兽皮转化成书写材料的商业性产业也已陷入停顿。因而，又一次几乎不经意间，修道院的规则要求修道士学习制作羊皮纸和将现有羊皮纸废物利用的烦琐工艺。不希望模仿异教精英将图书或写作置于社会中心，不肯定修辞或语法的重要性，不鼓励学习和争论，然而，修道士们成了西方世界里主要的读者、图书馆管理员、书籍保存者和图书制作者。

29

波焦和其他追踪遗失经典的人文主义者都知道这一情况。他们已经筛选了意大利许多修道院图书馆，并循着彼特拉克在法国的足迹寻找，他们还知道广阔而未知的土地是瑞士和德国。但许多这样的修道院难以抵达——建造者故意将它们建在偏僻的地方，以远离凡俗世界的诱惑、分心和危险。一位热切的人文主义者，忍受旅行的不适和风险，设法到达僻远的修道院，然后呢？不仅知道要寻找什么，如果他们有幸撞上，还要有能力鉴别他们的发现，这样的学者为数极少。而且，还有一个进入的问题：为了进入修道院大门，一个学者可能不得不说服一个持怀疑态度的修道院院长及一个疑心更重的修道院图书馆管理员，说明他有合法的理由进入图书馆。外人通常不被允许进入图书馆。彼特拉克是个神职人员；他至少可以向教会的上级机构提出请求。相比之下，许多人文主义者是俗人，很容易引起怀疑。

这份令人震惊的问题清单还没有完。因为如果一个猎书人到达一座修道院，通过了那道重点把守的大门，进了图书馆，真的发现了有趣的东西，他仍需要做些什么才能获得他发现的手稿。

书籍稀缺而珍贵。拥有书籍的修道院就获得了声誉，修道 30 士不愿意让图书离开他们的视线，尤其他们有过和擅长窃书的意大利人文主义者打交道的经验。有时，修道院在珍贵的手稿上写咒语来确保他们藏书的安全。"凡窃书或借而不还者，"其中一条咒语这么写道：

> 就让此书在他手中变成一条毒蛇并咬碎他。让他瘫痪，让他所有的亲人也被诅咒。让他在痛苦中憔悴，大声求饶，让他的痛苦永无止息，直到他呻吟着死去。让书蠹作为不死虫的化身啃噬他的内脏，最终他得到最后的惩罚，让地狱之火永远焚烧他。[12]

即使一个世俗的怀疑论者，对手中之物有强烈渴望，可能也会在将这样一本书揣进他的外套之前犹豫再三。

如果修道士贫穷或可能单纯贪财，能给他们一些钱从而把书拿走，但一个陌生人对书显示出极大的兴趣，这本身无疑会使书价大涨。总还是有可能要求修院院长允许把一份手稿拿走，郑重承诺很快归还。虽然特别信任别人或异常天真的院长存在，但这样的院长实在不多。无法强人所难，如果回答是否定的，整个冒险活动将半途而废。当然，作为最后一招，总可以无视诅咒，将书窃为己有，但修道院是监视管制的文化。来访者尤其会被特别关注，晚上大门会关闭并上锁，有些修道士是健壮的乡下人，他们会毫不犹豫地将一个逮住的小偷打得死去活来。

31   波焦几乎是唯一适合应对这些挑战的人。他在破译旧手稿笔迹所需的特殊技能方面受过非常好的训练。他是个出色并有天赋的拉丁文专家，他对古典拉丁文的特殊用语、修辞手法和语法结构有着非常敏锐的眼光。他对古代文献涉猎广泛且精深，他在自己丰富的记忆里留下了十几条线索，这些线索暗示了某些特定作家的身份或一些遗失的作品。他本人不是修道士或神父，但他在教廷或宫廷服务多年，对教会的体制性结构有了多方面的深入了解，以及与许多最强势的神职人员有过个人交往，包括先后几任教皇。

如果甚至这些高层关系还不足以帮他打开通向偏僻的修道院图书馆的大门，那波焦还有相当程度的个人魅力。他是个了不起的健谈者，一个八卦好手，一个不知疲倦的说笑话的人，虽然有些笑话很低俗。他当然不能和德国修道士用他们的母语交谈。虽然他在一个讲德语的城市住了三年多，他自己解释说他没有学过德语。对这样一个有天赋的语言学家来说，不通德语似乎是有意为之：德语是野蛮人的语言，波焦显然对掌握德语没有兴趣。在康斯坦茨，他可能完全身处讲拉丁语和意大利语的社交圈里。

如果不懂德语，旅行者会在路上、旅店或其他歇脚处遇到麻烦，但一旦到达目的地，对波焦来说，这就不是一个严重的问题了。修道院院长、图书馆管理员，以及修道院里其他许多兄弟会讲拉丁语。他们可能并不拥有波焦耗费心力掌握的优雅的古典拉丁语能力，但从现存的许多生机勃勃的当代文学作品中可以看出，这是一种有活力的、流畅和高度灵活的拉丁语，可以从最微妙的学术用词毫不费力地转为最低俗的污言秽语。如果波焦意识到，他能够以道德上的严肃给东道主留下深刻印象，他就会滔滔不绝地谈论人类境况的悲惨；如果他觉得可以让他们开怀大笑而赢得他们的欢心，他则会讲一些愚蠢的乡下人、顺从的家庭主妇和淫欲的牧师的故事。

　　波焦还拥有一项才能，让他几乎有别于所有其他猎书的人文主义者。他是个训练有素的抄写员，字体非常优美，专注力很强，并且高度精确。因年代相距遥远，我们很难理解这些品质的重要性：我们现代转录、传真和制作复制品的技术几乎完全抹去了这项曾经重要的个人成就。甚至在波焦自己的时代，其重要性开始降低，虽然并非完全出乎意料，因为到 1430 年代，一个德国企业家约翰·古腾堡开始试验一项新的发明：活字印刷，这将对文本的复制和传播产生革命性的影响。到 15 世纪末，印刷工，尤其是威尼斯那位了不起的阿尔都斯（Aldus）将会用一种特别的字体印刷拉丁文本，这种字体清晰优雅，五个世纪后，仍然无可挑剔。这种字体是以波焦和他的人文主义者朋友们的优美的手写体为基础的。[13]波焦的手抄工作将由机械来完成，所产生的不是一份，而是数以百计的文本。

　　但这一成就将在未来实现，而且在任何情况下，印刷书本的印刷工仍然依赖精确、可读的手抄本，即通常只有很少几个人能够辨认的手稿。波焦作为抄写员的才华让同时代人感到不可思议，因为他抄起来如此之快。这意味着，他不仅能够进入修道院，发现那些遗失作品的珍贵手稿，而且他还能借阅并快速地抄写，将抄本送至那些在意大利家中急切地等待着的人文主义者手里。如果出借不成——就是说，如果图书馆员拒绝出借一份特殊的手稿——波焦就当场抄写，或者如果需要的话，将这项任务托付给他亲自训练过，至少达到最低能力水平的抄写员。

1417 年，波焦这位猎书人有着近乎完美的时间、技能和欲望。他所欠缺的只是钱。即使很节省地旅行，也很花钱。要花钱租马；过河或收费路段要花钱；海关官员和地方豪强各种敲诈勒索；通过困难路段要给向导小费；当然，还有在旅店的食宿及马匹的费用。他还需要钱来支付助理抄写员的费用，如果需要，还得给不情愿的修道院好处，以便它同意出借珍品。

即使他在教廷工作多年存了些钱，波焦也不太可能自己来支付这些费用。在这种情况下，这位老练的写信高手可以求助于他那支生花妙笔。他很可能写信给家乡有钱也能体会他的激情的朋友，向他们解释老天突然给了他机会，这种机会他们只是梦想过。身体健康，不受工作或家庭的牵扯，不必对什么人负责，只要愿意则来去自由，他准备好开始认真寻找那些对他们来说最为重要的遗失的宝藏——古代世界的文化遗产。

无论来自一个富有的赞助人，还是一群人文主义者同行，34 这种支持都有助于解释这一事实——1417 年 1 月，波焦前往目的地，他希望能有所发现。这一财政支持必定相当可观，因为这不是那年冬天他唯一的猎书旅行。紧接着还有一次旅行，他前往著名的圣加尔修道院（Monastery of St. Gall），离康斯坦茨不远，这次旅行本身是一次回访。他前一年去过圣加尔，由两位意大利朋友陪同，波焦有了一些重要发现。他心想他们可能忽略了其他珍品，便和一个朋友又去了圣加尔。

　　波焦和他的同伴，巴托洛梅奥·德·阿拉加兹（Bartolomeo de Aragazzi）有很多相似点。他们都来自托斯卡纳，波焦来自邻近阿雷佐的泰拉诺瓦小镇，巴托洛梅奥来自美丽的蒙特普齐亚诺山顶小城。他们都去过罗马，在教廷谋得了文书的职位。两人都来到康斯坦茨，作为使徒秘书服务于令人窒息的教皇若望二十三世，其结果是，两人都发现，随着教皇的倒台，他们得自谋生计了。[14]两人都是充满热情的人文主义者，急于运用他们在阅读和抄写这方面的技能去重现遗失的古代文本。

　　他们是好朋友，一起工作和旅行，拥有共同的理想，但他们也是对手、竞争者，他们追求发现遗失的作品而带来的名声。"我讨厌所有的自吹自擂，所有的阿谀奉承，所有的夸大其词"，巴托洛梅奥在给意大利的一个重要的赞助人的信中写道，"但愿我不因妄自尊大而骄傲自满。"[15]此信写于 1417 年 1 月 19 日，是从圣加尔寄出的，信中提及一些值得注意的发现，那是他在他们的幽禁之地，他称之为"囚室"的地方发现的。他还写道，他不希望描述他发现的所有典籍，"因为将它们全部罗列出来一天也不够。"显然，他没有提及他的旅行同伴波焦·布拉乔利尼的名字。

　　问题是巴托洛梅奥的发现并不令人激动。他找到了一本弗拉维乌斯·维吉提乌斯·瑞纳迪斯（Flavius Vegetius Renatus）写的有关罗马军队的书。他难以置信地写道，此书，将会"对我们有益，如果我们有时在军营或更光荣地在十字军东征中加以运用的话。"他还找到一本庞培·费斯图斯（Pompeius

35

Festus）编写的小词典或词汇表。这两本书不仅单薄，而且如巴托洛梅奥自己所知，它们在意大利已经可以读到全本，所以实际上，这两本书哪一本也说不上是真正的发现。

一月末，他们没有找到他们希望挖掘的宝藏，也许还感觉到了相互竞争的压力，这两个朋友便分道扬镳。波焦显然是向北方前行，可能由他训练的一个德国抄写员陪同。巴托洛梅奥似乎独自离去。"我将出发前往阿尔卑斯山深处的另一个隐士修道院，"他给他在意大利的通信者这样写道。他那时计划去更偏僻的修道院。那些地方很难到达，尤其是在冬天——"道路崎岖破碎，因为别无途径，除了越过阿尔卑斯山脉，跋涉过河和穿越森林"——但他提醒自己，"美德之路充满了艰辛和危险。"传言说，在这些修道院图书馆里，藏有大量古籍。"我将尽力敦促这个可怜的瘦弱躯体承担起营救它们的努力，不在它们藏身之处的困难、各种不适及阿尔卑斯山日益寒冷的天气面前退缩。"[16]

很容易对这种面对困难的说辞报以一笑——受过成为一名律师的训练，巴托洛梅奥当然追求一种修辞效果——但实际上他离开圣加尔不久就病倒了，被迫返回康斯坦茨，他在那儿待了几个月养病。波焦前往北方，并不知道这些，既然巴托洛梅奥中途退出，他现在只能独自去寻找了。

波焦不喜欢修道士。他认识几个，印象深刻，那是些德才兼备的人。但总体上，他觉得他们迷信、无知并懒得要命。他认为，修道院是那些注定不适合在现世生活的人的垃圾场。贵族们把他们认为羸弱、不合群或一无是处的儿子打发过去；商人把他们有智力障碍或瘫痪的孩子送到那儿；农民借此摆脱他们无法喂养的多余的嘴巴。修道院内，身强力壮的人至少可以在园子及邻近的田里做些生产性劳动，就像修道士在更早更艰苦的时期所做的那样，但波焦认为，大多数人是一群懒汉。在修道院的高墙内，这些寄生虫对他们的祷告者嘟嘟囔囔，依赖那些在修道院大量土地上辛勤劳作的人的收入为生。教会是个地主，比世上最大的贵族还富裕，它拥有世俗权力来保障税金及其他所有的权益和特权。在德国北部，当新当选的希尔德斯海姆（Hildesheim）主教要求看一下教区图书馆，他被带去军械库，看挂在墙上的长矛和战斧；[17]他被告知，这些就是书籍，有了这些，主教的权益就能获得，也必须捍卫。修道院的富裕居民不必经常动用这些武器，但是，当他们坐在昏暗的灯光下，盘算他们的收入时，他们知道——他们的租户也知道——暴力是用得着的。

　　同教廷的朋友在一起，波焦分享有关修道士的贪婪，愚蠢和性欲的笑话。他们声称的虔诚没有给他留下什么印象："我发现除了像蚱蜢一样唱歌，他们什么也做不了，"他写道，"我不禁想，他们仅仅靠肺部运动就得到了丰厚的报酬。"[18]在他看来，甚至修道院在精神层面的艰苦操练也微不足道，比不上他在田野上看到的真正的辛劳："他们吹捧自己的劳动是一项艰苦的任务，因为他们半夜起来唱歌赞美上帝。他们熬夜吟唱赞美诗，这种锻炼无疑是其功绩的非凡证明。如果他们起来，像农民一样去耕地，风吹雨淋，赤裸着脚，身体单薄，那他们会怎么说？"在他看来，他们的整个事业似乎是一种虚伪的行为。

　　当然，当他接近作为最大目标的修道院，他会将这些想法藏在心里。他可能鄙视修道院的生活，但他也非常了解它。他十分清楚在他要去的修道院里，为了得到他最想看的东西，他

37

不得不说些肉麻的话。首先，他很清楚，他所寻求的东西是怎样产生的。虽然他嘲笑修道院的懒惰行为，但他知道无论他希望发现的东西是什么，如果这些东西存在，那只是因为几个世纪以来的制度贡献和长期、痛苦的人类劳动。

《圣本笃规则》要求祈祷和阅读，也要求体力劳动，人们总认为这种劳动可能包括书写。修道院条例的早期制定者没有将抄写手稿视为一项崇高的活动；相反，正如他们充分意识到的，在古代，大部分抄写工作是由受过教育的奴隶来做的。因而，这个任务本质上是耻辱和乏味的，是禁欲进程和精神规训的一种完美结合。波焦对这种精神规训没有好感；争强好胜、雄心勃勃，他的精神渴望在这个世界的光芒中闪耀，在世人的凝视面前不甘退缩。他拥有无与伦比的抄写手稿的技能，对他来说，这不是一种禁欲，而是一种美学事业，一个可以提升他个人声誉的事情。凭借这项技能，他能够一眼就看出来——带着钦佩或轻蔑——摆在他面前的这份手稿究竟有着怎样的努力和才华。

不是每个修道士都擅长抄写，就像不是每个修道士都擅长繁重的农活，早期修道院的生存依赖这些农活。早期的规定就设想了一种分工，如在《圣弗罗规则》（530－581）中——法国的《圣本笃规则》中记载："不能用犁耕地的人应该在羊皮纸上写字。"（当然，反之亦然：不能在羊皮纸上写字的人就去耕地。）那些写得特别好的人——字体优美、清晰，其他修道士能很容易读懂，而且抄写非常精确的——受到重视。在德国和爱尔兰"赔偿"法规中规定了谋杀赔偿金——杀死一个乡下人赔 200 先令，低级牧师赔 300 先令，如果这位牧师受攻击时正好在做弥撒之类的赔 400 先令——如果因暴力造成一个抄写员死亡，其赔偿额度相当于一个主教和修道院院长。

　　在一个生命相当廉价的时代，高额赔偿表明，对修道院来说，获得他们需要的书籍，以便加强阅读是多么重要和困难。比起古代图书馆，或巴格达、开罗现存图书馆，即使中世纪最著名的一些修道院图书馆都显得很小。在发明印刷机永远改变印刷方式之前的几个世纪里，收集一定数量的图书意味着所谓 scriptoria，即"缮写室"的最终建立，修道士们在这种写字间里得到训练，长时间坐在那儿抄写。起初，抄写可能是在修道院的临时设施中进行的，即使天气寒冷有时会冻僵手指，至少光线会不错。但很快便指定或建造了特别的房间。那些非常重要的修道院越来越渴望收藏著名的书籍，在有着玻璃窗户的大房间里，多达三十多个修道士坐在单张桌子前，有时彼此分开坐。

　　缮写室有专人负责，波焦和其他猎书人会把最诱人的甜言蜜语堆砌在修道院图书馆管理员身上。这个重要人物已经习惯了过度的恭维，因为他负责提供所有用于抄写手稿的设备：笔、墨水和削笔刀，一天工作几小时后，这些工具明显的优缺点对劳动中的抄写员来说显得非常重要。如果他愿意，图书馆管理员可以让一个抄写员的日子过得很悲惨，反之，他会为他喜欢的人提供很优良的工具。那些工具还包括尺子、锥子（打小洞并用线均匀穿好）、用来画线的细尖金属笔、用于放置被抄写书籍的阅读书架、使书页不翘起的镇纸。为使手稿看得更清楚，还需要其他特殊的工具和材料。

　　古代的大部分书籍采用了卷轴的形式——就像犹太人今天在宗教活动中用的经卷《托拉》——但在 4 世纪，基督徒采用了几乎完全不同的版式和抄本，并在此基础上，派生出我们熟悉的图书形式。抄本有个很大的优势，可以让读者更容易找

39

40

到他们所需的内容：文本可以方便地分页和做索引，书页可以很快地翻到所需的部分。直到计算机被发明，其卓越的搜索功能才给抄本那极其简单灵活的格式带来极大的挑战。不过现在，我们又得开始说起文本的"滚动"。

因莎草纸不能再获得，而纸张直到 14 世纪才被普遍使用，长达一千多年，用于书籍的主要书写材料主要来源于兽皮，有牛、绵羊、山羊，偶尔也有鹿。这些兽皮需要弄平整光滑，因而修道院图书馆员分发的另一种工具是浮石，剥去遗留的动物毛发以及任何肿块或瑕疵。对抄写员来说，拿到一张质量低劣的羊皮纸干起活来将很不愉快，在现存的修道院手稿中，偶尔会看到抄写员的怒气冲冲："羊皮纸毛茸茸的"……"墨水很淡，羊皮纸很差，字难写"……"感谢上帝，天很快就要黑了。"[19]"让抄写员别干这种活了吧，"一个疲倦的抄写员在写下他的名字、日期以及他工作的地方后写道："现在我写完了，"另一个人写道，"看在基督分上，让我喝一杯吧。"[20]

最好的兽皮纸能让抄写员生活更好过，也必定会出现在他们最甜蜜的梦中，这种纸是用小牛皮做的，即所谓上等皮纸。其中最好的是子宫牛皮纸，来自流产的小牛。它特别白皙，光滑，而且结实，这些皮纸预留给最珍贵的书籍，这些书被精心制作的宝石状袖珍画装饰得熠熠生辉，偶尔封面上还镶有真正的宝石。现在的图书馆仍然保存着一定数量的这类杰作，这是生活在七八百年前的抄写员的成就，他们为创造一本美好的图书不知工作了多少小时。

好的抄写员在某些集体祈祷的时间获得豁免，以便在缮写室最大限度地利用白天的时间。他们不必在晚上工作；出于对失火的完全合理的恐惧，所有的烛火是被禁止的。但就他们实际上坐在书桌前的时间（一天大约六小时）而言，他们的生活完全给了书籍。至少在某些修道院，有可能他们希望修道士会读懂他们正在抄写的图书；"主啊，保佑并祝福您的仆人的工作室，"一间缮写室的题词写道，"他们在这儿所抄写的一切，通过他们的智慧和他们的工作都能被理解。"[21]但抄写员对他们所抄书籍的实际兴趣（或对那些书的厌恶）无关紧要。确实，抄写至今作为一种训练——谦卑的锻炼和对痛苦的欣然接受——厌恶或单纯的不理解可能比投入其中更可取。好奇心要不惜一切代价加以避免。

修道院抄写员对文本的完全从属关系——为了摧毁修道士的精神，消除他的理智和情感——与波焦自己强烈的好奇心和自我中心相距甚远。但他明白，他满怀激情地希望精确复原古老过去的痕迹，很大程度上取决于这种从属关系。波焦知道，一个热心读者倾向于改变他的文本，以让文本更有意义，但几个世纪以来，这种改变不可避免地导致大规模的毁坏。最好的做法是，修道院抄写员被迫逐字逐句照抄他们看到的东西，即使那些内容根本没有意义。

一张窗户的剪纸通常覆盖在要抄写的手稿上面，这样，修道士每次只关注所抄写的那一行。修道士严格禁止修改所抄文本中他们认为的错误。他们只能修改他们自己留下的墨渍，用剃须刀仔细刮掉墨水并用牛奶、奶酪和酸橙的混合物修复斑点，这是我们生产的涂改错误的修正液的中世纪版本。不能把书页弄皱，再接着重新抄写。虽然绵羊皮和山羊皮数量充足，但将它们制作成羊皮纸是很费劲的。好的羊皮纸珍贵并稀缺，不能浪费。这种价值有助于解释，修道院重视收集古代手稿，并不把它们扔进垃圾堆这个事实。

可以肯定，有相当数量的修道院院长和修道院图书馆管理员珍惜的不仅是羊皮纸，还包括写在上面的异教作品。浸淫在古典文学中，有些人相信他们可以汲取精华而不受污染，就像古代希伯来人蒙上帝恩准偷取埃及人的财富一样。但随着基督教文学的大量创作，后代的人提出这样的观点变得不那么容易了。总之，越来越少的修道士这么想。在 6 世纪到 8 世纪中叶，希腊文和拉丁文典籍最终被停止抄写了。开始了一场旨在遗忘的运动——对异教思想的虔诚攻击——并演化成实际的遗忘。古典诗歌、哲学著作和政治演说，一时间变得如此具有威胁性和诱惑性，它们不再让人想起，更不用说提及了。它们沦落为沉默之物，只是将羊皮纸订在一起，写满了不可读的文字。

43　只有这些抄本中使用的羊皮纸的显著耐久性才使古人的思想得以持续，如作为人文主义者的猎书人知道，甚至坚固的材料也不保证能够保存下来。借助小刀、刷子和抹布，修道士经常小心地去掉古老的创作——维吉尔、奥维德、西塞罗、塞内加、卢克莱修——在原来的地方写上上级要他们抄写的文本。[22]这项任务必定很麻烦，对一个真正关心他正在擦抹的作品的抄写员来说，这真是一项令人难以忍受的工作。

如果原来的墨水附着力很强，就仍然能够显现最初写在上面的文本的痕迹：4 世纪西塞罗《论共和》（On the Republic）的一个独特抄本，在 7 世纪圣奥古斯丁的诗篇《沉思录》的抄本下面仍然可见，塞内加《论友谊》的现存唯一抄本在抄于 6 世纪末的《旧约》文本之下也可以读出来。这些奇特的分层手稿——称作 palimpsests（隐迹文本），源于希腊语，意即"再次刮过"——成了古代几部重要作品的来源，否则它们就不为人知了。但没有一个中世纪修道士被鼓励去阅读这些字里行间的文本。

修道院是一个有着清规戒律的地方，但在缮写室更是规则森严。非抄写员不得入内。必须保持肃静。抄写员不得选择他们抄写的特定书籍，也不得打破寂静，大声要求图书管理员提供他们想咨询的书籍，以完成分配给他们的任务。一种精心设计的手势语言被发明出来，以便为诸如允许请求之类的事情提供便利。如果一个抄写员想要咨询一份诗篇，他做出要一本书的通用手势——伸出手，翻想象中的书页——之后，把手放在头上，形成一个王冠的形状，这就是要《大卫诗篇》（*Psalms of King David*）的特殊手势。如果他要一本异教书籍，在做了通用手势之后，他会在耳朵后面像狗抓跳蚤一样抓挠。如果他希望获得一本教会认为特别令人反感或危险的异教图书，他可以将两根手指放进嘴里，仿佛他感到厌恶作呕。

44

波焦是个俗人，属于一个非常不同的世界。1417 年，在和巴托洛梅奥分道扬镳之后，他确切的目的地尚不可知——也许像探矿者隐藏他的矿井位置一样，他故意在信中隐瞒了去处的名字。他可能去过的修道院有十多个，希望在这些修道院找到一些有价值的东西，但许多学者早就认为，最有可能的是富尔达圣本笃修道院。[23] 那个修道院位于德国中部的战略要地，介于罗恩山（Rhône）和伏格尔斯堡山脉（the Vogelsberg Mountains）之间，有着最令猎书人感兴趣的东西：它很古老，很富有，它曾拥有了不起的学习传统，而如今它衰落了。

如果波焦前去富尔达，他不可能显得如此盛气凌人。8 世纪，这个修道院由德国使徒会的一位信徒圣博尼法斯（St. Boniface）建造，这个修道院异常独立。它的院长是神圣罗马帝国的一位王子：当他走在队列里，穿着盔甲的骑士举着帝国旗帜走在他前面，他拥有特权，可以坐在皇帝本人的左侧。许多修道士是德国贵族——他们很明白自己是应该得到尊重的人。即使修道院失去了它曾经享有的一些声望，并且在不久的将来将会放弃它广大领土的一部分，尽管如此，它仍然是一股需要考虑的力量。波焦出身卑微，手段非常有限，这个蒙羞和废黜的教皇的前使徒秘书没什么牌可打。

45　　波焦在脑海里排练着简短的自我介绍，他本可以下马，沿着林荫大道朝修道院那扇沉重的大门走去。从外部看，富尔达像是一座要塞：确实，在此前的一个世纪里，在与邻近城市的市民发生激烈的争斗中，它遭到了猛烈的攻击。像大多数修道院一样，其内部完全可以自给自足。到一月份，大块的菜地、花圃和植物园仍在冬眠中，但修道士会小心地收割他们可以贮存的庄稼，度过漫长暗淡的月份，尤其细心地收集用于医务室和公共浴室的药材。在这个寒冬时节，粮仓里将会有足够的粮食，也会有充足的草料和燕麦，供马厩里马和驴子食用。四下观望，波焦应该会看到鸡舍，有遮盖的羊圈，有粪便和鲜奶味道的牛棚，还有大型猪圈。他可能会为托斯卡纳的橄榄和葡萄酒感到痛苦，但他知道，他不会挨饿。走过磨坊和榨油机，走过大教堂及相邻的回廊，走过初来者住的房子、宿舍、仆人住所、信徒接待处，他和他的助手会被安排住在那儿，波焦会被带去院长住宅，拜见这个小王国的统治者。

　　如果富尔达确实是波焦的目的地，1417年那里的统治者是约翰·冯·默尔劳（Johann von Merlau）。在谦卑地问候之后，他介绍了自己，呈上一封一位著名主教的推荐信，波焦几乎肯定会开始表达他有兴趣看一下圣博尼法斯的珍贵的遗物，为它们神圣的存在而祷告。总之，他的生活充满了这种仪式：
教廷的官僚们以祈祷开始并结束一天的日子。即使他在信中没
有表明对遗物，或者圣徒的介入，或用来减少灵魂在炼狱中痛
苦的时间的仪式的兴趣，波焦也知道富尔达最引以为豪的东西
是什么。

46

　　作为一种特别的恩惠，来访者会被带入教堂。如果波焦之
前没有来过，那当他走入耳堂，从楼梯下到黑暗的拱形地窖，
他肯定会意识到富尔达的朝圣教堂似乎特别熟悉：它直接模仿
了罗马 4 世纪的圣彼得大教堂。（今天罗马的圣彼得大教堂是
波焦死后很久才建造的。）烛光下，那里供奉着大量的黄金、
水晶和珠宝，他将会看到这位圣人的尸骨，他死于 754 年弗里
西人的大屠杀，曾努力劝他们皈依。

　　当波焦和东道主再次出现在日光下，当他认为有了合适的
时机，他会将谈话推向他此行的实际目的。他可以通过先讨论
富尔达一位最著名的人物拉巴努·毛鲁斯（Rabanus Maurus）
来达到目的，此人出任院长长达二十余年，从 822 年到 842
年。拉巴努·毛鲁斯是个多产作家，著有《圣经》评论、教
义论文、教学指南、学术概略和一系列美妙绝伦的暗码诗。波
焦可以很容易地在梵蒂冈图书馆看到其大部分作品，还有那部
拉巴努最负盛名的巨著：这是一部极其博学又无比沉闷的书，
作者试图在二十二卷的作品中将所有人类知识汇集到一起。其
书名为《论事物的性质》（*De rerum naturis*）。但同时代人赞赏
其抱负的宏大，称其为《论宇宙》。

　　这个 9 世纪修道士的著作集中体现了沉重又沉闷的风格，
这是波焦和他的人文主义者同行鄙视的。但他也承认拉巴努·
毛鲁斯是个敏而好学的人，沉浸在异教徒和基督教文学中。他

47

还将富尔达修道院学院转变为德国最重要的学校。和所有的学校一样,富尔达学校也需要书籍,拉巴努通过极力丰富修道院图书馆藏书来满足需求,拉巴努年轻时跟随阿尔昆学习,阿尔昆是查理曼时代最伟大的学者,拉巴努知道去哪儿能找到自己需要的手稿。[24]他将手稿弄到富尔达,训练了一大批抄写员对手稿进行抄写。这样他在当时有了非常惊人的收藏。

那个年代在波焦之前六百年左右,从猎书人的角度看来,那是很幸运的年代。它已经足够深入过去,并有可能与更遥远的过去联系在一起。几个世纪以来,修道院在学术上的严肃性逐渐减弱,这反而增加了人们的兴趣。谁知道那些被束之高阁的东西也许几个世纪都没有人触碰?那些偶然从长期的混乱和毁灭的噩梦中幸存下来的破旧手稿,经历了罗马帝国的衰败,很可能找到了去往偏僻的富尔达的路。拉巴努的修道士可能给他们抄写的异教书籍做了划线或订正的标记,那些抄本已被遗忘,将等待人文主义者的触碰而复活。

这就是波焦殷切的希望,在任何情况下,在富尔达,或无论他身在何处,他的脉搏一定会加速,因为他最终会被修道院的首席图书馆员带到一个巨大的拱形房间里,并给他看用链子系在图书馆员自己书桌上的一本书。这是本图书目录,当波焦仔细端详书页,他指向——因为图书馆肃静的规则必须严格执行——那些他想看的书。

真正的兴趣,以及判断力,可能让波焦决定先要求看一些陌生的书,那是最伟大的教会神父之一德尔图良(Tertullian)的作品。之后,当手稿放到他的书桌上,他带着越来越激动的心情投入一系列古罗马作家的作品之中,这些作家的作品对他,以及他的任何一个人文主义者同行来说都是完全陌生的。

虽然波焦没有披露他到底去了哪儿，但他实际上披露——确实，他大肆宣扬——他发现了什么。所有猎书人梦寐以求的事情真的发生了。

他打开一部约 14000 行的史诗，描述的是罗马和迦太基之间的战争。波焦可能认出了作者的名字，西利乌斯·伊塔利库斯（Silius Italicus）。虽然之前他的作品湮灭无闻，但作为一个精明的政治家和一个狡猾、不择手段的演说家，伊塔利库斯在一系列审判秀中充当了一个工具，他设法在卡利古拉、尼禄和图密善的残暴统治中幸存下来。退休后，小普林尼带着温和的讽刺写道，他"利用闲暇时间来抹去他在过去积极努力时所留下的污点，这是值得称赞的。"[25] 现在，波焦和他的朋友能够品尝到这种闲暇的成果之一了。

波焦打开另一部长诗，长诗的作者另有其人——马尼利乌斯（Manilius），其名字猎书人肯定不认识，因为任何一个现存的古代作家都没有提及这个名字。波焦立刻明白，这是一部关于天文学的学术著作，他也能从作品风格和诗人自己的暗示中看出，这部长诗写于帝国初期，即奥古斯都和提比略统治时期。

更多古代罗马的幽灵浮现出来。一个古代文学批评家，他活跃于尼禄统治时期，撰写古典作家的笔记和注释；另一个批评家，他广泛引用遗失的史诗，这些史诗模仿了荷马；一个文法家，他写了论拼写的文章，波焦知道，他喜好拉丁文的佛罗伦萨朋友会对其感到惊喜。而另一份手稿也是一个发现，其带来的激动也许会让他沾上伤感的情调：这是罗马帝国历史一大块迄今尚不为人知的片段，撰写者是帝国军队的一名高级军官，阿米阿努斯·马尔切利努斯（Ammianus Marcellinus）。引起伤感的不仅是这一事实，原著三十一卷的前十三卷在波焦正在抄写的手稿中缺失——这些遗失的部分从来没有被找到——而且还在于，此书写于帝国崩溃的前夕。作为一个头脑清醒、思想深刻、客观公正的历史学家，马尔切利努斯似乎感觉到了末日来临。他叙述了一个被苛捐杂税压得不堪重负的世界，一部分人经济破产，军队士气大幅下降，这些情景生动地描绘了他去世二十年后，哥特人可能劫掠罗马的各种因素。

即使是波焦发现中最小的也很有意义——因为在这么长时间之后，任何东西浮出水面似乎都是奇迹。但它们都黯然失色——即使不是从当时，而是从我们的角度来看——因为他发现了一部比他的所有发现都古老的作品。手稿中有一首长诗，由一位名叫提图斯·卢克莱修·卡鲁斯（Titus Lucretius Carus）的诗人和哲学家写于约公元前五十年。这首长诗名为《物性论》（*De rerum natura*），与拉巴努·毛鲁斯那部百科全书式作品的书名极为相似：《论事物的性质》（*De rerum naturis*）。但相比之下，这位修道士的作品很沉闷，很俗套，而卢克莱修的作品很激进并具有危险性。

波焦和他的人文主义者朋友们悉心钻研过奥维德、西塞罗 50 和其他古代资料，几乎肯定会认出卢克莱修这个名字，但无论波焦还是圈子里的其他什么人，都没有见到过卢克莱修哪怕一两部真实的作品，众所周知，他的作品永远遗失了。[26]

波焦可能没有时间，在修道院暗下来的光线中，在修道院院长或图书馆管理员警惕的目光下，除了开头几行他无法多读。但他会马上发现，卢克莱修的拉丁文诗歌极其优美。他让自己的抄写员抄了一份，他急于要将这部作品从修道院解放出来。不清楚的是他是否意识到，他解放的这本书，将早晚帮助他摧毁整个世界。

第三章　寻找卢克莱修

在波焦出发去看看能找到什么之前约 450 年，卢克莱修的
同时代人读过他的诗，此诗出版后仍被阅读了几个世纪。[1] 寻
找遗失的古代作品线索的意大利人文主义者，对那些著名作家
的作品中即使简短的引用也会产生警觉，而他们的作品大量保
存了下来。例如，虽然西塞罗——波焦喜欢的拉丁作家——绝
不同意此诗的哲学原理，但他承认《物性论》具有奇妙的力
量。"卢克莱修的诗歌，"公元前 54 年 2 月 2 日，他在给兄弟
昆图斯的信中写道，"正如你在信中所说，确实才华横溢，还
有着高度的艺术性。"[2] 西塞罗的措辞——尤其那个有点古怪的
"还"——表露了他的惊讶：他显然被不寻常的东西惊着了。
他读到了一部诗作，在哲学和科学方面"才华横溢"，并与非
同寻常的诗歌力量结合在一起。这种结合就是在今天也很
罕见。

并非只有西塞罗兄弟意识到卢克莱修达到了学识渊博与审
美把握近乎完美的结合。当卢克莱修去世时，最伟大的罗马诗
人维吉尔大约十五岁，他被《物性论》迷住了。"他是有福
者，因为他成功地找到了事物的本原，"维吉尔在《农事诗》
(*Georgics*) 中写道，"并践踏了所有的恐惧、无情的命运和贪
婪的阿刻戎河的咆哮。"[3] 假设这是对卢克莱修诗歌标题的微妙
暗示，按此解释，那位已逝的诗人则是个文化英雄，此人听到

了地狱可怕的咆哮，并战胜了威胁要削弱人类精神的迷信带来的恐惧。但维吉尔没有提及这位英雄的名字，虽然他必定读过《创世纪》，波焦不太可能在没有实际读到卢克莱修之前就领会这个暗示。[4] 波焦更不可能深刻把握到，维吉尔的伟大史诗《埃涅阿斯纪》（Aeneid）是构建《物性论》的一部替代品的持续尝试：维吉尔是虔诚者，而卢克莱修是怀疑论者；维吉尔有着强烈的爱国情绪，而卢克莱修倡议和平主义；维吉尔主张修身养性，而卢克莱修赞同追求快乐。

然而，波焦和其他意大利人文主义者可能注意到了奥维德的话，奥维德的话足以让任何猎书人仔细浏览修道院图书馆目录："崇高的卢克莱修的诗篇注定要灭亡，那也就是世界毁灭的一天。"[5]

更令人吃惊的是，卢克莱修的诗篇真的几乎灭亡——他作品的存在确实命悬一线——实际上，关于他身份的任何信息都是不可靠的。古代罗马的许多大诗人和哲学家在他们自己的时代很出名，是八卦的对象，几个世纪后，性急的猎书人不会放过任何线索。但就卢克莱修的情况而言，几乎没有什么传记性痕迹留下。这位诗人必定是个喜欢安静的人，深居简出，除了那部大作，他似乎没有写过别的什么作品。这部具有难度和挑战性的作品不可能是那种取得普遍成功的书，也不会广泛传播从而出现许多抄本，以至于其中重要的部分确保能保存到中世纪。手中捧着卢克莱修的杰作遥望过去，现代学者能够确定这个文本在中世纪早期存在的大致情况——有时是引用，有时是一个目录条目——但对 15 世纪初期的猎书人来说，这些信息是见不到的。他们在黑暗中摸索，可能发现了一点蛛丝马迹，但无法追踪到它的来源。紧随其后，几乎在古典学家、历史学家和考古学家六百多年的努力之后，我们对作者的身份几乎仍不比他们知道得更多。

卢克莱修（Lucretii）是个古老、尊贵的罗马姓氏——波焦可能知道——但因为奴隶获得自由后经常会随主人家的姓氏，作者未必就是贵族。然而，他的贵族血统是可信的，理由很简单，卢克莱修曾以亲近的方式，将他的诗寄给一个贵族盖乌斯·迈密乌斯（Gaius Memmius）。波焦博览群书，这个名字他可能见过，因为迈密乌斯有相当成功的政治家生涯，是一些著名作家的赞助人，包括抒情诗人卡图卢斯（Catullus），他自己也被誉为诗人（根据奥维德的说法，是个色情诗人）。[6] 他也是个演说家，如西塞罗有次勉强地说道："是那种精致、巧妙的类型"。但问题仍然存在，谁是卢克莱修？

对波焦和他的同行来说，答案几乎完全来自伟大的圣杰罗姆神父（Father St. Jerome，约公元 340 ~ 420）给一份早期编年史添加的一条粗略的作者简介。在公元前 94 年的条目中，杰罗姆注明"提图斯·卢克莱修，诗人，生于此年，在一次服了春药之后变得疯癫，他写作，在精神错乱的间歇期，有几部作品经西塞罗修订过，他在四十四岁时自杀身亡。"[7] 这些耸人听闻的细节塑造了卢克莱修后来主要的形象，包括维多利亚时期的一首著名诗歌，诗中丁尼生想象了这位疯狂、自杀身亡的哲学家的声音，他受到色情幻想的折磨。

现代古典学者认为，杰罗姆的传记材料的每一条都值得怀疑。这些记录——或编造——出自卢克莱修去世几个世纪后的一个基督教辩论家之手，他热衷于写有关异教哲学家的警世故事。然而，既然 15 世纪的基督徒不可能怀疑那位圣徒的记述，波焦必定想，他发现并重新传播的这部诗作被异教作者的疯狂

54

和自杀玷污了。但这位人文主义者猎书人属于热切渴望挖掘古老文本的一代人中的一员，哪怕这些文本的作者有着道德混乱和致命罪过。而西塞罗自己校订过这些作品，这一说法足以平息那些挥之不去的保留意见。

在 4 世纪那份作者简介之后，长达一千六百多年的时间过去了，没有更多的传记材料被发现，无论是证实还是推翻杰罗姆有关爱情魔药及其悲剧性后果的故事的都没有。作为个人，卢克莱修仍然如波焦 1417 年发现他的诗歌时那样鲜为人知。考虑到奥维德对他的过度赞美，"崇高的卢克莱修的诗篇"以及此诗影响的其他迹象，这仍是个谜：他的同时代人及其后不久时代的人很少直接谈论他。但波焦死后很久的考古发现帮助我们意外地接近《物性论》最早被阅读的那个世界，也许也可以帮助我们走近这位诗人本身。

这些考古发现因古代的一次著名的灾难而成为可能。公元 79 年 8 月 24 日，维苏威火山的大规模喷发不仅完全摧毁了庞贝城，而且还毁掉了那不勒斯湾赫库兰尼姆的海滨度假胜地。如今埋在约六十五英尺的火山碎片下，硬化成了厚厚的混凝土，而曾几何时，富裕的罗马人在他们雅致且有柱廊的别墅里度假，但此后被埋没和遗忘，直到 18 世纪初期，工人挖井，挖出一些大理石雕像。一位奥地利军官——因为其时那不勒斯在奥地利控制之下——接管过来，挖掘机穿过厚厚的地壳开始挖掘。

当那不勒斯由波旁王朝接手，继续进行的勘探极为野蛮，与其说是一次考古调查，不如说它是一场旷日持久的破门入户式抢劫。十多年里，负责的官员是西班牙军队的一个工程师，罗克·杰奎因·德·阿尔库别雷（Roque Joaquin de

Alcubierre），他似乎将此地视为一个堆存已久的垃圾场，战利品莫名其妙地被埋在这里。（"此人，"一位同时代人对这种肆意破坏感到沮丧并说，"对古迹的了解犹如月亮对龙虾的了解。"[9]）工人们到处挖掘，寻找雕像、宝石、珍贵的大理石和其他或多或少为人熟悉的宝藏，他们收获甚丰，成堆地送给他们的皇家主子。

1750年，新来了一位负责的官员，他们正在进行的挖掘工作变得更小心了。三年后，在其中一座别墅的废墟中挖隧道时，他们遇到了令人困惑的事情：废弃的房间里铺着马赛克地板，摆满了无数物品，"大约半个手掌长，圆形，"其中有人写道，"好像树根，黑色，似乎只是一件物品。"[10]起初，他们心想他们碰到了一堆木炭球，他们烧了一些来驱散清晨的寒意。也有的人想这些特别的碎片可能是烧过的布匹或渔网。之后，其中一件物品碰巧掉在地上碎开了。勘探者在看起来像烧焦的树根的里面意外看到了字母，这让他们意识到，他们现在看到的是书。他们偶然发现了一个私人图书馆的遗迹。

罗马人存放在图书馆里的书卷比现代大部分书籍略小：它们大都写在莎草纸卷轴上。（"书卷"一词来自 *volumen*，这个拉丁词意为一件东西卷起来或收起来。）莎草纸卷轴——从莎草（papyrus）这种植物名中我们得到了"纸"（paper）这个词——由生长在下埃及尼罗河沼泽三角洲地区的高大的芦苇制成。[11]芦苇被收割；它们的茎被切开，切成很细的条状。这些条并排放一起，稍微重叠；上面再放一层，与下面一层成直角；之后用木槌轻轻敲打成薄片。释放出来的天然汁液使纤维彼此平滑地粘在一起，然后将各层薄片粘合成卷。（第一层薄片，上面可以看到卷的内容，在希腊语里称作 *protokollon*，意

56

为"先粘上的"——是我们今天的单词"协议"（protocol）的来源。）木棒被安装到卷轴的一端或两端，并在顶部和底部边缘略微突出，便于阅读时滚动：在古代读书就是展卷或开卷。罗马人称这种小木棒为 umbilicus（"脐"），从头到尾读一本书就是"展现肚脐"。

起初，莎草纸色白，柔韧，时间长了慢慢变脆，褪色——没有什么能永久存在——但它轻薄、方便，相对便宜，也很耐用。埃及的小地主很早就意识到，他们可以把税收收据写在小片莎草纸上，并有理由相信这份记录经过许多年，甚至经历几代人也清晰可辨。神父可以用这种纸张记下精确的语句向神灵祷告；诗人能在艺术作品中描绘他们梦想的不朽象征；哲学家可以将他们的思想传达给尚未出生的门徒。罗马人像他们之前的希腊人一样，很快明白这是可以得到的最好的书写材料，他们从埃及大量进口，满足日益增长的需要，如记账，制作官方文件、个人书信以及书籍。一卷莎草纸可以保存三百年。

赫库兰尼姆出土的那个房间曾经镶嵌着一些木架子；它的中间是一个巨大的、独立的矩形书柜的遗迹。散落在周围的是一些碳化残骸——很脆弱，一碰就碎——那原本是一些可擦式蜡板，读者在上面记笔记（有点像今天孩子玩的神秘手写板)[12] 架子上曾经堆了很多莎草纸卷，有几卷也许是更有价值的纸卷，曾用树皮包裹，两端用木片覆盖。在别墅的另外一个房间，另一些书卷则被火山灰压成一团，似乎被匆忙地塞进一个木盒子里，仿佛有人在可怕的奥古斯都时期有一个短暂、狂野的时刻，想要带着一些特别有价值的书籍远离大屠杀。总之——即使在人们还没弄明白它们是什么之前，许多书就被毁了，其损失是不可挽回的——依然有一千一百多本书最终被复原了。

许多书卷在别墅——后来被称为"莎草纸别墅"（Villa of the Papyri）——被落下的杂物和沉重的泥浆压碎了；所有这些都被火山熔岩、灰烬和天然气所碳化。但这些书变黑的同时也使它们免于进一步腐烂。数个世纪里，这些书实际上被密封在一个密闭容器中。（即使今天，也只能看到别墅的一小部分，很大一部分仍然未被挖掘。）然而，发现者很失望：他们几乎看不出写在木炭似的书卷上的任何文字。当他们一再设法将它们展开，书卷却不可避免地成了碎片。

几十卷，也许几百卷书就这样毁掉了。但最终有一定数量的书卷被展开，人们发现在中心附近包含一些可读部分。此时——经过两年或多或少破坏性及毫无结果的努力之后——一位学识渊博的那不勒斯神父，过去一直在罗马梵蒂冈图书馆工作的安东尼奥·比亚乔神父被招来。出于对现行检查方法——只刮掉书卷烧焦的外层，直到可以辨认一些字样——的异议，他发明了一种灵巧的方法，设计了一种会精确且缓慢地展开碳化的莎草纸卷轴的机器，由此保存下来的可读材料比任何人想象的都要多。

那些读到这些新发现的文本的人小心地将它们压平并粘合成条状，他们发现这个别墅图书馆（或者甚至是他们发现的别墅的一部分）很特殊，许多书卷有一位名叫菲洛迪默斯（Philodemus）的希腊哲学家的引文。研究者感到失望——他们希望能发现像索福克勒斯或维吉尔这样的作家遗失的作品——但他们难以置信地从废墟中如此获取的东西，对几个世纪前波焦的发现有着重要的影响。例如菲洛迪默斯，他大约从公元前75到公元前45年在罗马教书，正是卢克莱修的同时代人和在《物性论》中得到最完美体现的思想流派的一个追随者。

为什么菲洛迪默斯这个希腊小哲学家的作品会出现在雅致的海滨度假胜地的图书馆里？而又为什么，在度假的房子里会有一间藏书丰富的图书馆？菲洛迪默斯，一个拿着薪水讲课和演讲的教师，肯定不是莎草纸别墅的主人。但是，他的大量作品的出现可能为房主的兴趣爱好提供了线索，并有助于阐明卢克莱修诗歌产生的那个时刻。这个时刻是将高度发展的希腊和罗马文化融合在一起的漫长过程的巅峰。

这两种文化并不总是舒适地交融。在希腊人这儿，罗马人很早就被认为是坚韧、自律的人民，有生存的天赋和征服的渴望。但他们也被认为是野蛮人——"优雅的野蛮人"，这是亚历山大时代科学家埃拉托斯特尼（Eratosthenes）温和的观点。但在其他许多人眼中，他们是粗野和危险的野蛮人。当希腊独立的城邦仍然蓬勃发展时，希腊知识分子收集有关罗马人的神秘传说，如同他们收集迦太基和印度人的传说一样，但他们在罗马人的文化生活中没有发现任何值得注意的东西。

共和国早期的罗马人可能并非完全不认同这种评价。罗马在传统上警惕诗人和哲学家。它以城市美德和行动，而不是华丽的语言、知识的炫耀和书籍为荣。但甚至当罗马军团稳定地在希腊建立起军事统治时，希腊文化恰恰开始稳定地对征服者的头脑进行殖民。[13] 他们仍然怀疑那些无用的知识分子，并以他们的实用的智慧而自豪。然而，罗马人热情越来越高地承认希腊哲学家、科学家、作家和艺术家的成就。他们取笑他们认为的希腊人的性格缺陷，嘲讽他们看到的希腊人的聒噪、哲学思维能力和浮夸。但雄心勃勃的罗马家族送他们的儿子去哲学学院学习，雅典学院就很著名，像菲洛迪默斯这样的希腊知识分子被请到罗马，高薪授课。

对一个罗马贵族来说，承认一种毫无节制、狂热的希腊主 60 义，从来都不是一件值得尊敬的事。世故的罗马人发现人们希望淡化对希腊语的掌握和鉴赏家对希腊艺术的理解，然而，罗马的庙宇和广场用从希腊大陆被征服的城市和伯罗奔尼撒半岛那里偷来的华丽雕像来装饰，而久经沙场的罗马将军们则用珍贵的希腊花瓶和雕塑来装饰他们的别墅。

石头和烧制黏土的幸存品使我们很容易在罗马看到希腊工艺品的普遍存在，但书籍充分发挥了文化影响力。与城市的军事特征保持一致，首要的收藏品是带回的战利品。公元前 167 年，罗马将军埃米利乌斯·保卢斯（Aemilius Paulus）击溃马其顿国王珀尔修斯（Perseus），结束了从亚历山大大帝和他父亲菲利普传下来的一代王朝。珀尔修斯和他三个儿子被铁链锁着，押到罗马，在大街上跟在得胜者的战车后面游行示众。在盗贼统治的民族传统中，埃米利乌斯·保卢斯运回大量的掠夺品存入罗马国库。但对他自己和他的孩子来说，征服者只保留一项奖品：被俘君主的图书馆。[14] 当然，这一举措证明了这位贵族将军拥有大量的个人财富，但这也是希腊书籍的价值和这些书籍所体现的文化的一个非凡信号。

其他人也步了埃米利乌斯·保卢斯的后尘。对于富有的罗马人来说，在他们的城镇住宅和乡间别墅里建立大型私人图书馆变得越来越流行。[早些时候罗马并没有书店，但除了被当作战利品的藏书外，在南部意大利和西西里，可以从书商那儿购书，在这些地方希腊人曾建立了如那不勒斯、塔伦特姆（Tarentum）和锡拉库萨（叙拉古，Syracuse）这样的城市。]

61 文法学者蒂拉尼昂据说有三万卷书；塞里纳斯·赛门尼库斯是个医生，是使用神奇的"咒语"疗法来治病的专家，他拥有超过六万卷书。罗马染上了嗜好收藏书籍的希腊热。

卢克莱修生活在一种富人私藏书籍的文化中，他发表这首诗的社会也准备将阅读的范围扩展到更广大的公众层面。公元前40年，即卢克莱修死后十年，罗马第一家公共图书馆由诗人维吉尔的朋友阿西尼乌斯·波利奥建立。[15] 这个想法似乎来自尤利乌斯·恺撒，他羡慕曾在希腊、小亚细亚和埃及见过的公共图书馆，他决心将这样的机构赋予罗马人民。但恺撒在实现这项规划前遇刺身亡，这事便落到波利奥身上，他曾和恺撒结盟反对庞培，之后，与马克·安东尼结盟反对布鲁图斯，如此等等。波利奥是个有经验的军事指挥官，谨慎（或非常幸运）地选择同盟者，他也是个有着广泛文学兴趣的人。除了一些演讲片段，他的所有创作都遗失了，但他写过悲剧——根据维吉尔的说法，比得上索福克勒斯——历史和文学批评，他是最早的罗马作家之一，曾当众朗读过自己的作品，听众大多是他的朋友。

由波利奥创立的图书馆建在阿文提诺山（Aventine Hill）上，按典型的罗马方式，费用由被征服掠夺的富人提供——这一次，由来自亚得里亚海海岸的一个富人提供，他犯了支持布鲁图斯反对安东尼的错误。[16] 之后不久，奥古斯都皇帝又建了两个公共图书馆，之后的许多皇帝也紧随其后。（到公元4世纪，罗马总共有二十八家公共图书馆。）所有这些图书馆都已经被毁掉了，图书馆结构显然采用同样的通行模式，这一模式我们已经很熟悉了。有一间大的阅览室，周边有些小房间，藏书都放在这些小房间里编了号的书柜里。阅览室的布局是长方

形或半圆形，有时通过屋顶的圆形窗孔采光，室内装饰着著名 62
作家的半身像或真人大小的雕像：其中有荷马、柏拉图、亚里
士多德、伊壁鸠鲁等。这些雕像的作用就像它们之于我们一
样，作为一种致敬，是对每个文明人都应该知道的经典作家的
一种姿态展现。但在罗马，他们可能有一种额外的意义，类似
于罗马传统上保存在他们家中，在纪念场合戴的祖先的面具。
也就是说，它们是接近死者灵魂的标志，是书籍能够让读者产
生幻觉这一精神的象征。

古代世界的许多其他城市都炫耀着各自的公共收藏，依靠
税收收入或富有、有公民意识的捐助者的捐赠。[17]希腊图书馆
几乎没有多余的设施，但在他们的领土上，罗马人则设计了舒
适的椅子和桌子，读者可以坐下来慢慢地展开莎草纸卷，一册
读完，左手就将书滚动卷起来。[18]伟大的建筑师维特鲁威——
波焦重新找到其作品的古代作家之一——建议，图书馆应该朝
东，迎着晨曦，降低可能损坏书籍的湿度。在庞培城和其他地
方进行的挖掘发现了纪念捐赠者的牌匾，还有雕像、书桌、用
来存放莎草纸卷的架子、用来装书卷的有编号的书柜，以及用
来装订的羊皮纸卷或手稿，或逐渐开始用作补充书卷的手抄
本，甚至还有在墙上乱涂乱画的涂鸦。在我们自己的社会，公
共图书馆设计上的相似并非偶然：我们觉得，图书馆是一项公
益事业，我们对这样一个地方应该是什么样的看法，正是源于
几千年前在罗马创造的一种模式。

在广阔的罗马世界，无论在高卢的罗讷河畔还是叙利亚的
达芙妮神庙及附近的小树林，无论在科斯岛、罗德岛还是如今
是阿尔巴尼亚的迪勒奇翁（Dyrrhkhion），有教养的男人和女 63
人家里有专门的房间，用以安静地阅读。用莎草纸书卷细心地

做好索引和标记（一种布条标签，希腊语称作 sillybos），堆放在架子上或存放在皮革筐里。甚至在罗马人喜爱的精致的豪华大浴场，也有装饰着希腊和拉丁作家半身像的阅读室，这个房间经过精心设计，使受过良好教育的罗马人能够将对身体的关怀与对心灵的关怀结合起来。公元 1 世纪出现了明显的迹象，即我们认为的"文化艺术"。有一天，在罗马竞技场的比赛中，历史学家塔西佗和一个恰巧读过他作品的陌生人有一场关于文学的对话。[20]文化不再局限在亲朋好友的小圈子里；塔西佗在"公众"场合遇到了这样一个人，这个人在论坛的摊位上买了他的书，或者在图书馆看过他的书。这种广泛的阅读，源于罗马精英世世代代的日常生活，它也说明了为什么像莎草纸别墅这样的享乐的宫殿中有一个藏书丰富的图书馆。

1980 年代，现代考古学家恢复了对被掩埋别墅的整理工作，希望更好地理解其设计中表达的整个生活方式。加利福尼亚马里布的盖蒂博物馆的建筑生动地再现了这一设计，馆中存放着一些赫库兰尼姆发现的雕像和其他珍宝。大部分是大理石和青铜杰作——男女神像，哲学家、演说家、诗人、剧作家和一个苗条的年轻运动员的半身肖像；一头跳跃中的野猪；一个醉酒的森林之神；一个熟睡的森林之神；以及行不雅之事的淫秽的潘神和山羊——这些现在都在那不勒斯国家博物馆中。

64　　重新开始的探索工作起步缓慢：覆盖在遗址上的肥沃的火山土壤被用来种植康乃馨，业主不愿让挖掘机破坏他们的种植业，这可以理解。经过长期的协商，研究人员获得允许沿着竖井下降，乘坐贡多拉式小型缆车接近别墅，这些缆车可以安全地通过在废墟中钻出来的隧道。在这样艰苦的条件下，他们成功地比以往更准确地绘制了别墅的布局，测算了中庭的精确尺寸，方形和长方形的柱廊以及其他结构，还按这种方式定位了一大块马赛克地板和一根特别的双柱。藤蔓和枝叶的痕迹使他们能够确定花园的精确位置，大约两千年前富裕的业主和他高雅的朋友曾经聚集在那儿。

当然，时间上相距遥远，不可能确切知道那个漫长的阳光明媚的下午，在赫库兰尼姆的柱廊花园里这些文人雅士说了些什么，但在 1980 年代，一个有趣的线索出现了。这次在地面上，学者们又在 18 世纪寻宝者发现的黑乎乎的莎草纸上开展工作。这些成了硬块的纸卷，曾经阻止了人们早年想打开它们的企图，在那不勒斯国家图书馆中安然待了两个多世纪。1987年，借助新的技术，托马索·斯塔拉切（Thomaso Starace）设法打开了两卷保存完好的莎草纸。他将这些书卷中字迹清晰的碎片——自从古代那次火山喷发以来还没有人读过——用日本纸张裱起来，用微缩胶卷拍下来，并着手破译其内容。两年后，挪威的一个著名莎草纸专家（即那些专门破译莎草纸文稿的人），克努特·克莱沃（Knut Kleve）宣布："《物性论》在赫库兰尼姆被重新发现了，这是在这批莎草纸卷被发现 235年之后了。"[21]

可以理解的是，世界若无其事地接受了这一消息——也就是说，完全忽略了它——甚至对古代文化感兴趣的学者也无动于衷，听任这个消息埋没在大型的意大利《赫库兰尼姆编年史》（Chronicles of Herculaneum）第十九卷中，几乎没有人注意到它。克莱沃和他的同事所发现的只是十六块小碎片——只是单词或单词的一部分——仔细分析一下，可以看出它们来自那部六卷本拉丁长诗中的第一、三、四和第五卷。这些是一个巨大的拼图游戏的被遗弃的碎片，碎片本身并无意义。但它们却能说明图书馆中有整部《物性论》，莎草纸别墅中此诗的存在确实是诱人的。

赫库兰尼姆的发现让我们可以一览波焦在修道院图书馆里发现的此诗最初流传的那个社交圈。在修道院图书馆，在祈祷书、忏悔手册和神学书籍中，卢克莱修的著作是个神秘的陌生人，是从遥远的沉船中漂浮到岸上的遗物。而在赫库兰尼姆，此书是本地人。所存书卷的内容体现了别墅的藏书所关注的思想流派，《物性论》正是其最引人注目的生动体现。

虽然在卢克莱修的时代，别墅业主的身份尚不清楚，但很有可能的人选是卢修斯·卡尔普尔尼乌斯·皮索（Lucius Calpurnius Piso）。这个强势的政治家曾出任马其顿省的总督，别的不说，他还是尤利乌斯·恺撒的女婿，他对希腊哲学有兴趣，西塞罗是其政敌。想象皮索唱着淫秽小调，"在醉意和恶臭的希腊人中间"懒洋洋地裸着身体；但是，从图书馆的藏书来判断，赫库兰尼姆别墅下午的客人很可能致力于更高雅的追求。

66　　据说皮索同菲洛迪默斯有私交。在烧焦的图书馆后者的一本书中发现了一首短诗，那位哲学家邀请皮索去他自己朴素的家中，庆祝"第二十日"——该月的盛宴，为了纪念伊壁鸠鲁，他生于希腊伽米里昂月①的第二十日：

>　　明天，皮索朋友，你的音乐同行

---

①　伽米里昂月（the month of Gamelion）是古希腊历法七月，即圣婚月，也称"结婚"之月，今公历1月15日到2月15日。——译者注

邀你去他朴素的住所

就在下午三点，

参加每年举办的第二十日宴会。

如果你想念牛乳

想喝希俄斯瓶装布罗米亚红酒，

然而你会见到忠诚的同行，

你会听到更甜蜜的事情

胜过菲亚西亚人的土地。

如果你也把目光转向我们，皮索，

而不只是一个朴素的第二十日

我们将有个更丰盛的宴会。[23]

　　结尾诗行成了对金钱的诉求或表达了希望，菲洛迪默斯本人会被邀请参加一次午后的哲学对话，享用皮索大别墅里更昂贵的美酒。半躺在沙发上，在花架藤蔓和丝质檐篷的阴影下，皮索的这些有权有势的男女朋友——女性完全有可能也参与了谈话——有很多问题要考虑。罗马多年来一直受到政治和社会动荡的折磨，最后爆发了几场残酷的内战，虽然暴力有所缓和，但对和平和稳定的威胁并没有全然消退。充满野心的将军无情地争权夺利；满腹怨言的军队得用现金和土地来付军饷；各行省躁动不安，埃及有麻烦的传言已经引起谷物价格飙升。

　　但得到奴隶的照顾，享受着优雅生活的舒适和安全，别墅 67 主人和他的宾客沉溺于奢侈之中，将这些威胁当作相对遥远的事情，遥远得至少可以让他们追求文明的对话。懒洋洋地望着附近维苏威火山冒出的烟雾，他们可能对未来感到有些不安，但他们是精英，生活在世界上最强大的权力中心，他们最看重的特权之一是精神生活的培养。[24]

共和国晚期的罗马人对这一特权相当坚持，他们紧紧依附着那些会使别人畏缩、逃之夭夭的环境。对他们来说，这似乎是一个迹象，表明他们的世界仍然完好无损，至少在他们内心深处是安全的。就像一个人听到远处大街上的警报声，在贝希斯坦街上坐下来，演奏贝多芬的奏鸣曲，花园里的男男女女通过沉浸在思索性对话中来肯定他们温文尔雅的安全。

在尤利乌斯·恺撒遭暗杀之前的几年里，哲学思辨并不是对社会压力唯一有效的回应。宗教崇拜源于遥远的地方，如波斯、叙利亚和巴勒斯坦，其影响开始扩展到首都，引发了巨大的恐惧和期待，尤其在平民中间。一部分精英人士——那些不太安全或只是好奇的人——除了蔑视来自东方的预言之外，可能参与了这一宗教崇拜：这是有关救世主的预言，他出身于一个默默无闻的家庭，将被带到低谷，忍受可怕的痛苦，但最终胜利了。但大多数人会把这种故事视为一群顽固的犹太人的狂热幻想。

那些虔诚的人，更有可能成为那些点缀着肥沃土地的神庙和教堂的祈祷者。在这个世界上，在任何情况下，大自然似乎充满了神灵的存在，在山顶和泉水中，在从地下神秘领域喷出的热雾中，在古老的树林里，信徒们将五颜六色的衣服挂在树枝上。虽然赫库兰尼姆别墅无限接近这种紧张的宗教生活，但图书馆里反映出来的那些有着复杂知识品味的人，不太可能加入虔诚祈祷者的行列。从那些烧焦的莎草纸书卷的内容来判断，别墅的居住者似乎并未转向宗教仪式，而是谈论生活的意义。

古代希腊人和罗马人并不与我们一样，将孤立的天才理想化：独自工作，思考最棘手的问题。如此情景——笛卡尔在其不为人知的隐居处，质疑一切事物，或者被逐出教会的斯宾诺莎磨镜片时默默地自我推理——最终会成为我们心灵生活的主要标志。但这种适当的知识追求的愿景取决于文化声望的深刻转变，这一转变始于早期的基督教隐士，他们故意从异教徒所重视的事物中退出：圣安东尼（St. Anthony，250~356）居于沙漠，圣西蒙修行者（St. Symeon Stylites，390~459）栖息在圆柱上。现代学者表明，这些人物实际上有一些追随者，虽然他们离群索居，却经常在大型集体生活中扮演着重要的角色。但他们塑造的——或在他们周围形成的——主流文化形象是极为孤立的。

　　希腊人和罗马人不是这样。因为思考和写作通常需要安静和最低程度的分心，他们的诗人和哲学家为了完成他们的工作必定会周期性地远离世界的喧嚣和事务。但他们投射的形象是社会性的，他们将自己描绘成牧羊人，对其他牧羊人唱歌；哲学家将自己描绘成从事长谈之人，常常持续多日。他们从日常生活中分心的事物中抽身出来，并不是为了躲进孤独的牢房，而是在花园里朋友间安静地交流。

　　亚里士多德写道，人类是社会动物：实现人之为人的本性就得参与集体活动。对于有教养的罗马人来说，所选择的活动就像在他们之前的希腊人一样，是谈话。西塞罗在一本典型的哲学著作的开头指出，对于最重要的宗教问题，人们的看法分歧很大。"这常常让我吃惊，"西塞罗写道：

　　　　但它在某一场合尤其如此，如不朽神灵的话题在我朋友盖乌斯·科塔的家里成了乐于探究并进行充满讨论的对象。

　　这是拉丁语世界的节日，我是应邀来拜访他的。我发现他坐在壁龛内，正和盖乌斯·维莱乌斯（Gaius Velleius）辩论，维莱乌斯是位参议员，被伊壁鸠鲁派视作他们当时在罗马的主要信徒。和他们在一起还有昆图斯·卢西里乌斯·巴尔布斯（Quintus Lucilius Balbus），他很有成就，是一个斯多葛学派的学生，可以和这一体系主要的希腊倡导者并列。[25]

西塞罗不想把自己的思想作为一篇经过单独思考后写成的小册子呈现给读者；他想让它们成为与社会和知识界同行的观点交流，一场他自己只扮演一小部分角色的交谈，其中没有明确的胜利者。

70 　　这一对话的结束——一项长期的工作，可以填满几个相当大的纸莎草卷——带有不确定的特征："交谈结束了，我们告辞了，维莱乌斯认为科塔的论述更真实，而我觉得巴尔布斯更接近事情的真相。"[26]这种不确定不是理性的谦虚——西塞罗不是一个谦逊的人——而是朋友之间的一种文明开放的策略。交流本身更有意义，而不是最终结论。讨论本身是最重要的，事实是，我们很容易彼此辩论，既风趣又严肃，永远不会沦落为流言蜚语，并始终有允许不同意见的空间。"参与交谈的人，"西塞罗写道，"不应该阻止别人参与，仿佛私人垄断似的；但和其他事情一样，在一般交谈中，他应该想到每个人都有机会才是公平的。"[27]

　　西塞罗和其他人所记录的对话并不是真实交谈的录音文本，虽然交谈者是真实的人，但毫无疑问，它们是发生在赫库兰尼姆别墅中对话的理想化版本。这种特殊背景中的交谈，从被掩埋图书馆中所发现的烧焦书籍的主题来判断，涉及音乐、绘画、诗歌、公开演讲的艺术，以及其他培养希腊和罗马人的长期兴趣的主题。他们也可能转向更麻烦的科学、道德及哲学问题：什么原因导致闪电、地震和日食——这是如有人声称的神灵的显现，还是源于自然？我们如何理解我们所在的这个世界？我们在生活中应该追求怎样的目标？一生致力于对权力的追求有意义吗？善良和邪恶如何定义？我们死后会发生什么？

　　那座别墅的有权势的主人和他的朋友乐于解答这些问题，他们在忙碌的生活中，愿意花大量的时间找出可能的答案，反映与他们的教育、阶级和地位相适应的生存观念。这也反映了他们所在世界的心理或精神的某种特别之处，法国小说家居斯塔夫·福楼拜在一封信中提到一些："正当众神不再存在，而基督尚未到来时，历史上有一个独特的时刻，在西塞罗和马库斯·奥列里乌斯（Marcus Aurelius）之间，唯有人独自在那里。"无疑可对这个说法嗤之以鼻。至少在许多罗马人看来，神灵依然存在——虽然有时被认为是无神论者，甚至伊壁鸠鲁派的享乐主义者也认为神灵存在，虽然其远离凡人的事务——福楼拜这个所谓的"独特的时刻"［从西塞罗（公元前106～前43）到马库斯·奥列里乌斯（公元121～180）］可能比他认为的时间跨度要长一些或短一些。但其核心观念可以从西塞罗的对话，和在赫库兰尼姆图书馆中发现的作品得到有力的证明。这些作品的早期读者显然缺乏一套固定的信念和实践体系，这一体系被所谓的神圣意志所强化。他们是这样一些男女，其生活不受神灵（或他们的祭司）的支配。茕茕独立，如福楼拜指出的，他们发现自己要在对事物本质的截然不同的看法和相互竞争的生活策略中进行选择。

图书馆中烧焦的碎片让我们一瞥别墅居民如何做出这个选择，他们希望读些什么，他们可能讨论什么问题，他们可能让谁来参与交谈。这里，那位挪威莎草纸专家的小碎片就非常重要。卢克莱修是菲洛迪默斯的同时代人，更重要的，还是菲洛迪默斯赞助人的同时代人，当这位赞助人邀请朋友和他一起来到青翠的火山山坡上共度一个下午时，他可能和他们分享《物性论》的一些片段。确实，这个富裕的赞助人对哲学的兴趣可能使他希望见到作者本人。他派几个奴隶和一顶轿子去将卢克莱修请来赫库兰尼姆与宾客同乐是小事一桩。因而，甚至也有可能卢克莱修本人斜倚在沙发上，大声朗读后来幸存下来的手稿片段。

如果卢克莱修参与了别墅的交谈，他会说什么是显而易见的。他自己的结论不会是不确定的，或者如西塞罗那样带着怀疑主义。对他们所有问题的回答，他热情地争辩道，会在一个人的作品中找到，那个人的半身肖像和作品为图书馆增添了光彩，他就是哲学家伊壁鸠鲁。

卢克莱修写道，只有伊壁鸠鲁能够治愈人的悲惨状况：人在家里无聊得要死，急匆匆地赶往乡村别墅，只会发现在精神上同样受到压迫。确实，在卢克莱修看来，两个世纪前死去的伊壁鸠鲁是个救世主。[28] 当"人的生命卑微地躺在尘土中，在迷信的重压下破碎，"卢克莱修写道，一个极其勇敢的人站立起来，成为"第一个敢于面对的人。"[29]（I. 62ff.）这个英雄——与传统上以强硬、实用主义和军人美德为傲的罗马文化格格不入——是个希腊人，他不以武力，而是以智力取胜。

　　《物性论》是一个信徒的作品，它意在传播几个世纪以前发展起来的思想。伊壁鸠鲁，卢克莱修的哲学弥赛亚，于公元前342年年末出生在爱琴海萨摩斯岛，他父亲是一所雅典学校的穷校长，曾是殖民者。许多希腊哲学家来自富裕家庭，以他们杰出的祖先为荣，包括柏拉图和亚里士多德。伊壁鸠鲁显然没有类似的炫耀。他的哲学对手沉浸在他们的社会优越感中，嫌弃他出身卑微。他在父亲的学校做助教，挣一份微薄的收入，他们嘲笑他，他常和母亲去村舍念咒语。他们还说，他的一个兄弟是拉皮条的，和一个妓女住一起。这不是一个体面人应该交往的哲学家。

　　卢克莱修和其他许多人不仅仅简单地和伊壁鸠鲁有联系——他们赞美他具有神一般的智慧和勇气——这不取决于他的社会资历，而在于他们看重他的视野具有拯救性力量。这一视野的核心可以追溯到一个引人注目的观念：所有曾经存在过的东西和将要存在的一切都是由坚不可摧的尺寸极小、数量极多基础构件组成的。希腊人有个词来指称这些不可见的基础构件，如他们设想的，事物不能再被分割的是：原子（atoms）。

　　原子的概念，源于公元前5世纪阿布德拉的留基伯（Leucippus）和他了不起的学生德谟克利特（Democritus），是个令人眼花缭乱的猜测；没有办法得到任何经验证据，两千多年得不到这种经验。其他哲学家则有不同的理论：他们争辩说，宇宙的核心元素是火或水或气或土，或这些元素的某种组合。有人认为，如果你可以感知一个人的最小粒子，你就会发现一个极小的人；如同一匹马，一滴水，或一片叶子。有人则提出，宇宙中错综复杂的秩序，显然作为一种无形的心灵或精神，根据预先设想的计划把这些碎片仔细地拼在一起。德谟克利特有关原子无限的概念，只有大小、形状、重量，没有质量——然后，粒子不是我们所见事物的微型版，而是通过以无穷无尽的各种形状相互结合而形成我们所看到的东西——这是一个非常大胆的解决方案，解决了一个困扰着世界上许多伟大知识分子的问题。

好几代人花时间去思考这个解决方案的含义。（我们还没有把他们都考虑进去。）伊壁鸠鲁十二岁开始致力于思考这个问题，那时他感到失望，他的老师无法给他解释混沌的意思。对他来说，德谟克利特的原子旧观念似乎是最有意义的线索，三十二岁时，他准备办一所学校。在雅典的一座花园，伊壁鸠鲁构建了对宇宙的整体叙述和人类生活哲学。

在不断运动中，原子互相碰撞，伊壁鸠鲁推断，在某种情况下，它们会组成越来越大的物体。可观察的最大物体——太阳和月亮——由原子组成，就像人类、水蝇、沙粒同样如此。没有超类别的物质；元素没有等级。天体并不是决定我们命运好坏的神性存在，它们也没有在众神的指导下穿越虚空：它们只是自然秩序的一部分，巨大的原子结构受到同样的创造和破坏原则的支配，这些原则支配着存在的一切。尽管自然秩序的巨大和复杂是难以想象的，然而仍有可能去理解它的一些基本的构成要素及其普遍法则。确实，此种理解是人类生活的深层快乐之一。

75　　这种快乐也许是理解伊壁鸠鲁哲学思想强大影响的一把钥匙；仿佛是他为追随者开启了隐藏在德谟克利特的原子里的无穷无尽的满足感。[30] 对我们来说，这种影响相当难以把握。一方面，快乐似乎太理性了，除了一小部分专家，无法惠及更多的人；另一方面，我们更多把原子与恐惧，而不是与满足联系起来。但虽然古代哲学很少是群众运动，但是伊壁鸠鲁却为少数粒子物理学家提供了比鱼子酱更多的东西。确实，他避开同行小圈子的自我封闭的专业语言，坚持运用日常语言，对最广泛的听众演讲，循循善诱。他给予的启蒙不要求持续的科学探究。你不需要详细掌握物质世界的实际规律；你只需要理解，对于惊吓或躲避你的一切事物，都有一个隐蔽的自然解释。这个解释必须会引导你回到原子。如果你能够坚持并重复自己存在的这一最简单的事实——原子和空虚，没有别的；原子和空虚，没有别的；原子和空虚，没有别的——你的生活就会改变。你不再害怕天神朱庇特的愤怒，即使你听到一阵雷声，或者每当暴发流感，你也会怀疑"有人冒犯了阿波罗"这一说法。这样你会解除一种可怕的痛苦——许多个世纪后，如哈姆雷特描述的："那死后的恐惧/那不可知的神秘国度/没有旅行者从那儿归来。"

　　这一痛苦——对坟墓之外的某个领域等待着的某种可怕的惩罚的恐惧——不再对现代大多数男女构成重压，但对伊壁鸠鲁时代的雅典人，对卢克莱修时代的罗马人，显然是重压，对波焦时代的基督徒显然也是重压。波焦肯定会看到这种恐惧的景象，精心雕刻在教堂大门上方的门楣，或绘画在内墙上。而那些恐怖景象反过来又以异教想象中的来世作为模型。可以肯定，无论异教徒还是基督徒，这些时代不是每个人都会相信这些描述。你不害怕吗？在与西塞罗对话中，一个人物问道，在地下世界，有可怕的三头狗，漆黑的河流，骇人听闻的惩罚。"你以为我疯得相信这种故事？"[31]他的同伴回答道。害怕死亡不是害怕西西弗斯和坦塔罗斯的命运："只有傻婆娘才会害怕"这种恐怖故事？这是对痛苦的恐惧和对死亡的恐惧，这

76

难以理解，[32] 西塞罗写道，为什么伊壁鸠鲁式的享乐主义者认为他们能提供缓和剂。说人会完全和彻底地消亡，灵肉俱灭，这很难说是一个有力的安慰。

伊壁鸠鲁的追随者通过回顾这位大师最后的弥留来做出回应，他死于膀胱严重阻塞，但通过回忆他一生中所经历的所有快乐来获得精神上的宁静。并不清楚这一榜样是否容易模仿——"谁能把火握在手中/通过想象寒冷的高加索？"如莎士比亚作品的一个人物所问——但也不清楚，任何可能的替代品，在一个没有杜冷丁或吗啡的世界上，能更有效地应对死亡的痛苦。希腊哲学所提供的不是帮助死亡，而是帮助生存。伊壁鸠鲁教导说，从迷信中解放出来，你就能自由地追求快乐。

伊壁鸠鲁的敌人抓住他对快乐的颂扬，恶毒地编造他放荡不羁的故事，强调他的追随者中不同寻常地既有男人也有女人。他"暴饮暴食，每天呕吐两次，"吃喝玩乐，挥霍无度，其中有个故事写道。[33] 实际上，这位哲学家似乎过着一种极为简朴和节俭的生活。"给我带一罐奶酪来，"他写信给一位朋友，"我想吃时，可以多吃点。"他餐桌上所谓丰盛也就如此。他敦促他的学生也同样节俭。刻写在伊壁鸠鲁花园门上的格言敦促陌生人留步，因为"在这儿，我们的至善是快乐。"但根据哲学家塞内加的记录，他在一封著名的信中引用了这些话，波焦和他的朋友读过并欣赏此信，路人进门也会吃到一顿只有掺水大麦粥的简餐。[34] "那么当我们说，快乐就是目标时，"伊壁鸠鲁在他幸存下来，为数不多的几封信中的一封信上写道，"我们并不是指浪子的快乐和感官的快乐。"[35] 为满足某种欲望的狂热尝试——"连续不断的饮酒狂欢……性爱……享用豪华餐桌上鱼类和其他美食"——不能带来心灵的宁静，这是持久快乐的关键。

"为了最陌生的欲望，人们忍受了最恶劣的罪恶，"他的信徒菲洛迪默斯（Philodemus）写道，这是赫库兰尼姆图书馆发现的一本书中的话，"他们忽略了最必需的欲望，他们仿佛对自然最陌生。"[36]什么是获得快乐最必需的欲望？不可能快乐地生活，菲洛迪默斯接着说，"生活不谨慎、不节制和不公正，同样，不勇敢、不适度和不宽宏大量，还有不结交朋友，不乐施好善，生活也不会快乐。"

这是伊壁鸠鲁的一个真正追随者的声音，一个现代从火山烧焦的莎草纸书卷中恢复的声音。但这很难说它是任何熟悉伊壁鸠鲁主义这个词语的人会期待的。在他一个令人难忘的讽刺性怪诞作品中，莎士比亚的同时代人本·琼森（Ben Johnson）完美地描绘了伊壁鸠鲁的哲学长期以来被广泛理解的精神。"我会把我所有的床铺炸掉，而不是塞满，"琼森的一个人物宣称。"下面太硬了。"[37]

　　我吃的肉都将来自印度贝壳，
　　玛瑙餐具，镶金，并镶嵌，
　　绿宝石，蓝宝石，红锆石，以及红宝石……
　　我的小侍从要吃野鸡，红色鲑鱼，
　　红腹滨鹬，膝鹬，七鳃鳗。我自己则要
　　端上有触须的鱼的须，代替沙拉；
　　加油的蘑菇；及一头肥胖的怀孕母猪
　　新切下的肿胀油腻的奶头，
　　蘸着精致而浓郁的酱汁；

　　　　为此，我会对厨师说，"有金子，

　　　　出门去，做一个骑士。"

琼森给这个疯狂的快乐追求者取名为伊壁鸠·玛门爵士（Sir Epicure Mammon）。

　　生活的终极目标是快乐，即使快乐用最克制和最负责任的术语来定义，这一哲学主张也是个丑闻，哪怕对异教徒和他的对手，犹太人及后来的基督徒来说都是如此。快乐是至善？那神灵和祖先崇拜呢？服务家庭、城市和国家呢？追求美德或神性想象呢？这些相互竞争的主张不可避免地需要一种禁欲的自我克制、自我牺牲，甚至自我厌恶的形式。没有一项是与把追求快乐当作至善相容的。在伊壁鸠鲁生活及教学两千年后，人们对这一丑闻仍然有非常强烈的感受，强烈到足以在如琼森的滑稽作品中产生躁狂的能量。

　　在这种滑稽作品背后，有一种若隐若现的恐惧，即最大化快乐和避免痛苦实际上是吸引人的目标，并可能合理地作为人类生活的理性组织原则。如果成功地做到了这一点，那一整套历史悠久的替代原则——牺牲、雄心、社会地位、规训、虔诚——以及这些原则所服务的体制会受到挑战。为了将享乐主义追求快乐推向怪诞的感性自我放纵——被描绘成一心追求性、权力或金钱，甚至是（在琼森笔下所写的）出奇昂贵的食物——有助于抵御这一挑战。

　　在雅典幽静的花园里，真实的伊壁鸠鲁用餐时只有奶酪、面包和水，过着一种淡泊的生活。确实，对他的一项更合理的指控是他的生活太淡泊了：他劝告他的追随者不要广泛、有力地参与城市事务。"有些人寻求名声和出人头地，"他写道，

"认为这样他们可以让自己免受同胞的侵害。"[38]如果安全实际上来自名声和出人头地，那有此追求的人得到了一种"自然的利益"，但如果名声实际上加剧了不安全感，如在很多情况下，那这种成就不值得追求。从他的角度来看，伊壁鸠鲁的批评者指出，这很难证明大多数不懈的努力和冒险精神会使一座城市变得伟大。

这种对伊壁鸠鲁清静无为的批评很可能在赫库兰尼姆阳光明媚的花园里就有提出：毕竟，莎草纸别墅的宾客很可能包括那些赞同在西方世界最伟大的城市中心谋求名声，并且出人头地的人。但也许尤利乌斯·恺撒的女婿——如果皮索确实是这座别墅的主人——和他朋友圈子中的某些人受这一哲学流派吸引，就是因为它提供了一种缓解他们压力的可能。罗马的敌人在它的军团的威力面前倒下，但它没有采取预言的力量来感知共和国未来的不祥征兆。甚至对那些处于最安全位置的人，仍难以否认伊壁鸠鲁的著名格言之一："对其他事情来说，获得安全是可能的，但谈到死亡，我们人类都生活在一个没有城墙的城市里。"[39]如伊壁鸠鲁的信徒卢克莱修用无与伦比的美丽诗句写的，关键是放弃要建造越来越高的墙的焦虑和尝试，转而去培养快乐。

80

第四章 时间的利齿

81 　　除了在赫库兰尼姆出土的烧焦的莎草纸碎片，及在古埃及城市奥克辛尼库斯的垃圾堆里发现的另一批碎片之外，没有其他古希腊和罗马世界的手稿幸存。我们所得到的只是抄本，大多数情况下，在时间、地点和文化方面都与原作相去甚远。这些抄本甚至只代表古代最著名作家作品的很少一部分。埃斯库罗斯（Aeschylus）的 80 部或 90 部剧本，索福克勒斯的大约 120 部作品，各只有 7 部作品幸存下来；欧里庇得斯（Euripides）和阿里斯托芬（Aristophanes）的情况稍好：前者 92 部作品中给我们留下了 18 部；后者 43 部中留下了 11 部。

　　这些是知名的成功故事。实际上，古代其他有名的作家，他们的全部作品消失得无影无踪。科学家、历史学家、数学家、哲学家和政治家，他们死后留下了一些成就——如发明了三角学，或者通过参照纬度和经度计算位置，或者对政治权力的理性分析——但他们的著作遗失了。那位不知疲倦的学者，亚历山大港的狄迪姆斯（Didymus of Alexandria）获得了外号"铜驴"（Bronze-Ass，字面意思为"铜制肠子"），因为他写了 3500 多本书；[1] 除了一些片段，其他都消失了。公元 5 世纪末，

82 一个叫作斯托拜乌斯（Stobaeus）的雄心勃勃的文学编辑，编辑了一部古代优秀作家的诗文集：在 1430 篇选文中，有 1115 篇选自现已遗失的作品。[2]

在这种普遍的遗失中，原子论的辉煌创始人留基伯（Leucippus）和德谟克利特（Democritus）的所有作品，以及他们的知识方面的继承人伊壁鸠鲁的大部分作品，都消失了。伊壁鸠鲁是个极为多产的作家。[3]他和他的主要哲学反对者，斯多葛派的哲学家克律西波斯（Chrysippus），据说两人一共写了一千多本书。即使这个数字有夸张，或者他们算作书的我们会视为散文和书信，这一书写记录数量也显然很庞大。除了三封书信，连同约四十句格言被一位古代的哲学史学家第欧根尼·拉尔修（Diogenes Laertius）引用过，伊壁鸠鲁的作品几乎什么都没有留存下来。自 19 世纪以来，现代学术界也只能为其增加若干片段。其中一些片段是从赫库兰尼姆发现的烧焦的莎草纸卷中剥下来的；另一些是从一堵古墙的碎片中煞费苦心复原的。这堵墙是在奥诺安达小镇发现的，位于土耳其东南部崎岖的山区，公元 2 世纪初的一位老人，将显然是伊壁鸠鲁式的生活哲学——"一首优美的颂歌，赞美快乐的完满"——刻在了古墙的石头上。[4]但所有那些书去哪儿了？

这些书的实体的消失很大程度上是气候和蠹虫造成的。虽然莎草纸和羊皮纸可以长久保存（时长远远超过我们的廉价纸张或电脑数据），但几个世纪下来书籍不可避免会损毁，即使尽力避开水火的摧残。墨水是一种烟灰（取自烧过的灯芯）、水和树胶的混合物：成本低，便于阅读，但水溶性强（抄写员写错字可以用海绵擦掉）。一杯打翻的酒或一场大雨，文字就没了。而这是最常见的威胁。打开、收起来、滚动或细读抄本，触碰、跌落、咳嗽、被蜡烛烧焦，或者只是一读再读，书卷最终都将破损不堪。

小心地别让书过度使用，这几乎不起什么作用，因为那时

83

它们不仅成了渴求知识的对象，更成了名副其实的食用对象。亚里士多德注意到，书蠹可以在诸如衣服、毛毯和奶油乳酪这样的物品中被发现。"也可以在书籍中被发现，"他观察到，"有的和在衣服中发现的虫子相似，有的则像没有尾巴的蝎子，确实很微小。"[5] 几乎两千年后，在《显微术》（*Micrographia*，1655）一书中，科学家罗伯特·胡克津津有味地记录了他在非凡的新发明——显微镜下观察这些生物时看到的景象：

> 一种白色泛着银光的蠕虫或蛾子，我发现书籍和纸张里这种虫子更多，应该就是那些在树叶和覆盖物上蚕食和咬洞的家伙。它的头显得大而扁，它的身体从头到尾逐渐变细，越来越细，形状几乎像胡萝卜……它前面有两只长角，直的，向顶部逐渐变细，奇怪地形成环状或鼓起……下半身长了三条尾巴，每一条都像长在头上的两个长角。腿上有鳞有毛。这种虫子可能吃纸和书的封面，并在上面咬出几个小洞。[6]

84　　书蠹——"一种时间的利齿"，如胡克所言——普通读者不再熟悉，但古人则很熟悉。流亡途中，罗马诗人奥维德将心中"悲伤的不断啃咬"与书蠹的啃咬联系起来——"就像搁置一旁的书被书蠹蚕食一样。"[7] 他的同时代人贺拉斯担心他的藏书最终成为"旺达尔飞蛾的食物"[8]。而对希腊诗人伊维努斯（Evenus）而言，书蠹象征着人类文化之敌："啃书者，缪斯的死敌，潜伏的破坏者，以窃食知识为生，为什么，黑色的书蠹，你是否隐藏在神圣的话语之中，产生了嫉妒的形象？"[9] 有些保护措施，如在书页上涂香柏油，被发现能有效地防止虫害，但人们广泛认为，不让书被虫子吃掉的最好办法就是让书被阅读，当书最后磨破了，就去制作更多的副本。

虽然古代的图书交易完全是关于抄本，但行业如何运作很少有信息留存下来。雅典有抄写员，与希腊和希腊化世界的其他城市一样，但不清楚他们是否在专门的学校接受训练，或者跟随抄写师傅当学徒，或就是自学成才。有些抄写员显然因他们的书法优美而获得报酬；另一些人则按他们抄写的数量计酬（在一些幸存的书稿最后书页上记有所抄行数）。但无论哪种情况，酬金不太可能直接付给抄写员：许多，也许是大多数的希腊抄写员必定是奴隶，为拥有或租用他们的出版商工作。[10]（如一个富有的罗马公民在埃及的财产清单上，在其五十九个奴隶中，有五个公证员、两个文书、一个抄写员和一个图书修缮员，还有一个厨师和一个理发师。）但我们不知道通常这些抄写员是不是多人坐在一起，边听边抄，或者单独从一个底本抄写。如果作品的作者在世，我们不知道他是否参与检查或修订完成的抄本工作中。

关于罗马图书交易，我们知道得略多些，抄录者（librari）和抄写员（scribae）之间有区别。抄录者通常是奴隶或有偿劳动者，为书商工作。书商在柱子上贴广告，在罗马广场的商店出售他们的商品。抄写员是自由民；他们作为档案保管员、政府职员及私人秘书来工作。（尤利乌斯·恺撒有七个抄写员，他们跟在他身后，写下他说的话。）有钱的罗马人雇用（或拥有作为）私人图书馆员和文书的奴隶，他们抄写从朋友的图书馆借来的书籍。"书我收到了，"[11]西塞罗写信给他的朋友阿提库斯（Atticus），后者借给他一本以弗所的亚历山大以诗体所写的地理著作。"他作为诗人并不称职，他一无所

85

知；然而，他有些用处。我把它抄下来，原作还给你。"

作者并没有在他们的著作的出售中获得利益；他们的收益来自富裕的赞助人，书通常题献词给他们。（这种安排——有助于解释奉献性书信集中恭维奉承语言的来源——我们似乎觉得奇怪，但它的稳定性令人印象深刻，直到18世纪版权发明之前一直存在。）正如我们看到的，出版商不得不应对朋友之间广泛的书籍复制，但图书生产和贸易的生意必须有利可图：书店不仅罗马有，布林迪西、迦太基、里昂、兰斯及帝国的其他城市也有。[12]

86 大量男女——因为有男性，也有女性抄写员的记录——一生伏案工作，用一个墨水瓶、一把尺子以及将芦苇劈开制成的硬笔，满足了人们对书的需求。[13]15世纪活字印刷的发明极大地扩大了生产规模，但古代的书籍不是一种稀有商品：一个训练有素的奴隶对一屋子训练有素的抄写员大声读一份手稿，这样可以生产大量的文本。[14]在几个世纪的进程中，成百上千的图书，成千上万的抄本被生产出来并卖了出去。

古代世界有个时期——有个非常漫长的时期——核心的文化问题必定是书源源不断地出现。将它们放在哪儿？怎样将它们排列在不堪重负的架子上？如何让一个人的大脑掌握丰富的知识？对于生活在其中的人来说，失去这一切几乎是不可想象的。

然后，不是一下子，而是随着大量消亡而累积起来的力量，整个图书业走到了尽头。看起来稳定的事物结果竟脆弱不堪，看似永恒的事物只是当时才存在。

抄写员必定是最早注意到的：他们要干的活越来越少。大部分抄写工作停止了。连夜细雨，淋在有着漏洞的破房顶上，屋内的书躲过了火灾难逃水淋、书蠹——那些"时间的利齿",还得着手对付其他。但书蠹只是这场大消亡最卑微的代言人。其他力量的影响加速了书籍的消失,书架倒塌化为尘土。波焦和他的猎书人同行能有所发现实属幸运。

数量众多的书籍的命运在古代最大的图书馆的命运中得到了体现,这个图书馆并不坐落在意大利,而是在亚历山大港①,那是埃及的首都,地中海东部的商业中心。[16]这座城市有很多风景名胜,包括令人印象深刻的剧院和红灯区,但游客总会注意到它的特别之处:在市中心,有个被称为博物馆的奢华场所,希腊、拉丁、巴比伦、埃及和犹太文化的大部分知识遗产以巨大的代价被收集起来,并仔细地归档以供研究。早在公元前300年,统治亚历山大港的托勒密国王灵机一动,把杰出的学者、科学家和诗人吸引到这座城市,给他们在博物馆提供终身职位,有优厚的薪水,免征税,食宿免费,以及可以利用图书馆中几乎无限的资源。

这些恩惠的接受者建立了相当高的知识标准。欧几里得在亚历山大港发展出他的几何学;阿基米德发现了圆周率,为微积分学奠定了基础;埃拉托斯特尼(Eratosthenes)提出地球是圆的的假设,计算其周长,误差在1%以内;盖伦革新了医学。亚历山大港的天文学家提出了一个日心说的宇宙假设;几何学家推断出一年的长度是$365\frac{1}{4}$天,建议每四年加上一个"闰日"(leap day);地理学家设想有可能从西班牙出发,向

_____

① 亚历山大港(Alexandria),埃及最大的港口城市,现埃及首都为开罗(Cairo)。——译者注

西航行可以到达印度；工程师发展出水利学和气体力学；解剖学家初次清晰理解了大脑和神经系统是一个整体，研究了心脏功能和消化系统，进行了营养学方面的实验。其取得的成就是惊人的。

亚历山大港图书馆与特定的学说或哲学流派无关：它的范围涵盖整个知识探索领域。它代表了一种全球性的世界主义，决心将全世界积累起来的知识集合在一起，并完善和增加这些知识。[17] 人们做出了巨大的努力，不仅收集了大量的书籍，而且还获得或确定了最终的版本。亚历山大港学者以追求文本的准确性闻名。怎样可能剔除那些不可避免地渗透进书中，数个世纪来很大程度上是奴隶们复制和再复制而造成的芜杂呢？一代又一代专心致志的学者发展出精妙的比较分析和谨慎评论的技巧，以追求权威文本。他们也寻求超出希腊语世界的知识。为此，亚历山大港的统治者，托勒密·费拉德尔普斯（Ptolomey Philadelphus）据说承担了一个费用昂贵且雄心勃勃的项目，委托大约七十位学者将希伯来《圣经》翻译成希腊语。其结果——即《七十士译本》（Septuagint，拉丁语意为"七十"）——对许多早期基督徒而言，他们主要就是通过这个译本，进入他们称为《旧约》文本的。

在亚历山大港鼎盛期时，博物馆藏有至少五十万莎草纸卷，它们被系统地整理过，并贴上了标签，根据一个新的、巧妙的体系上架，它的第一任馆长是一位名叫泽诺多托斯（Zenodotus）的荷马学者，似乎是他发明了这一体系：按字母顺序排列。除了博物馆的大量藏品，还扩展了第二馆藏，位于这个时代的建筑奇迹之一塞拉皮翁，即朱庇特·塞拉皮斯神庙（Temple of Jupiter Serapis）之中。博物馆有着优雅的柱廊庭院、演讲厅、"栩栩如生的雕像"以及许多其他珍贵的艺术品。用阿米阿努斯·马尔切利努斯（Ammianus Marcellinus）——波焦发现的 4 世纪历史学家——的话说，论金碧辉煌，塞拉皮翁仅次于罗马的朱庇特神庙。[18]

摧毁这个机构的力量有助于我们理解它是如何产生的，1417 年发现的卢克莱修的手稿几乎是一个思想流派剩下的一切，这一流派曾经在成千上万本书中被热烈讨论过。最初的打击来自战争的后遗症。[19]图书馆的一部分藏书——可能只有书卷放在靠近码头的货栈里——在公元前 48 年被意外烧毁，那时，尤利乌斯·恺撒竭力维持对城市的控制。但还有比军事行动更大的威胁，这种威胁与博物馆是神庙建筑群的一部分有关，这里放满了男女神像，以及其他异教的崇拜用具。博物馆如其名所示，是供奉缪斯①的庙宇，即体现人类创造性成就的九位女神。第二馆藏所在地塞拉皮翁放有塞拉皮斯神的大尊雕像——由著名的希腊雕塑家布赖克西斯用象牙和黄金雕塑而成——混合着对罗马神灵朱庇特的崇拜，和对埃及神灵奥西里斯及阿匹斯的崇拜。

生活在亚历山大港的众多犹太人和基督徒对这种多神教感到非常不安。他们不怀疑其他神灵存在，但那些神灵无一例外是恶魔，非常狡猾地致力于引诱轻信的人类远离唯一和普遍的真理。在那些堆积如山的莎草纸卷中记录的所有其他启示和祈祷都是谎言。救赎只在《圣经》里，这是基督徒选择阅读的新形式：不再是旧式的书卷（犹太人和异教徒使用），而是紧凑、方便、易于携带的手抄本。

_____

①　博物馆（Museum）一词来自缪斯女神（Muses）。——译者注

异教徒统治下的几个世纪的宗教多元化——三种信仰共存，互相竞争，互相包容——即将结束。4世纪初，皇帝君士坦丁开启了以基督教为罗马官方宗教的进程。出现一个热心的继任者只是时间问题——狄奥多西大帝（Theodosius the Great）于公元391年发布了禁止公众祭祀和关闭主要邪教场所的法令。[20]国家开始对异教信仰进行镇压。

在亚历山大港，基督教社团的精神领袖西奥菲勒斯长老以报复的态度对待这些法令。他既好斗又无情，放纵狂热的基督徒暴民在街上游荡，侮辱异教徒。异教徒的反应是意料之中的震惊和焦虑。两个社团之间的紧张气氛陡然升高。所需要的是以一个可以适当指控的事件来火上浇油，这事件不久就会发生。工人在修复一座基督教堂时发现一个地下神祠，里面仍然有异教徒的物品〔这个神祠——密特拉神社——也许今天还能在罗马看到，它深埋在圣克雷芒大教堂（Basilica of S. Clemente）下方〕。看到有机会把异教徒神秘的符号暴露给公众进行嘲弄，西奥菲勒斯于是下令将这些崇拜用的物品游街示众。

虔诚的异教徒勃然大怒："好像"，当时的一个基督徒旁观者嘲笑地说，"他们喝下了一大杯蛇。"[21]愤怒的异教徒猛烈攻击基督徒，随后撤入塞拉皮翁，关上了大门。大群狂暴的基督徒挥舞着斧子和锤子冲进神庙，击溃了神庙防守者，砸碎了那尊著名的，用大理石、象牙和黄金做的神像。碎片被带到城市的不同地方进行毁坏；无头、无肢体的躯干被拖到剧场，当众焚烧。西奥菲勒斯命令修道士进驻异教神庙所在的区域，神庙美丽的建筑将被改造为教堂。在塞拉皮斯神像曾竖立的地方，获胜的基督徒将安置圣物箱，供奉以利亚和施洗约翰的珍贵遗骸。

塞拉皮翁垮台之后，一位异教诗人帕拉达斯（Pallads）表 91
达了他黯然神伤的心情：

> 我们真的死了吗；
> 还是只活在表面，
> 我们希腊人，陷入灾难，
> 生活如梦，既然我们还活着，
> 而我们的生活方式已然逝去？[22]

毁灭的意义，如帕拉达斯所理解的，不仅仅是一个用于崇拜的
偶像的消失。在这种情况下，这次大破坏是否殃及图书馆尚不
清楚。但图书馆、博物馆和学校是脆弱的机构：它们无法在暴
力的攻击下长期存留。一种生活方式正在消亡。

几年后，西奥菲勒斯的继任者是他的侄子西里尔，作为基
督教长老的西里尔这一次扩大了攻击范围，将虔诚的愤怒转向
了犹太人。暴力冲突在剧场、街道、教堂和犹太会堂门前爆
发。犹太人嘲笑并向基督徒扔石头，基督徒闯入并洗劫犹太人
商店和住宅。五百名修道士从沙漠中归来，加入了本已令人生
畏的基督徒街头暴动，这让他们胆子更大了。西里尔下令驱逐
城里大量的犹太人。亚历山大港总督奥瑞斯特斯（Orestes）
是一个温和的基督徒，他拒绝这么做，这一拒绝得到了城里异
教知识界的支持，他们中最著名的代表是有影响力并博学的海
巴夏（Hypatia）。

海巴夏是一位数学家的女儿，这位数学家是博物馆著名的
入驻学者。作为一位有着传奇美貌的年轻女子，她因在天文

学、音乐、数学和哲学方面的造诣而闻名。在她的指导下，来自远方的学生学习柏拉图和亚里士多德的著作。正是她有这种

92 权威，其他哲学家写信给她，焦急地请求她的同意。"如果你认可，我就应该出版我的书，"[23] 一个通信者给海巴夏写信，"我将把书献给演说家和哲学家。"另外，如果"此书不值得你关注，"信中还写道，"一片幽深的黑暗将给它蒙上阴影，人们将不再听到它被提及。"

披着被称作"斯巴达袍"（tribon）的传统哲学家斗篷，坐着马车在城里四处走动，海巴夏是亚历山大港最显赫的公众人物之一。古代女性通常过着一种低调生活，避免抛头露面，但她不是这样。"她这种泰然自若和从容的风度，源于心灵的修炼和培养，"一个同时代人写道，"她经常出现在地方行政长官面前。"[24] 她易于接近统治阶层并不意味着她经常插手政治，在最初攻击偶像崇拜时，她和她的同事显然袖手旁观，心想无生命的雕像砸碎了，真正重要的东西仍完好无损。但对犹太人的挑衅显然表明，狂热的火焰不会熄灭。

海巴夏支持奥雷斯特斯拒绝驱逐城里的犹太人，这可能有助于解释日后发生的事情。谣言开始流传，她对天文学、数学和哲学的关注——毕竟作为女性，这很奇怪——是邪恶的，她必定是个女巫，会施展巫术。[25]415 年 3 月，一群民众在西里尔的一名心腹的鼓动下发动暴乱。海巴夏在回家的路上被拖下马车，带到一个以前是皇帝庙宇的教堂。（这并非偶然：这表明异教崇拜转变为一种真正的信仰。）在此地，她被剥去衣服，她的皮肤被碎瓷片割得血肉模糊。随后，暴徒们把她的尸体拖

93 到城外焚烧。他们的英雄西里尔最终造就了一个圣人。

对海巴夏的杀害不仅意味着一个杰出者的生命结束，也标

志了亚历山大港知识界的没落，这件事敲响了整个知识传统的丧钟，这一传统奠定了波焦几个世纪后才发现的文本的基础。[26]博物馆的理想是汇集所有的文本、所有的学派、所有的观念，而如今它不再是文明社会受保护的中心了。在随后的岁月里，图书馆实际上不再被提及，好像它丰富的藏书，亦即实际上古代文化的总和，消失得无影无踪。它们肯定不是一下就消失的——如此重大的毁灭行为应有记录。但如果有人问，所有这些书都去哪儿了？答案不仅是士兵有可能点燃一把火，将书籍付之一炬，也可能是书蠹长久、缓慢、秘而不宣的劳作所致。至少在象征层面上，答案在于海巴夏的命运。

古代世界的其他图书馆处境也不佳。在4世纪初罗马的一次调查中，记录了二十八个图书馆，还有贵族府邸中数量不详的私人藏书。到4世纪末，历史学家阿米阿努斯·马尔切利努斯抱怨罗马人实际上已经放弃了严肃的阅读。阿米阿努斯没有哀叹野蛮人的袭击或基督徒的狂热。无疑，这些因素起了作用，而令他印象深刻的是别的什么事情。但随着帝国缓慢瓦解，他所观察到的是文化家园的失落，是一种坠入狂热的琐事的堕落。"在哲学家的位置上，歌手取而代之，在演说家的位置上，舞蹈教师取而代之，而图书馆像坟墓一样，始终闭口不言，管风琴被造了出来，七弦竖琴与马车一样大。"[27]他酸楚地注意到，甚至有人驾车在人群拥挤的大街上横冲直撞。

当经历过长久缓慢的死亡的痛苦，西罗马帝国终于崩溃——末代皇帝罗穆卢斯·奥古斯图卢斯于公元476年黯然退位——日耳曼部族夺取了一个又一个行省，但他们没有读写传统。这些野蛮人闯入公共建筑，强占别墅，但他们可能并不对学习充满太多敌意，然而，他们肯定对保存文化成果没有兴

94

趣。这些别墅先前的主人被强行带到偏远的农庄做奴仆，他们会有比书籍更重要的家庭用品需要抢救和携带。既然征服者大部分是基督徒，他们之中学会了读书写字的人没有动力去研究古代异教作者的作品。与释放出来的战争和信仰的力量相比，维苏威火山对古代遗产更仁慈一些。

但一种塑造精英阶层内心生活的久负盛名的文化传统不会轻易消失，甚至对那些乐于埋葬它的人而言亦是如此。在一封写于公元 384 年的信中，杰罗姆——这位学术圣人该为卢克莱修的疯狂和自杀的故事负责——描述了一种内心挣扎。他回忆道，十年前，他从罗马前往耶路撒冷，他计划退出所有的世俗纠葛，但仍然随身带着那些珍贵的古典书籍。他致力于锻炼他的身体，拯救他的灵魂，但他无法忘却精神层面令人上瘾的快乐："我要斋戒，以后只读西塞罗。我要在守夜中度过无数个夜晚。想到我过去的罪孽，便会从内心深处流出苦涩的泪水；然后我会再拿起普劳图斯。"[28] 按杰罗姆理解，西塞罗是个异教徒，他主张对所有的教条主义主张进行彻底的怀疑，包括宗教的主张，但他文章的优雅似乎不可抗拒。普劳图斯如果有什么不同的话，便是更坏：他的喜剧主要写皮条客、妓女和寄生虫。但他们的滑稽性才智很有趣。有趣但有毒：每当杰罗姆从这些文学乐趣转向《圣经》，《圣经》文本似乎是粗糙和不文明的。他对优美的拉丁文的喜好如此强烈，当他决心学习希伯来语时，他最初觉得这种体验几乎引起身体上的排斥。"从昆体良明智的格言，西塞罗丰富而流畅的口才，弗龙托更庄重的风格，以及普林尼的平易，"他在 411 年的信中写道，"我转向这种嘶嘶作响、语无伦次的语言。"[29]

杰罗姆写道，救助他的，是一次梦魇。他得了重病，处于谵妄之中，他梦到被叫到上帝的审判席面前，按要求陈述病情，他回答说是个基督徒。但法官严厉地说："你撒谎；你是个西塞罗分子，不是基督徒（*Ciceronianus es, non Christianus*）。"[30] 这些严厉的话可能暗示了他永恒的惩罚，但上帝怜悯，只是让杰罗姆受了鞭打。罪人被原谅了。"我明白，如果我再读外邦作家的作品，那极端的酷刑就应该加在我身上。" 当杰罗姆醒来，他发现自己肩膀上青一块紫一块。

杰罗姆定居在伯利恒，他建了两座修道院，一座给他自己和修道士同伴，另一座给跟随他的一些虔诚的女子。他在这儿生活了三十六年，研究神学，参与激烈的神学争论，最重要的是，他将希伯来《圣经》翻译成拉丁文，并修订了《新约》的拉丁文译本。他的成就，即伟大的拉丁文《圣经》译本《武加大译本》（*Vulgate*），16 世纪被天主教会宣布为比原作"更正宗"的《圣经》文本。

如杰罗姆的梦魇所示，他的虔诚中显然有一种具有破坏性的因素。更确切地说，从他虔诚的角度看，他对异教文学的强烈兴趣正在摧毁他。这并不是仅仅花更多时间在基督教文本上的问题，而是要全部放弃异教文本。他以一个严肃的誓言约束自己："哦，上帝，如果我再次拥有世俗的书籍或阅读它们，我就是否定您。"[31] 对他喜欢的作家的这种放弃是个人的事情：他实际上为了拯救自己的灵魂，使自己摆脱了一种危险的沉溺。但这种沉溺——并且之后需要放弃（renunciation）——并非他独有。他觉得如此诱人的东西也是引发许多像他这样的人对异教作者迷恋的东西。因此他得劝告其他人像他一样做出牺牲。[32] "贺拉斯和《圣经》诗篇有什么关系，"他给他的一位追随者写信说，

96

"维吉尔和福音书，西塞罗和保罗有什么关系呢?"[33]

如杰罗姆曾经历过的，一代又一代有学问的基督徒仍然沉浸在一种文化之中，这种文化的价值是由异教经典构成的。柏拉图主义对基督教的灵魂模式做出了贡献；亚里士多德主义对基督教的第一推动力做出了贡献；斯多葛主义对基督教的天意模式做出了贡献。更重要的是，为什么这些基督徒要向他们自己重复那些放弃的典范故事？通过讲述这些故事，他们像在梦里一样，放弃了他们、他们的父母和他们的祖父母获得培养的肥沃的文化土壤，直到有一天，他们醒悟过来，发现他们实际上已经放弃了文化。

97　在流行的传奇故事里，放弃的骑士几乎总是富有魅力的人物，为了他们所爱的宗教他们抛弃了他们地位的最大象征——与精英教育的亲密接触。放弃的时刻是在严格的语法和修辞训练，接触文学名著，沉浸于神话之后到来的。只是在 6 世纪，基督徒才冒险庆祝那些完全不受教育的英雄，甚至那时，人们可以观察到某种犹豫或妥协。以下是额我略一世对圣本笃的赞美：

> 他出生在诺尔西亚区，父母都是名门望族，父母将他送去罗马接受自由式教育。但当他看见他的许多同学堕入罪恶，他便从刚刚踏足的世界的门槛退了回来。因为他害怕，如果他获得了其中的任何一种知识，他以后也会将身体和灵魂投入可怕的深渊。在他只取悦上帝的渴望中，他拒绝进一步学习，放弃家庭和遗产，决心拥抱宗教生活。他迈出了这一步，很清楚他的无知，然而也是明智的，虽然他没有受过教育。[34]

　　在这种后退的时刻，闪现的是一种害怕被嘲笑的恐惧。这种威胁不是迫害——这时期帝国的官方宗教是基督教——而是嘲讽。无疑，与被扔到狮子面前相比，古代的笑声仍然具有非常锋利的牙齿。从异教文明的角度看，基督教的可笑之处不仅是它的语言——希腊语《福音书》的粗糙风格具有希伯来语和阿拉姆语的某种野蛮性——也包括它对神圣的羞辱和痛苦的升华，并与傲慢的必胜信念结合在一起。

　　当基督教的地位得到了保证，它设法毁灭大部分充满敌意的笑声。然而，在基督教卫道士的引文和摘要中存在一些痕迹。有些嘲弄是所有基督教的论敌所共有的——耶稣因通奸而出生，他父亲是个无名小卒，任何神圣尊严的主张都明显被他的贫穷和可耻的结局所否定——而另一些则使我们更接近于从伊壁鸠鲁的圈子中涌现出来的特殊的嘲讽，即当他们遇到来自巴勒斯坦的弥赛亚宗教时。这种嘲弄，以及它对早期基督徒所构成的特殊挑战，为后来整个伊壁鸠鲁学派的消亡做好了准备：柏拉图和亚里士多德这些相信灵魂不朽的异教徒，最终会被一个胜利的基督教所容纳；伊壁鸠鲁主义则不行。[35]

　　伊壁鸠鲁没有否认神灵的存在。更确切地说，他认为如果神性的概念有任何意义的话，神有可能只关心他们自己的快乐。无论是宇宙的创造者还是它的毁灭者，对除了他们以外的任何生物的行为完全漠不关心，他们对我们的祈祷或我们的仪式置若罔闻。伊壁鸠鲁分子嘲笑说，道成肉身是个特别荒谬的观念。为什么人类要认为自己比蜜蜂、大象、蚂蚁，或任何所存物种更高贵呢？现在或将来，上帝应该采用人的形式而不是别的？那又为什么，在人类的各种形式中，他应该采用犹太人

98

的形式呢？为什么任何有常识的人应该相信天意这一与任何理性的成年人的经验和观察相矛盾的幼稚想法？基督徒就像池塘里的一群青蛙，鼓着肚皮呱呱叫："为了我们，世界被创造出来了。"

当然，基督徒可以设法扭转这种嘲笑。如果诸如道成肉身和肉体复活这种教义近乎荒谬——"病态想象力的臆想"[36]，如一位异教徒指出的，"以及诗人的幻想所虚构的无用的童话故事"——那异教徒自称相信的故事呢？

> 伏尔甘是个跛脚的残疾；阿波罗多年不长胡子……尼普顿有海绿色的眼睛；密涅瓦的眼睛是灰色的，像猫眼，朱诺有牛的眼睛……雅努斯有两张面孔，可以倒着走；狄安娜有时穿短褶裙狩猎，而在以弗所，她的形象有许多乳房。

但当然，"反唇相讥"的策略并不是令人愉快的事情，因为一种信仰的荒谬，几乎不能说明另一种信仰的有效性。

而且，基督徒知道，许多异教徒并不一味相信他们自己的神话的真实性，有些人——其中就有伊壁鸠鲁分子——实际上质疑所有的宗教体系和承诺。这种敌人发现肉体复活的信仰教义特别可笑，因为这与他们科学的原子理论以及他们自己的感官证据相矛盾：事实胜于雄辩，腐烂的尸体足以证明肉体的分解。

早期的教会神父德尔图良强烈坚持，尽管有着各种外表，但一切都会在来世回归，包括凡胎肉身的所有细节。他很清楚他会从质疑者那儿得到怎样的回应：

　　甚至当获取食物不再麻烦，那手本身，以及脚和身体的所有起作用的部分将有怎样的用途呢？肾脏会有什么用呢……当诸如性交、受孕和抚养此类的活动都不复存在，那两性的生殖器、胎儿所在的子宫和奶妈的奶水又有何用呢？最后，整个身体有何用处，当然，哪一个又是绝对无用的呢？[37]

100

　　"众人嘲笑，"德尔图良写道，"以为人死后一无所有，"但他们不会笑到最后："当他们无情地焚烧自己，这就是'我'嘲笑他们的时候。"在大审判的日子，每个人会被带到天堂，不是他的一个部分，不是一个影子，不是一种象征性标志，而是整个他，一如他活在世上。这意味着牙齿、肠道和生殖器，不管它们的日常功能是否已经永远停止。"是的！"德尔图良对他的异教听众讲道，"在我们的时代，我们也曾嘲笑过。我们和你们一样。基督徒是经过修炼的，不是天生的！"[38]

　　有些批评者带着嘲弄的微笑指出，基督教图景的许多特征是从更古老的异教故事中窃取来的：审判灵魂的法庭、地狱中用于惩罚的火刑、为神灵保留的神圣美丽的天堂。但基督徒回答，这些古老的信仰是所有真实的基督教奥秘的扭曲反映。这种辩论策略的最终成功，正是因为我们一直用这个词来形容那些坚持旧的多神论信仰的人。信仰朱庇特、密涅瓦和玛尔斯的人并不认为他们自己是"异教徒"（pagans）：这个词出现在4世纪末，在词源上与"农民"（peasant）一词有关。那么，这是一种侮辱，一种征兆：揭露了乡野无知的笑声决定性地扭转了方向。

　　对基督徒来说，被指控抄袭教义比被指控是荒谬的更容易处理。相信肉体复活的毕达哥拉斯学派有正确的总体思路；这只是一个需要修正的想法。但伊壁鸠鲁分子说整个复活的思想荒唐地违反了我们所知的物质宇宙，这可是不怎么容易纠正的。与前者争论是有道理的，但对后者最好保持沉默。

101

虽然早期基督徒——包括他们当中的德尔图良——在伊壁鸠鲁主义中发现某些特征令其钦佩，如颂扬友谊、强调慈善和宽恕、怀疑世俗野心——但到 4 世纪初，任务很清楚了：原子论者必须消失。伊壁鸠鲁的追随者已在基督教集体外引起了相当大的敌意。当叛教者朱利安（公元 331~363）皇帝试图复活异教信仰，以对抗不断加强的基督教冲击，他拟了一份书单，这对异教牧师的阅读来说很重要，他也列了一些明确希望要排除的标题。"让我们，"他写道，"别承认伊壁鸠鲁的话语。"[40] 犹太人也是如此，任何一个脱离拉比派传统的人都被称为阿比科罗斯（*apikoros*），一个伊壁鸠鲁分子。[41]

但基督徒发现伊壁鸠鲁主义是尤其致命的威胁。德尔图良写道，如果你认同伊壁鸠鲁的主张，认为灵魂会死亡，那整个基督教的道德体系就瓦解了。[42] 对伊壁鸠鲁而言，人类的苦难总是有限的："他（伊壁鸠鲁）说，如果它很轻微，你可以鄙视它，如果它很严重，它便不会长久。"但德尔图良反驳道，做一个基督徒就是相信折磨和痛苦永远持续。"伊壁鸠鲁完全摧毁了宗教，"[43] 另一位教会神父写道。否认上帝存在，"混乱无序将压倒生活。"

基督教卫道士得找到一种办法来将现行嘲弄的矛头对准伊壁鸠鲁和他的追随者。嘲笑异教徒的众神对此不起作用，因为伊壁鸠鲁主义不容置疑地摧毁了对诸神的全部祭祀崇拜，摒弃了古老的传说。要做的是重新改造其创始人伊壁鸠鲁的形象，

102

使他在为合理的快乐服务的过程中表现得不再像个中庸的使徒，而是像个放荡不羁的福斯塔夫式人物。他是个傻瓜、一头猪、一个疯子。他主要的罗马信徒卢克莱修同样必须得到改造。

　　但这还不足以诋毁伊壁鸠鲁和卢克莱修的声誉，还得反复声称他们很愚蠢、极度放纵自我、疯癫，最后还自杀。甚至以这种方式仍不足以压制对他们作品的阅读，不足以羞辱那些对他们感兴趣的人，不足以阻止其作品被复制。问题不仅在于世界只是由原子和虚空构成这一理论，主要的问题是其核心的伦理观：至善在于对快乐的追求和对痛苦的缓解。虽然有困难然而必须做的工作，是将看似正当和自然的事情——所有有感觉的生物的普通冲动——当作真理的敌人。

　　完成这一重大规划需要几个世纪的时间，也从没有完全实现。但在 3 世纪末至 4 世纪初，一个从异教徒改宗基督教的北非人的著作中可以看到这一宏伟蓝图：他是拉克坦提乌斯（Lactantius）。他被任命为君士坦丁皇帝儿子的导师，这位皇帝将基督教确立为帝国的宗教，拉克坦提乌斯写了一系列论争的小册子反对伊壁鸠鲁主义。他承认，这种哲学有大量的追随者，"并非因为它带来了任何真理，而是它以快乐的名义吸引了众人。"[44]基督徒必须拒绝这种吸引，要知道快乐是恶行的一个代号。

　　对拉克坦提乌斯来说，他的任务不仅是要将追求人类快乐的信仰者吸引过来；而且要劝导他们，上帝并非如伊壁鸠鲁所认为的，完全沉浸在神性快乐之中，因而对人的命运不闻不问。反之，如拉克坦提乌斯在写于公元 313 年的一本著名的书中所说，上帝关心人类，就像一位父亲关心他任性的孩子。他写道，这种关心的符号，就是愤怒。上帝对人恼怒——这是他

103

的爱的典型表现——要以其强大而无情的暴力一再打击后者。

对寻求快乐的憎恨和对上帝之怒的想象敲响了伊壁鸠鲁主义的丧钟,伊壁鸠鲁也被信仰者打上了"疯癫"的标签。卢克莱修让有性冲动的人去满足这种欲望:"一丝温柔的愉悦可以减轻疼痛。"(4.177)如格列高利的故事所显示的,基督教指明了另一个方向。虔诚的圣本笃发觉自己想念曾经见过的一位女子,在他明白发生了什么事之前,他的欲望被唤起了:

> 他随之注意到他旁边是一片茂密的荨麻和荆棘。他将衣服脱下,冲进有着尖刺的荨麻丛中。他在那里滚来滚去,直到疼痛不已,浑身是血。然而,一旦通过痛苦征服了快乐,他撕裂和流血的皮肤有助于将诱惑的毒药从身体中排出去。不久,整个身体燃烧一般的疼痛就熄灭了他心中的邪恶之火。正是通过这两种火的变换,他获得了对罪恶的胜利。[45]

如修道院规则所表明的,它对6世纪初的这位圣徒能起作用,也能对他人起作用。在西方历史上一次巨大的文化变革中,对痛苦的追求战胜了对快乐的追求。

这种痛苦的折磨在卢克莱修的世界里并不陌生,罗马人是这方面的专家,他们提供了大量的金钱和巨大的舞台来向公众展示暴力场面。[46]罗马人不仅在斗兽场乐此不疲地受伤、痛苦和死亡,基于古代神话的戏剧和诗歌,以及绘画和雕塑,也经常是血淋淋的。暴力是日常生活的一部分。[47]教师和奴隶主多半会鞭打他们的受害者,鞭打是常见的罗马人行刑前奏。这就是为什么耶稣在被钉上十字架前被绑在柱子上鞭打。

但对异教徒来说，在绝大多数情况下，痛苦并不被理解为一种正面价值，或一种通向拯救的踏脚石，即便是在虔诚的基督徒执意鞭打他们自己那种情况下。相反，痛苦被视为一种邪恶，施加于规则破坏者、罪犯、战俘、倒霉蛋和（唯一有尊严的类别的）士兵身上。罗马人赞赏勇敢的士兵自愿接受痛苦，但这种接受与数以百计的修道院和女修道院庆祝的，欣喜若狂地拥抱痛苦截然不同。罗马故事中的英雄为了向敌人证明自己无畏的勇气，心甘情愿地去面对他们在良心上无法避免的东西，或者他们不得不忍受的东西。超出了这一英雄义务的范围，就有一门特殊的哲学学科，使古代圣人能够平静地看待不可避免的痛苦，如肾结石。而对每个人来说，从最崇高的哲学家到最卑微的工匠，都有对快乐的自然追求。

在异教的罗马，在角斗场上，这种追求快乐的最强烈的表现与最强烈的折磨和对痛苦的忍耐力结合在一起。如果卢克莱修提供了一种罗马人快乐原则的教化版本和净化版本，那基督教就提供了一种罗马人痛苦原则的教化版本和净化版本。早期基督徒沉思着救世主的苦难、人类的罪恶和一位天父的愤怒，发现培育快乐的尝试显然是荒谬和危险的。它充其量是一种微不足道的分心，在最坏的情况下，快乐就是魔鬼的陷阱，在中世纪的艺术中，在那些迷人的女人的长袍下，人们可以看到爬行动物的爪子。唯一真正值得模仿的生活——耶稣的生活——足以证明，在凡人生活中不可避免的存在是悲伤和痛苦，而不是快乐。关于耶稣最早的一些绘画，共同之处是其中有一种忧郁的清醒。如《路加福音》的每个虔诚的读者所知，是耶稣哭泣，但没有文字描述他欢笑或微笑，更不用说寻求快乐了。

对5～6世纪的基督徒来说，不难找到哭泣的理由：城市

105

分崩离析，田野被垂死士兵的鲜血浸透，抢劫和强奸猖獗。对于人类世世代代的灾难性行为，一定有某种解释说明仿佛他们无法从历史经验中学到任何东西。神学提供了一种解释，比这个或那个有缺陷的个人或机构的解释更深刻，这种解释是：人类天性败坏。作为亚当和夏娃有罪的继承者，他们所遭受的每一次悲惨的灾难都罪有应得；他们需要受到惩罚；他们将忍受无尽的痛苦。确实，唯有通过这种痛苦，少数人才可以找到救赎的狭窄之门。

对这一学说最热心的早期信仰者，那些因恐惧、希望、激情和狂热的爆炸性混合物而燃烧的人都下定决心，要使人类所遭受的痛苦成为他们的积极选择。这样做的话，他们希望向愤怒的上帝偿还他应得的、不可逃避的苦难。他们具有传统罗马文化所推崇的尚武精神，但除了少数例外，其目标并非对痛苦无动于衷。[49] 相反，他们的整个计划基于对饥饿、口渴和孤独释放出强烈的敏感。当他们用带刺的树枝鞭打自己，或者用锯齿状的石头击打自己，他们并不极力压制痛苦的哭声。那些哭声是偿还的一部分，是应有的赎罪，如果他们成功了，他们就能在来世恢复亚当和夏娃失去的幸福。

到公元 600 年，在意大利和高卢已有三百多家修道院和女修道院。其中有许多仍然规模很小——不过是稍微加固过的村舍，和一些附属建筑——但他们拥有一种精神上的理性和制度上的一致性，这使他们在一个不稳定的世界中获得了稳定。入院修道者是那些觉得有必要改变自己生活的人，那些觉得有必要为自己和他人赎罪的人，那些觉得有必要背弃平凡的快乐而获得永恒幸福的人。随着时间的推移，他们得到了许多有不那么狂热灵魂的人的补充，这些人实际上是由他们的父母或监护人送去教会的。

在那些由信仰者而建的男女修道院中，救赎只能通过谦卑来实现，因而存在体罚的形式不奇怪。棒打（*virgarum verbera*）、身体惩罚（*corporale supplicium*）、抽打（*ictus*）、捶打（*vapulatio*）、鞭打（*disciplina*）和鞭挞（*flagellatio*）——经常会对违反规则的修道士施加以上这些惩罚。在异教徒社会中，不体面的惩罚方式只用于社会下层人员，处理诸如漠视等级关系的事情。通常情况下，有罪的一方必须携带用于殴打的棍子，坐在地上，不断重复"我有罪"这样的话，接受挨打，直到修道院男院长或女院长满意为止。

坚持要求受害者积极接受惩罚——按字面含义说就是亲吻棍子——标志着基督徒对追求快乐和避免痛苦的伊壁鸠鲁信条的一种蓄意践踏。[50]总之，痛苦的体验不仅是惩罚，它还是虔诚地模仿的一种形式。基督徒隐士沉思着救世主的苦难，他们的肉体被折磨，以便亲身体验耶稣不得不经历的苦楚。虽然这些自我鞭笞的行为在古代晚期开始有记录——它们开始时新颖而奇特，足以引起广泛的关注——但直到 11 世纪，一位修道院改革者，意大利本笃会的彼得·达米安（Peter Damian）确立了自愿的自我鞭挞，成为教会可接受的主要禁欲行为。

花了一千年时间才赢得这场斗争，并确保了寻求痛苦的胜利。"我们的救赎者难道没有忍受鞭打？"达米安问那些对庆祝鞭打进行质疑的批评者。使徒们、许多圣徒和殉道者不是都被鞭打过吗？除了遭受他们所遭受的打击，有什么更好的方法来跟随他们的脚步，有什么更可靠的方法来模仿基督？可以肯定，达米安承认，在这些光荣前辈的事例中，有别的什么人在执行鞭打。总而言之，基督教世界获胜了，我们必须自我鞭

107

打。否则所有模仿基督的梦想和教义都必须被抛弃。"身体必须像一块木头那样塑造成形，"达米安之后的许多书中有一本解释道，"借助击打和鞭打，借助手杖、鞭子和惩戒。"[51]肉体必须被折磨，忍饥挨饿，这样，它就会顺从精神，达成完美的形态。在这种精神目标的追求中，所有的界限、限制和抑制都消失了。在别人面前赤身裸体没什么可耻的，被人看到颤抖、号叫或抽泣也无须尴尬。

108　　　以下是科尔马的多明我会（Dominican）修女的一份描述，写于 14 世纪初，作者是名叫凯瑟琳·冯·吉伯斯韦勒（Catherine von Gebersweiler）的修女，她自小便住在修道院里：

> 在降临节和整个大斋节期间，姐妹们晨祷后会进入大厅或者其他地方，做她们要做的事情。她们使用各种各样的鞭打工具，以最严厉的方式虐待她们的身体，直到鲜血直流，这样，鞭子抽打的声音响彻整个修道院，在上帝的耳边响起了比任何旋律都要悦耳的声音。[52]

这不只是一种施虐受虐的幻想：大量的证据证明，这种痛苦的剧场（theaters of pain），是圣本笃在带刺荨麻中自发翻滚的仪式化继承者，在中世纪晚期广泛存在。他们一再被认为是神圣的标志。至于圣特里萨，"虽然她缓慢地衰弱下去，但仍用最疼痛的鞭打折磨自己，经常用新鲜的带刺荨麻来摩擦自己，甚至赤裸着在荆棘中滚来滚去"。阿西西的圣克莱尔（St. Clare of Assisi）"四十二年来一直鞭打自己石膏般的雪白皮肤，从她的伤口中，弥漫着天国的气息，这气息充满了整个教堂"。圣多米尼克每晚用一根系着三条铁链的鞭子抽打自己的皮肉。洛约拉的圣伊格内修斯建议使用相对较细的鞭子，"皮肉受苦，但不伤及骨头。"亨利·苏索将耶稣的名字刻在他的胸口，将一个铁十字架用钉子钉在背上，并鞭打自己直到鲜血淋漓。苏索的同时代人奥耶的埃尔斯贝特，一个苏黎世来的修女，鞭打自己如此用力，以致礼拜堂的旁观者身上都沾上她的血迹。

普通大众的自我保护、寻求快乐的冲动无法抵挡他们的精　109
神领袖的热忱信念和压倒性的威望。作为宗教人士特有的信仰和行为，这些男女摆脱了"世界"庸俗和日常的需求，找到了进入主流的道路，他们在鞭笞和周期性爆发的群体性歇斯底里的社会中茁壮成长。事实上它曾经是一种激进的反主流文化，它的坚持取得了极大的成功，并声称代表了所有基督徒的核心价值观。

当然，人们继续寻求快乐——昔日的亚当并不能如此轻易被根除。在农民的茅舍和大厅，还有乡间小道，在主教的宅邸及修道院的高墙内，有着酗酒、暴饮暴食、喧闹的笑声、欢乐的舞蹈和大量性行为。但几乎没有具备道德权威的人，没有一个有公众话语权的人，敢站出来为这些事情辩护。沉默不是或不仅仅是胆怯或恐惧的结果。寻求快乐在哲学上似乎站不住脚了。伊壁鸠鲁死了，被埋了，他的书几乎都毁了。在4世纪圣杰罗姆简略提及卢克莱修自杀之后，不再有对伊壁鸠鲁这位伟大的罗马信徒的攻击。卢克莱修被遗忘了。

这位信徒那首著名的诗的幸存就留给命运了。出于偶然，《物性论》的一个抄本进入了几个修道院的图书馆，这些修道院似乎要永远埋葬伊壁鸠鲁对快乐的追求。出于偶然，在9世纪的某个地方，一个修道士在缮写室里劳作，在这首诗永远消亡之前，他将它抄写了下来。出于偶然，这一抄本在五百年间躲过了水火之灾和时间的利齿，直到 1417 年的一天，它落到了一个人文主义者的手中，他骄傲地称自己为波焦·佛罗伦蒂纳斯，即佛罗伦萨的波焦。

第五章　出生与再生

在 15 世纪初期，佛罗伦萨几乎没有它现在所具有的建筑
特色，这些特色很大程度上唤起了昔日古代的梦想。城内恢宏
的大教堂，布鲁内莱斯基圆顶大教堂——这是自罗马时代以来
建造的第一个大圆顶，至今仍是城市天际线的主要特征——此
时还不存在，育婴堂里那优雅的拱形长廊，以及精心建造的其
他仿古建筑工程也都不存在。大教堂的洗礼堂还缺少由吉贝尔
蒂（Ghiberti）设计的著名的古典风格大门，圣母玛利亚教堂
还没有利昂·巴蒂斯塔·阿尔贝蒂（Leon Battista Alberti）的
和谐优雅及对称的门面。建筑师米凯洛齐还没有为圣马可修道
院设计出美丽、简朴的建筑。城里最富裕的家族——美第奇家
族、皮蒂家族、鲁切拉家族——还没有建造他们圆柱、拱门和
雕刻的大写字母明显地强调了古典的秩序和比例的宏大府邸。

这座有城墙的城市显然有着中世纪的外观，封闭又阴暗。
其人口稠密的中心区域挤满了高塔和坚固的石头建筑，突出的
上层楼面和封闭阳台使狭窄的小巷小街显得更加阴暗。老
桥——维奇欧桥——横跨阿诺河，两岸商铺鳞次栉比，让人无
法瞥见开阔的风景，但这些大部分是由敌对的宗教团体建造的
高墙耸立的大教堂的内部庭院：多明我会的圣母玛利亚教堂、
方济各会的圣克洛斯教堂、奥古斯丁隐修会的圣灵教堂、加尔
默罗修会的卡米尔圣母教堂，及其他教堂。世俗的、开放的公

共空间寥寥可数。

1390 年代末，年轻的波焦·布拉乔利尼来到这个阴郁、狭窄、拥挤，并受到周期性黑死病侵袭的城市。他于 1380 年生于泰拉诺瓦，这是佛罗伦萨控制的领土上的一处穷乡僻壤。[1] 数年后，波焦的一个论敌托马索·莫洛尼写道，波焦是以务农为生的农民的一个私生子。这种说法不必当真，这是文艺复兴人文主义者——波焦也是其中一员——鲁莽地相互攻击的众多言论之一，他们就像醉酒的拳击手一样。但是，在那里长大，他无疑对托斯卡纳的农村很熟悉，无论他是否在田里劳作，对波焦来说，他难以宣称自己有一系列显赫的祖先。或者，为了做到这一点，他在获得声誉后，不得不去买了一枚虚假的有 350 年历史的徽章。

波焦自己似乎在有生之年也认同的一个更可信的故事，就是他父亲古奇欧（Guccio）是个公证人，虽然那个时期的一份税收记录说他是个药剂师（speziale）。也许他两者都是。公证人不是很有尊严的人物，但在讲究合同和激烈诉讼的文化中，他们数量众多。佛罗伦萨公证人拉波·马泽伊（Lapo Mazzei）形容描述六七百名公证人涌入市政厅，随身带着一堆文件，"每个文件夹厚得像半本《圣经》"[2]。他们的法律知识让他们得以制定地方法规，组织村民选举，起草投诉信。打算执法的城镇官员通常不知道如何执法；公证人会在官员的耳边低声说出他们想说的话，并撰写必要的文件。他们是地方上有用的人。

无论如何，波焦的家庭与公证人存在着不容置疑的联系，与他的外祖父米歇尔·弗鲁蒂（Michaelle Frutti）密切相关。这一联系之所以值得提及，是因为在 1343 年，波焦出生前很久，弗鲁蒂大人在公证登记簿上签了名，签名非常漂亮。书法在其外孙的故事中扮演着非常重要的角色。在导致卢克莱修的诗作得以复原的一连串事件中，波焦的书法至关重要。

古奇欧·布拉乔利尼和妻子雅各巴的其他孩子——两个女儿（其中一个很早夭折）及另一个儿子，对他这个兄长波焦日后有着愤怒的抱怨。从他父亲的税单来判断，波焦的早年生活是相当舒服的；但在1388年前后，波焦八岁时，情况变得很糟。古奇欧不得不出售住宅和产业，为了躲避他的债权人，带家人搬到阿雷佐附近。根据托马索·莫洛尼的说法，年少的波焦被送到田里为一个名叫卢卡鲁斯的人干活。莫洛尼说，当他欺骗卢卡鲁斯被逮住时，波焦被判钉十字架，只因他年龄小而被赦免。我们还是别对这些诽谤太认真，除非把这些当作那些喋喋不休的学者们厌恶一切的症状。在阿雷佐，波焦必定上过学，学了基本的拉丁语，掌握了书写技能，并没有给什么人种田或躲避刽子手。但他日后的生活中并无什么可以依靠的资源，他回想起他到达佛罗伦萨时口袋里只有五便士（*cum quinque solidis*）。 113

在1390年代的某个时期，就在他二十岁前夕，这个贫穷的年轻人来到佛罗伦萨。他手上可能有阿雷佐学校老师的一封介绍信，他也可能从博洛尼亚的短期学习中获得了一些法律知识。过了一段时间，他和他贫穷的父亲和其他家人重聚，他们最终都移居佛罗伦萨。但当他最初来到市政广场时，或者当他第一次抬头看到大教堂旁边乔托漂亮的钟楼时，波焦孤身一人，是个无名之辈。

佛罗伦萨的人口在五万左右徘徊，其政治、社会和商业生活由少数强势的商人和贵族世家控制，如阿尔比齐、斯特罗齐、佩鲁齐、卡普尼、皮蒂、布隆德蒙蒂，及其他几个家族。

显贵家庭通过炫耀性开支来显示他们的存在和重要性。"花钱比挣钱更甜蜜,"乔瓦尼·鲁切拉伊写道,其家族以羊毛染色和银行业致富,"花钱给了我更多的满足。"富人拥有大量的客户、法警、会计、神职人员、秘书、信使、家庭教师、音乐家、艺术家、佣仆和奴隶。1348 年黑死病后的劳动力短缺导致奴隶需求大幅增长,奴隶不仅来自西班牙和非洲的穆斯林,还来自巴尔干、君士坦丁堡和黑海沿岸。[4] 奴隶交易获准进行,只要奴隶是异教徒,不是基督徒即可。波焦必定见到了很多奴隶,北非人、塞浦路斯人、鞑靼人、希腊人、俄罗斯人、格鲁吉亚人以及其他族裔的人。

佛罗伦萨是个寡头政治的城市,富人和出身名门的人构成了屈指可数的小圈子。财富通常在于银行业务和拥有土地,也来自布料的编织和加工,城市因此闻名。布业需要一种国际化的视野、坚强的神经及对细节的注重。这个时期的一个伟大商人,普拉托附近的弗朗西斯科·迪·马可·达提尼(Francesco di Marco Datini)——当然他不是这些早期资产者中最伟大的——的幸存档案包括 15000 封信,还有 500 本账簿或分类账目,300 份合伙文书,400 份保单,几千份提货单、发货通知单、汇票和支票。达提尼的账目的首页上写着这样的文字:"以上帝和利润的名义。"[5]

在佛罗伦萨,在拥挤的街上彼此连接的众多教堂中上帝得到了侍奉。在长长的、充满激情的布道中;在传教士们的长篇大论中;出现在无论是正式的还是非正式的几乎所有的著作中,包括祈祷、誓言、供品和宗教恐惧的表达;在每天的讲话和定期爆发的流行的虔诚中,上帝都得到了很好的侍奉。

利润则是在一个充满活力的国际布业产业中获得的,这个产业需要大量训练有素的工人。那些最有技能的人组成强大的行业公会，谋求他们的利益，但其他工人则为微薄的收入而劳动。1378 年，波焦出生前两年，这些悲惨的散工（populo minuto）出于强烈不满，发动了一场全面的血腥抗议。成群结队的工匠涌上街头，高喊"民众万岁！手艺万岁！"这场起义短暂地推翻了统治家族，建立了一个民主政府。但旧秩序很快恢复，与之相关的政权决心维持行会和富贵家族的权力。

在工人阶级革命者的梳毛工起义（Ciompi）失败之后，重新掌权的寡头们顽强地坚持了四十多年，这形成了波焦对这座城市的认识和体验，他决心自谋生计。他必须找到一条通往保守的、社会界线分明的世界的道路。幸运的是，通过天生的技能和训练，他拥有了为数不多的天赋之一，能够让他这样出身卑微、财力有限的人做到这一点，为他打开第一扇门的钥匙是现代世界中几乎没有任何意义的东西：漂亮的书法。

波焦的书写方式摆脱了错综复杂、棱角分明的哥特式风格。14 世纪早些时候彼特拉克（1304~1374）已经表达了对更开放、更易读的书写的需求。彼特拉克抱怨那时大多数手稿采用的书写经常使得解读文本非常困难，"好像它的设计不是为了阅读，"[7]他注意到。为了使文本更清晰，单个字母以某种方式从它们的互锁模式中解脱出来，单词之间的空间打开了，行间距也更大，缩写被填全。这就像打开了一扇窗户，让空气进入紧闭的房间。

波焦（与其他一些人合作）的成就仍然令人吃惊。他们采用卡洛林体——9 世纪查理曼宫廷的一种新式书写体——并将其转化为一种他们用来抄写手稿和写信的字体。这种字体反过来又成为斜体和我们称为"罗马字体"的基础。他们实际

115

上是我们现在仍然认为最清晰、最简单、最优雅的文字表达方式的字体的发明者。如果不亲眼看到保存在佛罗伦萨劳伦提斯图书馆里的手稿，就很难完全理解其中的含义：光滑的羊皮纸书卷，五百年后仍然是乳白色的，一页又一页的完美字体，其

116 规整和精致程度几乎不可思议。在页边的空白处有一些小的针孔，空白纸得以固定，以保持它们的稳定，几乎看不见的刻痕形成直线，每页 26 行。但这些辅助手段难以解释这些任务是如何以如此简洁优雅的方式完成的。

发明一种字母设计的方法，在 6 个世纪之后仍被认可和赞赏，这是一项不小的成就。但波焦的书写方式显示出的不仅仅是非凡的平面设计技巧；它还标志着对佛罗伦萨及整个意大利激荡的强大文化潮流的创造性回应。波焦似乎已经意识到，对新书法的需求只是一个更大项目的一小部分，这个项目将新事物的创造与对古老事物的寻求联系起来。将这种寻求作为一个项目来谈论，可能会让它听起来既合乎常规又耳熟能详。实际上，这是一种共同的狂热，对波焦出生前的一代人而言，它使古代罗马文化遗产的复兴成了集体的痴迷。

现代学术研究已经找到了许多方法来限定和减少这种痴迷。彼特拉克欣赏者的作品看起来仿佛古典的过去已经完全被遗忘，直到他们的主人公英雄般地回忆起来，但这并非表明，彼特拉克的视野没有它看起来那么新颖。除了 15 世纪的文艺复兴，还有其他时期对古代抱有浓厚兴趣，既有中世纪的意大利，也有北方的一些王朝，包括 9 世纪伟大的卡洛林文艺复兴。并不只有这些时期使古典的知识遗产得以保持。中世纪纲要为古典思想提供了更多的连续性，远远超出那些彼特拉克的

117 信徒所相信的。在中世纪盛期，经院哲学家通过杰出的阿拉伯

评论家阿弗罗伊（Averroës）的视角阅读亚里士多德，构建了一个复杂的、高度理性的宇宙阐述。甚至彼特拉克对古典拉丁语所做的自负的美学承诺——他梦想追随古人的足迹——显然在他出生至少七十年前就出现了。彼特拉克和他的追随者声称他们的方法新颖性的大部分内容都是有偏见的、过于自负的夸张。

但要完全揭开彼特拉克所发起的这场运动的神秘面纱是很困难的，即便他和他的同时代人如此清晰地表达了他们的经历。对他们来说，至少他们所从事的研究似乎并不明显是在久已踩踏的土地上做一种礼貌的漫步。他们将自己视为冒险的探险家，既是在物质世界里——他们攀过的山峰、他们搜寻过的修道院图书馆，他们挖掘过的废墟——也是在欲望的内在世界里。这一事业的紧迫性反映了他们潜在的认识，试图恢复或模仿遥远过去的语言、物质对象和文化成就，并没有明显或必然的结果。这是在做一件奇怪的事情，其奇怪的程度远超过多少世纪以来男男女女继续过着普通而熟悉的生活，让他们自己或多或少地适应破败、沉默的古代遗迹。

那些遗迹在意大利和整个欧洲随处可见：一千多年后仍在使用的桥梁和道路，断壁残垣、废弃的浴室和市场的拱门、融入教堂的庙宇圆柱、新建筑中用作建筑材料的刻着字的古老石头、磨损的雕像和破碎的花瓶。但留下这些痕迹的伟大文明已被摧毁。残留的遗迹可以作为墙壁整合到房屋中，可以作为一切都已过去、都被遗忘的提醒，可以作为基督教对异教的胜利的无声见证，可以作为开采宝石和金属的文字采石场。在意大利和欧洲其他地方，一代代的男男女女在他们的作品和建筑中，已经发展出了回收古典碎片的有效技术。这种技术避开了

118

任何涉及异教文化残留物的焦虑：无论是石头还是语言，这些残留的碎片遗迹既有用又无害。人们踏上这些废墟一千多年了，谁还想要什么呢？

坚持这种废墟的原始、独立意义会引起麻烦和道德困惑。对古典的喜爱当然不能仅凭好奇心来判断，因为好奇心早已作为一种不可饶恕的罪恶而受到严厉谴责。[8] 异教被广泛视为对魔鬼的崇拜，甚至撇开恐惧不说，基督教信仰要求人们记住希腊和罗马的文化成就是此世，即人之王国的精髓之作，反对超然、永恒的上帝之国。

彼特拉克是个虔诚的基督徒，终其一生，他非常严肃地反思自己的精神状态。[9] 然而，在他那不安分的旅行、外交、心灵探索和强迫性写作的复杂职业生涯中，他被一种对异教古代的迷恋所控制，这种迷恋是他自己永远无法完全理解的。虽然在生活中彼特拉克常是个相对孤独的人物，但他并不将这种迷恋占为己有。他带着传教士般的热情坚持认为，在被忽视的重压之下，那一切残破不堪、被掩埋的东西，都具有表现力、美感和挑战性。

作为一个有天赋的学者，彼特拉克开始搜寻已被遗忘的古代文本。他不是第一个这么做的人，但他设法用一种新的、几乎是性爱那种紧迫感和愉悦感投入了这种搜寻，超过了对所有其他的宝藏寻找。

> 金子、银子、珠宝、华服、豪宅、庄园、名画、骏马，及其他提供一种易变和肤浅快乐的此类物品；书籍给予的快乐深入人的骨髓。书籍对我们说话，向我们咨询，和我们一起生活，亲密无间。[10]

彼特拉克抄写、校勘及订正他找到的古代拉丁文本，通过数量众多的通信网络分享它们，使它们重新进入流通，他经常半夜起身坐到书桌前，兴致勃勃地给他们写信。他回应古代作家，仿佛他们某种程度上也是一部分活着的通信者，亲密的朋友，及可以分享他的思想的家人。当他发现西塞罗写给他的富人朋友阿提库斯的一批私人信件，这些坦率的信件充满了自负、野心和怨恨，彼特拉克毫不犹豫地给西塞罗写了一封信，责备他没有认真履行自己的准则。

对于他自己的存在，对他被迫生活的地方，彼特拉克表示了无限的蔑视。[11]他抱怨道，他生活在一个肮脏的时代，一个粗野、无知和浅薄的时代，很快就会从人类记忆中消失的时代。但他的这种蔑视似乎只会加强魅力和名望。他的名气稳步上升，他对过去迷恋的文化意义也随之上升。在之后的几代人中，这种迷恋一定程度上常规化了，并融入一个有影响力的新型教育课程之中，即人文学科（*studia humanitatis*），它注重掌握希腊和拉丁语言及文学，尤其注重修辞。但由彼特拉克本人帮助创立，并与他最亲密的朋友和门徒进行交流——著名的有乔瓦尼·薄伽丘（1313～1374）和科卢乔·萨卢塔蒂（1331～1406）——的人文主义并不是严格的学术事业。

早期人文主义者带着骄傲、惊奇和恐惧的复杂感情，他们感到自己参与了一场划时代的运动。在某种程度上，这一运动让人认识到，一些看似有生命的东西其实已经死亡了。几个世纪以来，王公们和主教们声称他们继承了古典世界的传统，并以某种形式利用了过去的象征和语言。但彼特拉克和受他启发的那些人坚持认为，这种简单的挪用是个谎言：罗马帝国并不真正存在于亚琛，在那儿，统治者自称"神圣罗马皇帝"并加冕；那些定义了西塞罗和维吉尔的世界的机构和观念已被撕成碎片，在过去的六七百年里，哲学家和神学家所写的拉丁文沦为一个丑陋而扭曲的形象，就像在一面做得很差的镜子里所反映的那样，而它曾经那么美妙动人。最好别再假装了，干脆承认延续性的存在。反之，它只是一具尸体，埋葬已久，现在，就在人的脚下解体了。

但这种承认只是需要走出的第一步。人一旦意识到什么东西已经消失，人一旦悼念悲惨的失去，就有可能为死亡的另一面做准备：也就是复活。当然，每个虔诚的基督徒都熟悉这种模式——就其担任神职的意义而言，彼特拉克确实是个非常虔诚的基督徒——但在此情况下，复活是在现世，不是来世。复活的对象基本上是文化和世俗的。

121　　彼特拉克去世四分之一世纪之后，波焦来到罗马，此时，这场运动的魅力已经开始消退。创新的胆识逐渐被古物研究的精神所取代，随之而来的是一种约束、纠正和规范所有与古代历史的关系的渴望。波焦和他那代人越来越多地想要避免在拉丁语语法中犯错误，并抓住别人的错误。但对古典古代复原的奇异感挥之不去，这有助于解释他的书法的奇特影响。他创作的字体并不是对古罗马人书写的直接再现：那种书写的痕迹早已消失，只留下用漂亮的大写字母刻在石头上的铭文，偶尔也留有粗糙的涂鸦。但波焦的字体是一种对不同风格之美的深切渴望的形象表达，一种标志着对失去的珍贵之物复原的文化形式。他的字母的形态是以加洛林王朝的某些抄写员的手稿风格为基础。但波焦和他的同时代人并不把这种风格与查理曼大帝的宫廷风格相混淆；他们称其为"古代书写体"（*lettera antica*），如此，他们想到的不是查理曼的导师阿尔昆

（Alcuin），而是西塞罗和维吉尔。

　　为了赚钱，年轻的波焦抄写书籍和文件，可能抄写数量特别多。他的书法和抄写技术——他生平因此而闻名——从一开始就必定很了不起，使他能够支付学费。他的拉丁文水平原本就不错，现在为了提高又跟一位来自拉文纳的优秀学者乔瓦尼·马尔帕格诺（Giovanni Malpaghino）学习，这是一个精力充沛又好斗的人，年轻时曾做过彼特拉克的秘书和抄写员，后以讲课为生，在威尼斯、帕多瓦、佛罗伦萨及其他地方讲西塞罗和罗马诗歌。波焦的收入也用于公证人培训，与成为一名律师所需的漫长学习过程相比，这种培训具有学习成本更低、时间更短的优点。[12]

　　波焦二十二岁时接受了考试，不是在大学，而是面对一群律师和公证人。他设法度过了贫困及变幻无常的童年，并准备开始自己的职业生涯。他经手的第一份公证文件是写给他自己父亲的一封推荐信。他父亲从佛罗伦萨逃往里米尼，躲避恼怒的债主。我们不知道波焦抄写这封信件时有何想法。也许对他来说更重要的是，写推荐信的人是佛罗伦萨共和国的事务大臣科卢乔·萨卢塔蒂（Coluccio Salutati）。

　　佛罗伦萨共和国的这位大臣实际上是负责外交事务的国务秘书。佛罗伦萨是个掌控意大利中部大片土地的独立国家，与意大利半岛的其他强国进行一场持续的、高风险的权力博弈，尤其是和北部的威尼斯和米兰、南部的那不勒斯，及罗马教廷。教廷虽被内部分裂所削弱，但仍然富有、危险和爱管闲事。如果这些对手的地位似乎受到威胁，他们都准备采取冒险的手段要求大陆的统治者提供援助，包括资金和军队，统治者则欢迎这些进行干预的机会。这场博弈的参与者都不缺野心、

122

狡猾、奸诈、无情和武装军队，事务大臣的外交使命包括和教
会的关系，其重要性不仅是为了城市的福祉，也是为了面对来
自法国、神圣罗马帝国和西班牙的威胁城市时自身的生存。

123   当波焦来到佛罗伦萨时，那是 1390 年代末，萨卢塔
蒂——他从一名低级的地方公证员开始做起——已经任职二十
五年，其间他搞阴谋，雇用和摆脱雇佣兵，给使节起草精确的
指示，谈判条约，看穿敌人的诡计，缔结同盟，发布宣言。几
乎每个人——城市的最大敌人及最爱国的市民——都意识到，
在佛罗伦萨的大臣中，确有一个人与众不同，他不仅具有法律
知识、政治手腕和外交技巧，而且具有心理透视能力、公共关
系天赋和独特的文学技巧。

和曾与他通过信的彼特拉克一样，萨卢塔蒂感受到了被埋
葬的过去的吸引力，并开始了对古典文化遗迹的学术研究。和
彼特拉克一样，他也是一个非常虔诚的基督徒，同时他发现，
至少就文体而言，在 6 世纪的卡西奥多罗斯和 13 世纪的但丁
之间写的任何东西价值不大，几乎没什么可珍惜的。和彼特拉
克一样，萨卢塔蒂反之试图模仿西塞罗和维吉尔的风格，虽然
他承认缺少彼特拉克的文学天赋——"我不喜欢我自己"
（*ego michi non placeo*），他悲伤地写道——但他散文的力量让
同时代人感到震惊。

最重要的是，萨卢塔蒂与彼特拉克一致认为，过去的复苏
不仅是对古董的兴趣。阅读的目标不是要让自己听起来像一个
古人，即使有这种可能。"我更喜欢我自己的风格，"彼特拉
克写道，"没有教养的、粗鲁的，但如同一件衣服，使之适合
我的想法，而不是别人的，可能别人的更优雅、更有野心，也
更有装饰性，但是，一个从更伟大的天才身上衍生出来的思

想，却不断地滑落，与我那卑微的才智不成比例。"[13]虽然，这儿显而易见不乏虚假的谦虚，但也有一种真正的愿望，那就是创造出一种新的、原创的声音，不是消失在古典大师的世界里，而是把那些大师融入自我之中。彼特拉克写信给薄伽丘，古代作者"已经沉浸在我的生命中，不仅植入我的记忆，而且植入我的骨髓，已经与我的思想成为一体，所以即使我此生再也不读它们，它们也会扎根于我的灵魂深处"。[14]"我始终相信，"萨卢塔蒂以同样的情怀写道，"我必须仿效古代，不只是为了复制它，也是为了创造新的东西……"[15]

为证明其价值，彼特拉克和萨卢塔蒂都强调，人文主义的整个事业不只是产生对古典风格尚可接受的模仿，还要服务于一个更大的道德目标。[16]为此，就需要充分并充满活力地活在当下。但自此弟子就与导师分道扬镳了，因为当彼特拉克——他生于流放途中，从未完全认同一个特定的家园，终其一生都在从一个地方搬到另一个地方——从皇宫穿梭到城市时，从教廷到乡村时，他对稳定生活的依恋感到绝望，感觉自己被拉向一个沉思的世界，而萨卢塔蒂则要在这个他热爱的城邦国家创造新的东西。[17]

由要塞塔楼和有围墙的修道院构成的拥挤的佛罗伦萨城市景观的中心是领主宫，是共和国的政治中心。对萨卢塔蒂而言，这儿就是城市的荣耀。[18]佛罗伦萨的独立性——它不是另一个国家的客户，它不教廷决定事务，它并不由一位国王、一个独裁者，或一个主教来统治，而是由它自己的一个公民团体来治理——对萨卢塔蒂而言，这是世上最为重要的事情。他的信件、调令、协议和宣言代表着佛罗伦萨的执政者，是一些激动人心的文献，在全意大利被阅读和抄写。它们证明古典修辞

125 仍然有生命力，它有效地激发起政治热情，唤醒了旧梦。作为一位极具天赋的外交官和政治家，萨卢塔蒂的声音变化多端，几乎无法迅速表达，但从 1376 年 2 月 13 日写给安科纳镇的一封信中，可以看出他的某种精神。安科纳如同佛罗伦萨，是个独立的政区，萨卢塔蒂敦促它的居民反抗强加给他们的教皇政府："你们要永远处于奴隶制的黑暗中吗？最优秀的人啊，你们不认为自由有多美好吗？我们的祖先，实际上是整个意大利民族，战斗了五百年……这样自由就不会丢失。"[19]当然，他极力鼓动的起义符合佛罗伦萨的战略利益，但试图唤起自由精神的萨卢塔蒂不只是愤世嫉俗。他似乎真诚地相信，佛罗伦萨是共和主义的继承者，古罗马的伟大是建立在共和主义之上的。这种伟大是对人类自由和尊严的正当申诉，几乎从罗马破旧肮脏的街道上消失了，罗马就是肮脏、堕落的修道士阴谋的集结地，而在萨卢塔蒂看来，古罗马的伟大复活在佛罗伦萨。他是这种伟大的主要声音。

　　他知道，他不会永远是它的声音。当他到了七十多岁，因不断加剧的宗教纷争和对他热爱的城市的诸多威胁的担忧而烦恼时，萨卢塔蒂寄希望于受他庇护的一群有天赋的年轻人。波焦是这些年轻人中的一个，虽然我们并不确切知道萨卢塔蒂怎样识别他或其他人，他训练他们，希望有人能继承他的事业。最有前途的学生是阿雷佐的莱昂纳多·布鲁尼（Leonardo Bruni of Arezzo），此人比波焦年长十岁，和波焦一样，布鲁尼背景很普通。布鲁尼起初学法律，但和他那一代其他有智力天

126 赋的人，特别是和那些在萨卢塔蒂圈子中的人一样，他被古典研究吸引。对他来说，决定性因素是学习古希腊语，而这是可能的，1397 年，萨卢塔蒂邀请著名的拜占庭学者曼努埃尔·

克里索洛拉斯（Manuel Chrysolaras）前来佛罗伦萨，用一种几乎完全被遗忘的语言授课。"因克里索洛拉斯的到来，"布鲁尼日后回忆道，"我被迫停止了我的人生选择，因为我认为放弃法律是错误的，然而我却认为忽略学习希腊文学的一个这么大的机会是一种犯罪。"[20]这诱惑被证明是不可抗拒的："经过这些推理，我终于被征服，便把自己交给了克里索洛拉斯，激情使我白天醒着的时候从他那里得到的东西，在晚上睡觉的时候也占据了我的头脑。"

在圈内为争取大人物萨卢塔蒂的认可，人们可能会认为波焦会结交认真、勤奋、雄心勃勃的布鲁尼，后者是一个身无分文的外乡人，只具有自己敏锐才智的人。但他虽然欣赏布鲁尼——他最终成了佛罗伦萨一位才华横溢、无限爱国的大臣，也是这座城市第一部伟大历史及其他作品的作者——年轻的波焦却与萨卢塔蒂的另一个学生建立了最深厚的友谊，那就是高度敏感、争强好胜的唯美主义者尼科洛·尼科利（Niccolò Niccoli）。

尼科利比波焦大十六岁左右，他出生于城里一个富有的家庭。他父亲在生产羊毛布料方面赚了大钱，也从事放贷、粮食期货和其他工作。1390 年代的税收记录表明，尼科洛·尼科利和他的五个兄弟比他们所在城区绝大多数居民都富裕，包括布兰卡奇和皮蒂这样的大家族（现代去佛罗伦萨的旅游者可以回想尼科利死后二十年建造的皮蒂宫殿的宏伟程度，便可以估算这种财富的规模）。

波焦与他认识时，尼科利及他兄弟的财富开始减少。虽然他们仍然是很富裕的人，但兄弟之间争吵不休，整个家族似乎一直不愿或无法玩政治游戏，而在佛罗伦萨，参与政治游戏一直是保护和增加财富所必需的。只有那些在城市中积极行使政治权力并密切关注自己利益的人，才能避免对脆弱的财富征收毁灭性的，往往是报复性的税收。如 1 世纪后历史学家圭恰迪尼巧妙所言，税收在佛罗伦萨就像一把匕首。

尼科洛·尼科利把所有的钱都花在了一种个人激情上，这种激情使他远离了那些可能帮助他保护家庭财富的公民追求。羊毛交易和大宗商品投机对他来说并不合适，他只是在政府的执行机构领主宫（Signoria），或在如"十二好人"（Twelve Good Men）和"十六民兵旗手"（Sixteen Standard – bearers of Militia）等重要的委员会为共和国服务。尼科利沉迷于罗马古代的遗迹，没有时间做任何其他事情，其程度甚至超过他的人文主义的导师和朋友。可能在很小的时候，他就下定决心，不从事职业工作，也不谋求公职，或者说他决心用继承来的财富，通过召唤古代的幽灵过上美好而充实的生活。

在尼科利时代的佛罗伦萨，家庭是社会、经济和心理的中枢机构，对于那些没有选择进入教会这一特殊世界的人——尤其对那些可以继承财富的人——结婚、生子、增加家庭财富的压力非常大。"婚姻给予丰富的各种乐趣和喜悦，"尼科利的更年轻的同代人莱昂·巴蒂斯塔·阿尔贝蒂（Leon Batista Alberti）总结了普遍存在的观点：

128

　　如果亲密关系增加了善意，那么没有人比他的妻子更亲近、更熟悉了；如果亲密的纽带和一种和睦的意愿将通过你的感觉和愿望的揭示及交流而出现，那么没有人比你对自己的妻子，你终身的伴侣，有更多的机会来充分交流和表达你的想法；最后，如果一个光荣的联盟增加了友谊，那没有任何关系比神圣的婚姻关系更需要你的尊敬。

除此之外，每一刻都带来了更多的快乐和实用性，便证实我们心中充满了仁爱。[22]

如果这幅画描绘得过于乐观，那可怕的警示会强化这种画面。当时最受欢迎的，没有妻子的传教士圣伯纳尔迪诺（San Bernardino）吟叹道，这个男人的苦难在于：

> 他若富足，家有余粮，那麻雀来吃，耗子也吃……知道他的床什么样吗？他躺在沟里，当他把床单铺在床上，他不会再取下来，除非它被撕破。在他吃饭的房间里，地板上满是瓜皮、骨头和菜叶……他擦干食盘：狗来舔过，就算洗过。知道他怎样生活了吧？像头野兽。[23]

尼科利既拒绝诱惑，也拒绝警示。他选择保持单身，据说没有女人会来打扰他的研究。"研究"是个相当准确的词——他是个学养深厚学识渊博的人——但它没有充分传达出一种沉浸在过去的生活方式的总体愿景，这种生活方式是尼科利很早就达到，并以一种顽强的执着追求的。至于所有那些通常构成对幸福追求的其他东西，他似乎都无动于衷："他有个管家，"他早年的传记作家维斯帕西亚诺（Vespasiano）写道，"满足他的需要。"

尼科利是最早收藏古代艺术品的欧洲人之一，他将珍贵的藏品放置在佛罗伦萨他的住宅里。现在，这种收藏在富人中是如此司空见惯，以至于人们很容易忽视这样一个事实，即收藏曾经是一种很新奇的观念。中世纪去罗马的朝圣者，长久以来一直习惯在罗马圆形大剧场和其他异教的"奇迹"面前发呆，然后去那些真正重要的地方，即去那些由圣人和殉道者组成的受人尊敬的基督教圣地朝拜。尼科利在佛罗伦萨的藏品代表了一种非常不同的动机：不是战利品的积累，而是对审美对象的爱的欣赏。

有传闻说，一个古怪的人愿意支付一大笔钱买下古老的头颅和躯干，农民在过去可能会烧毁所有大理石碎片，以便从中提取出石灰，或使用陈旧的石头雕刻做猪圈的地基，现在他们则开始出售这些碎片。在他那些雅致的房间里，除了陈列着古色古香的罗马高脚杯、古代玻璃器皿碎片、勋章、浮雕和其他珍宝外，这些雕塑还激起了其他人的收藏冲动。

波焦不可能指望自己像他的朋友那样，用古罗马盘子来用餐，或像他的朋友那样，用金币购买古代浮雕饰品，他碰巧在街头顽童的脖子上瞥见过这种饰品。[25]但他能够体会并深化尼科利藏品背后的欲望，这是理解和在想象中重新进入古代文化世界的欲望，这个文化世界塑造了他周围的美丽物品。这两个朋友一起研究，交换有关罗马共和国和帝国的历史逸事，思考神灵和英雄雕像所表现的宗教和神话，测量被毁别墅的地基，讨论古城的地形和组织，最重要的是丰富了他们对拉丁语的详细了解。拉丁语是他们都喜欢的语言，他们经常在私人信件，也许也在私下谈话中使用。

从这些信件中，尼科洛·尼科利很明显对一件事甚至比对从地下挖掘出来的古代雕塑还要关切：他的人文主义者同行们从修道院图书馆中搜罗到的古典作品和早期基督教领袖研究文本。尼科利喜欢拥有这些文本，研究它们，慢慢抄写，他抄写得非常缓慢，书法甚至比波焦的还漂亮。也许他们的友谊确实如此，至少在字母的形式上很合拍——尼科利和波焦共享发明人文主义字体的功劳——在古代思想的形式上也合拍。

古代文本的手稿收购成本高昂，但对狂热的收藏家来说，任何价格都不算太高。尼科利的图书馆在意大利及其他地方的人文主义者中很有名，虽然他经常深居简出、反复无常、固执己见，但他慷慨地欢迎那些想要咨询他的收藏的学者到他家里。尼科利于 1437 年去世，享年 73 岁，留下了八百份手稿，成了当时佛罗伦萨最大和最好的收藏。

受萨卢塔蒂观念的引导，尼科利已经对如何处理这些文本形成了自己的想法。彼特拉克和薄伽丘都曾考虑在他们死后，将他们获得的手稿保存在一起，但他们那些有价值的收藏实际上被出售、散失或遭冷落。（彼特拉克辛辛苦苦地收集并带到威尼斯，作为他梦寐以求的新亚历山大港图书馆核心之物的许多珍贵抄本，却被丢弃并遗忘在一座潮湿的宫殿里，在那里化为尘土。）尼科利不想让他一生的心血遭受同样的命运。他起草了一份遗嘱，要求将手稿保存在一起，禁止出售或分散放置，他还制定了严格的出借和归还规则，指定了一个受托人委员会，并留下一笔钱修建一座图书馆。建图书馆时，收藏的文物放置在一个修道院里；但尼科利强调他不希望这是一个对世界封闭，而只对修道士保留的修道院图书馆。[26]他指出，这些书不仅适用于宗教，也适用于所有有研究兴趣的市民（*omnes cives studiosi*）。在最后一个罗马图书馆关闭和被遗弃的数个世纪后，尼科利将公立图书馆的观念带回了这个世界。

在 1390 年代末，当波焦初次见到尼科利时，产生显著影响的对收藏的狂热肯定只是处于它的早期阶段，但朋友们抛开信仰问题，因共同坚持古代事物的优越性并超越随后的任何事物而团结在一起。彼特拉克惊人的文学抱负和创造力很大程度上已经在他们身上消失，爱国热情和自由的激情也在一定程度上助长了萨卢塔蒂的人文主义观念的形成。取而代之的是一种精神上远没有那么广阔的，更艰难、更磨人的东西：对模仿的崇拜和对准确的渴望。也许更年轻的一代只是缺少前辈们那些天赋异能，但萨卢塔蒂的这些天才弟子也好像故意拒绝将真正的新事物带入世界的大胆意愿。他们对新事物不屑一顾，只梦想着把一些旧事物带回生活。这种梦想体现了狭隘且贫瘠的精神，注定要失败，但它还是带来了惊人的后果。

对于那些身处迷人的人文主义者圈子之外的人来说，这种对语言和文化的新颖态度似乎令其反感。"为了在大众面前显得渊博，"一位感到厌恶的同时代人写道，"他们在广场上大喊古人有多少双元音，为什么今天只用两个。"[27]甚至萨卢塔蒂也不以为然，这是有道理的，因为虽然波焦和尼科利狂热的古典主义显然要归功于他，但正如他所理解的那样，这也是一种方式的分野，在某种微妙的意义上是一种否定。

1374 年 7 月 19 日彼特拉克去世，悲伤的萨卢塔蒂宣称彼特拉克是比西塞罗更伟大的散文作家，是比维吉尔更伟大的诗人。到 1390 年代，在波焦和尼科利看来，这种颂扬似乎可笑，他们迫切希望萨卢塔蒂放弃这种想法。他们认为，在这几个世纪里，没有人在文体上比伟大的古典作家更胜一筹。这是不可能的。因为在他们看来，古代所有的一切只是一段漫长而悲惨的文体堕落和失落的历史。出于冷漠或无知，甚至被认为受过良好教育的中世纪作家都忘记了如何正确地遣词造句，即用古典拉丁语大师的合适的方式，或者用他们曾经使用过的优雅、恰当和精确的词语。此外，现存古典文本的样本已经败坏了，因此它们不再能够作为正确的范本，即使有人有这样的野心去使用它们。尼科利认为，中古学者所谓的"古人"，"不会承认那些作品属于他们自己，因为它们保存在败坏的文本中，翻译时缺少品味和感觉"[28]。

彼特拉克一再声称，对古典风格的掌握本身不足以实现真正的文学或道德伟大，他曾站在主神殿的台阶上，让自己加冕成了桂冠诗人——仿佛古典精神真的在他身上再生了。但从年轻一代激进的古典主义角度来看，但丁、彼特拉克或薄伽丘并没有取得真正有价值的成就，更别说其他作家了："虽然古代的文学遗产处于如此可怜的状态，不可能有真正的文化，任何争论都必然建立在不稳定的基础之上。"[29]

这些无疑是尼科利的观点，但并非他确切说过的。相反，这是莱昂纳多·布鲁尼在一次对话中归到他名下的。除了给好朋友写信之外，尼科利几乎没有写过任何东西。考虑到他的虚伪、乖戾、狭隘，以及他秉持的不屈不挠的古典主义，他怎么可能这样呢？朋友将他们的拉丁文本寄给他，焦急地等待他的订正，而他几乎总是折磨人，严厉并无情。但尼科利对自身是最无情的。

萨卢塔蒂注意到，尼科洛·尼科利是波焦的"第二个自我"[30]。但波焦并没有患上几乎使他朋友沉默的严重抑郁。在波焦漫长的职业生涯中，他写过许多书，主题包括虚伪、贪婪、真正的高贵、一个老人是否应该结婚、命运的变迁、人类处境的悲惨以及佛罗伦萨史。"他很有语言天赋，"更年轻一些的同时代人维斯帕西亚诺·达·比斯蒂奇（Vespasiano da Bisticci）这样评价他并补充道，"他动辄骂人，大家都怕他。"[31]虽然谩骂大师波焦不愿意向他的旧主承认，上一千年的任何作家都能与古人的口才平起平坐，更不用说超越他们了，但他愿意承认彼特拉克已经取得了一些成就：波焦承认，"用他的劳动、勤劳和注意力，重新唤起了对那几乎要毁灭的研究的关注，并为那些渴望追随的人开辟了道路"[32]，彼特拉克是第一个这么做的人。

这就是尼科利毅然选择的道路，他抛弃了他生活中的其他一切。波焦本人也乐于像他一样，但他有自己的谋生方式。他有作为抄写员的高超技能，但即便这样，那也很难支撑他希望的生活方式。他对古典拉丁语的精通使他能够从事教师的职业，这是一种他寻求的简单的生活。大学通常缺少教室、图书馆和捐赠；大学人员由学者和教师组成，人文学者通常比法律和医学教授的报酬少，人文学科的大多数教师过着居无定所的生活，从一座城市漂流到另一座城市，开课讲几个喜欢的作家，然后不停地奔波，希望找到新的赞助人。波焦有机会见证这种生活，但这对他没有吸引力。他想要更稳定更确定的工作。

与此同时，波焦缺少爱国热情——对于城市和共和国自由的激情——这种热情激励了萨卢塔蒂，并使布鲁尼激动不已。他也缺少可能会引导他接受宗教神职的召唤，开始牧师或修道士的生活。他的精神偏重世俗，他的欲望也属于这个世界。另外，他不得不做点什么。1403 年秋天，拿着一封萨卢塔蒂的推荐信，二十三岁的波焦前往罗马。

第六章 谎言工厂

对波焦这样一个雄心勃勃的地方新贵来说，教皇的那个不断旋转、膨胀的轨道就是块大磁石，但罗马还有其他的机会。罗马有权势的高贵家族——最著名的是科隆纳家族或奥尔西尼家族——总能找到办法利用一个拥有优秀拉丁语能力和漂亮书法的人。再说，居住在罗马的主教和红衣主教们也有他们自己的小朝廷，在那儿，一个公证人起草法律文件的能力是一项广受欢迎的技能。波焦到达的时候，他在其中的一个小朝廷，即巴里（Bari）红衣主教府上找到了一个位置。但这只是在通往为教皇服务的更高目标的道路上的一次短暂停留——无论是在宫廷（*palatium*）还是教廷（*curia*）。到年底前，坚定的共和主义者萨卢塔蒂在现任教皇圣博尼法斯九世（Boniface Ⅸ）的宫廷中运用各种手段，帮助他的得意门生得到了他最想要的东西，一个令人垂涎的抄写员职位——使徒文书（apostolic scriptor）。

教廷的大多数官吏来自罗马及周边地区；有许多人跟波焦一样，受过法律方面的训练。虽然文书每天工作前多半要参加弥撒，但他们的职位是世俗性的——他们主要忙于教皇的商业事务，需要理性、计算能力、管理技能和法律智慧。教皇是（至少声称是）意大利中部大片地区，并往北延伸到罗马涅（Romagna）及由威尼斯共和国控制的领土的绝对统治者。他统治的许多城市常年动荡不安，周边国家的政策跟他的一样，咄咄逼人、奸诈和贪婪，外国势力则总是准备武装入侵半岛。为了保障自己的利益，他需要所有的外交手腕、金钱和所能召集的军事力量，因此他需要并维持着一个庞大的官僚机构。

当然，教皇也是一个更广大的精神领域的绝对统治者，至少在原则上，它延伸覆盖整个人类，影响着这个世界和未来世界的命运。有些人（他声称他们是自己的臣民）对他的自以为是表示惊讶——如新大陆人，15 世纪后期教皇正式签约让他们成为西班牙国王和葡萄牙国王的附庸。还有如犹太人或东正教基督徒等其他人顽固地抵抗教皇。即使他们住在偏僻的地区，或对他所处理事务使用的拉丁语一无所知，或明白有些道德失误会令他们的职务黯然失色，但大多数西方基督徒都相信他们与教皇独特的权威有着特殊的关系。他们求助于教皇来明确宗教教义，教会声称这些教义对灵魂的命运至关重要，并以火与剑来实施这一主张。诸如婚约的及其他许多微妙的社会关系的订立和废除时，他们寻求教皇的豁免——也就是不受教廷法律的约束。他们获得各种任职并确认有价值的好处。他们寻找的一切，都是人们所希望的：一个非常富有及有权势的议员、土地所有者和精神领袖，让他们获得这些或拒绝给他们的对手。在 15 世纪早期，当波焦在罗马得到了支持，案宗以每周两千件的速度提交教廷解决。

所有这些远超欧洲其他任何大法官法庭处理范围的行为需要专业人员处理：神学家、律师、公证人、文书、秘书。请愿书必须以适当的形式起草并存档。会议记录必须细心保存。裁定必须记录下来。决议得转录和复制。法令、专利特许证和章程等教皇诏书需复制和密封。这些诏书的压缩版准备好后会派发出去。罗马主教府上有一大群侍从，以匹配他的高贵身份；他有一大群侍臣、顾问、文书和仆人，以满足他的政治身份和他的礼仪所需；他有一个大法官席位，以适合他的司法权力；他还有一个庞大的宗教官僚机构，以适合他的精神领域的权威。

这就是波焦进入的世界，他希望这个世界兴旺发达。教廷的一个职位可以作为在教会等级中获得高回报升迁的一个步骤，但那些渴望获得这种升迁的人都成了教徒。波焦当然明白神职任命是通向财富和权力的途径，他未婚，接受神职没有障碍。（他可能有个情人及非婚子女，但这当然不是障碍。）然而他却退缩了。

他很了解自己，知道自己缺乏宗教信仰。[1]当然，这并没有挡住他的许多同时代人，但他不喜欢他在那些做出这种选择的人身上看到的东西。"我决定不担任神职，"他写信给他的朋友尼科利，"因为我看见许多我认为有善良品格和自由倾向的人，堕落成贪婪、懒惰和放荡的人，因为他们被引到了神职这条路上。"[2]他认为，这种堕落几乎肯定是他自己的命运，而这是他决心要避免的："由于担心自己会遇到这种情况，我决定以一个俗人的身份度过剩下的这段朝圣之旅。"可以肯定，在一个非常不安全的世界里，波焦放弃了一种特别舒适和安全的生活，但对他来说，这种安全的代价太高了："我不像很多人那样认为牧师职位是自由的，"他对尼科利吐露心声，"而是一种最严厉和最压迫人的服务形式。"[3]相反，他选择的人生道路对我们来说似乎是一种特殊的束缚——一个为教皇服务的世俗官吏。但对波焦来说，拒绝神职显然是一种解放，他仿佛是在捍卫内心的独立。

138

他需要尽可能地独立。从道德的角度来看，罗马教廷是一个臭名昭著的危险之地，当时的一句拉丁谚语巧妙地概括了这一危险：一位好的教皇绝对权力主义者正是最不道德的人（*Curialis bonus, homo sceleratissimus*）。[4]1430 年代的一部奇怪的作品最为精彩地传达了他所处的时代氛围，这部作品问世时波焦仍处于教廷的中心位置。这部作品名为《论罗马教廷的卓越和尊严》（*On the Excellence and Dignity of the Roman Court*），是同时代年轻的人文主义者，佛罗伦萨人拉波·达·卡斯特格莱奇诺（Florentine Lapo da Castiglionchio）的书。这是一部对话体著作，采用西塞罗的风格，这种形式在当时很受作家们的青睐，他们希望在不承担全部责任的情况下发表有争议甚至危险的观点。因而，在拉波的想象的对话开始时，一个叫作安吉洛的角色——当然，但愿不是拉波自己——猛烈地抨击了教廷的道德衰败，这个地方"犯罪、道德暴行、欺诈和蒙骗都以美德的名义并被人尊敬。"[5]认为这种虚伪的沉沦是对宗教信仰的一种宣扬，这种想法是荒唐可笑的："还有什么比教廷与宗教更格格不入的呢？"[6]

拉波以自己的声音说话，站起来为教廷辩护。可以肯定，教廷吸引了众多的请愿者，但我们知道，上帝想要受到众人崇拜。因而，他一定对那些衣着华丽的牧师们为他举行的盛大的礼拜仪式而感到特别高兴。而对普通人而言，教廷是最好的地方，能获得所谓谨慎的美德，既然有这么多来自世界各地的人参加。仅仅是观察各式各样稀奇古怪的服装和口音，以及蓄胡须的方式，这本身就是人类习俗的宝贵一课。教廷也是研究人文学科的最佳场所。拉波写道，总之，说到"教皇的内务秘书"（因而是个很有影响力的人物），"有佛罗伦萨的波焦，在

139

他身上，不仅有极高的学识和口才，而且还有一种独特的庄重，充满了机智和儒雅。"[7]

他承认，令人不安的是，贿赂和腐败确实是教廷的症结所在，但这些问题是一群可怜的小偷和流浪汉的行为，他们把这个地方弄得名声扫地。也许教皇哪天会注意这种丑闻并保证清理门户，但在任何情况下，在生活中，人们应该始终牢记自己的目标，而不是实际做了什么。

安杰洛（Angelo）显然相信了这些观点，他开始热情地对教廷律师的狡猾进行粉饰，这些律师对每个人的弱点和隐私都有敏锐的把握，他们具有利用一切机会赚钱的能力。而且，考虑到盖有教皇印章的纸片所带来的巨额收入，他们获得了多么丰厚的利润啊！这地方就是一个金矿。不再需要渲染基督的贫困：在一开始这是必要的，以避免承担贿赂人们去相信的罪名。时代变了，现在，财富对于任何重要的事业来说都是必不可少的，也是为能够得到它的人准备的。牧师可以积累他们想要的一切财富；他们只需精神贫困就行了。希望大祭司实际上是穷人，而不是像他们这样非常富有的人，是一种"没有头脑"[8]的表现。

所以，带着面无表情的严肃和天真的热情，对话还在继续进行。朋友们同意，教廷不仅是一个严肃学习的好地方，也是一个进行轻松娱乐的好地方，比如游戏、马术和狩猎。仅仅想一下教廷的晚宴——诙谐的闲谈，加上美味的食物和饮料，由漂亮、年轻、体面的男孩侍候。对于那些品味上不认同美少年的人来说，美神会提供丰富的乐趣。情妇、不贞的妇人、形形色色的妓女在教廷占据着中心位置，这恰如其分，因为她们提供的快乐在人们的幸福中占中心位置。淫荡的歌声、裸露的乳

140

房、亲吻、爱抚，训练有素的白色小哈巴狗舔你的腹股沟以激起欲望，所有这些价格非常低廉。

这种肆无忌惮的腐败行为和一味追求财富的热情必定是一种狡黠的讽刺游戏。然而《论罗马教廷的卓越和荣耀》是一种非常奇特的讽刺，不仅因为这本书对读者可能鄙视的东西的溢美之词显然在某些同时代作品中有所体现。[9]问题是，当拉波写这本书的时候，他正忙着为自己在教廷谋求职位。当然有可能的是，他对自己的欲求感到矛盾：人们往往鄙视他疯狂地想要进入的机构。但也许编纂这份教廷的罪恶清单不仅仅是一种矛盾心理的体现。

141 　　在拉波的作品中，有一部分他赞扬了使徒文书和秘书的谈话中所特有的流言蜚语、淫秽故事、笑话和谎言。他说，无论记录的内容是真或假，它们都很有趣，在某种程度上也有教育意义：

> 没有人能幸免，无论他缺席还是在场，每个人都受到了同样的攻击，所有人都发出了巨大的笑声。宴会、酒醉、奉承、贿赂、偷窃、通奸、性堕落和可耻的行为，被公开揭露。就此，人获得的不仅是快乐，而且获得了最大的实用性，因为所有的生命和性格都这样呈现在你眼前。[10]

拉波无疑意在讽刺，但他也以他的讽刺方式，显示出他深得愤世嫉俗地说笑的精髓，从而显示出他适合参与他所嘲笑的对话。这实际上是一种向教廷成员展示自己的方式，最重要的是向"佛罗伦萨的波焦"展示自己。

到 1430 年代，拉波跻身核心圈子时，波焦已从文书升迁到了教皇秘书这个更有权势、更有利可图的职位。在任何时候，教廷都有大约一百名文书，但只有六名使徒秘书。后者可以直接与教皇本人接触，因此影响要大得多。这里提一个谨慎的建议，那里建议一个恰当的词语，可能会对一个重要案例的结果，或一个富有的慈善机构的处置产生完全不同的影响。

在秘书中，有一个职位尤其重要，被称为 *secretarius domesticus* 或 *secretus*，即教皇的私人秘书或贴身秘书。这个令人垂涎的位置是个金苹果，经过多年的努力，（父亲曾抢先他的债权人一步逃离阿雷佐的）波焦终于摘到了手。当雄心勃勃的拉波或其他任何谋职者对教廷巡视一番，很容易看出，在"教皇的人"中，波焦是最重要的。

但是，为什么拉波想要通过丑化他希望被任命的腐败机构来讨好波焦呢？因为在 1430 年代，也许早在这之前，波焦已经确立了自己在他所谓的"谎言工厂"（the Bugiale）的中心地位。教廷有个房间，教皇秘书往往会聚在一起讲故事说笑话。"没人幸免，"波焦在拉波引用的一句话中写道，"无论谈论什么我们不赞成的情况，都会自然受到谴责；教皇本人经常是我们批评的首要话题。"[11] 那些琐碎的、虚假的、狡猾的、诽谤性的、常常下流的话语，在它的声音消失之前，几乎已经被遗忘了，但波焦似乎什么也没忘。他回到办公桌前，用他最拿手的拉丁文，把他在谎言工厂里的谈话变成了他称为"谐语"（*Facetiae*）的作品。

几百年前的笑话几乎不可能始终保持其生命力。事实是，莎士比亚或拉伯雷或塞万提斯的一些笑话仍使我们欢笑，这是个奇迹。波焦称为"谐语"的作品几乎有六百年的历史，它

142

现在仅仅作为一种时代症状才会显得有趣。这些当年写下的文字，就像那些早已死去的昆虫留下的残骸，告诉我们曾经在梵蒂冈上空嗡嗡作响的是什么。有些笑话是专业人士的抱怨，这是秘书们必定经常听到的：老板经常声称发现了错误并要求重写，但如果你把假装已经修改过的同一份文件交给他，他会拿在手里，好像在细读或瞥一眼，然后说："现在好了，行，封起来吧……"[12]有些是关于流行的奇迹和自然奇观的故事，半是怀疑，半是轻信。有些故事对教会政治进行了讽刺性的反思，比如，波焦把教皇轻易忘记自己结束分裂的承诺，比作一个来自博洛尼亚的庸医宣布他要飞行："一天快要结束，当人们都在观看和等待的时候，他不得不做一些事情，所以他露面了，他露出了他的屁股。"[13]

　　《谐语》的大部分故事涉及性，这些俱乐部式的淫秽故事反映出对女性的厌恶，夹杂着圈内人对乡巴佬的蔑视，有时还带有明显的反宗教倾向。有个妇女告诉她丈夫，她有两个阴户（*duos cunnos*），前面一个会和他分享，后面一个她要献给教会，因为她是个虔诚的人。[14]这种安排居然可行，因为教区牧师只对属于教会的那部分感兴趣。有一个无知的牧师，他在反对淫荡（*luxuria*）的布道中描述了情侣们用来提高性快感的方法；许多教众听从这些建议，回家后纷纷尝试。有些愚蠢的牧师会对这个事实困惑：忏悔中，几乎所有的妇女说她们一直忠实于婚姻，而几乎所有的男人都承认婚外情，牧师就弄不清楚，在他们的生活中到底谁是和男人一起犯罪的女人。有许多故事涉及诱惑人的修士和性欲强的隐士，涉及佛罗伦萨商人的逐利，涉及女性痼疾通过性爱神奇地治愈，涉及狡猾的骗子、哭哭啼啼的传教士、不忠的妻子和愚蠢的丈夫。有名为弗朗西

143

斯科·菲勒福（Francesco Filelfo）的人文主义同道者他梦到自己将手指伸进一只魔戒，它会使他妻子永远不会对他不忠，醒后发现他的手指插入了妻子的阴道。有个江湖庸医声称他可以生出不同类型的孩子——商人、士兵、将军——取决于他的阴茎能推进去多深。一个愚蠢的乡下人正在和庸医讨价还价想要一个士兵孩子，他把妻子交给那个恶棍，但随后，他认为自己很狡猾，从躲藏的地方出来，打那个庸医的屁股，以便把他的阴茎推得更深："这是福音派的圣地（Per Sancta Dei Evangelia），"乡下人得意地大叫，"这一次要生个教皇！"（hic erit Papa！）[15]

144

《谐语》获得了很大的成功。

如果波焦的作品——那个时代最著名的笑话集——捕捉到了教廷的某种氛围，那拉波试图通过公开表示出一种道德愤怒和犬儒主义的奇怪结合，来引起人们对他自己的注意，这并不令人惊讶。[结果是，在他写完《教廷礼赞对话录》（*Dialogue on Praise of the Papal Court*）几个月后，可怜的拉波死于瘟疫，享年三十三岁。]到16世纪时，天主教等级制度受新教改革的极大影响，企图在其内部消灭这种颠覆性的幽默。波焦的《谐语》名列其中，其他还有薄伽丘、伊拉斯谟和马基雅维利的书，教会希望将这些书籍焚烧。[16]但在波焦生活的世界，无论如何，揭示被广泛理解的东西仍然是允许的，甚至是时尚的。波焦可以写下他度过大部分职业生涯的机构，这儿"很少有才华和诚实的空间；一切都是通过阴谋诡计或运气获得，更不用说金钱了，金钱似乎在世界上占据着至高无上的地位"[17]。

这些雄心勃勃的年轻知识分子靠自己的智慧生活，这些教廷的文书和秘书环顾四周，觉得自己比他们服务的不学无术的教长们更聪明、更复杂、更值得被提拔。可以预见的是，他们的世界充满了怨恨：波焦写道，我们抱怨，"在那些享有教会最高尊严的不称职的人当中，谨慎而有学问的人被冷落在一边，而无知、无价值的人则被提升"[18]。

145　　同样可以预见的是，他们的世界充满了激烈的诽谤、竞争和背叛。在关于波焦出身的冷嘲热讽中，我们已经见识了他们彼此之间的唇枪舌剑，而波焦自己关于他的对手，不无敌意的人文主义者菲勒福的笑话，也有相似的特点：

> 在教皇宫殿的一次秘书会议上，像往常一样，有许多学识渊博的人参加了会议，他们讨论的话题已经转到那个恶棍弗朗西斯科·菲勒福所过的肮脏恶心的生活上，他到处被指控犯有许多罪行，有人问他是否出身高贵。——"肯定，"他的一个同胞说，装出最认真的样子，"他肯定是的，他的高贵甚至是最显赫的；因为他父亲早上常穿丝绸衣服。"[19]

接着，为了让读者理解这些俏皮话的意思，波焦补充了一条说明（作为白费心计的标志）："意为那个菲勒福是一个普通牧师的私生子。主持仪式时，牧师通常穿丝绸衣服。"

　　现在看来，这种争吵显得很幼稚。但这些不仅是文字游戏。1452年，波焦与另一位教皇秘书，（以忧郁著称的人文主义者）特拉比松的乔治关于谁应该为古籍的几种翻译得到更多的赞扬这个令人棘手的问题争吵不休。当波焦朝对手大吼，说他是骗子，乔治挥拳打了波焦。两人暂时回到了自己的办公桌前，但很快又打了起来，七十二岁的波焦用一只手抓住了五十七岁的乔治的脸颊和嘴巴，同时试图用另一只手戳他的眼睛。争吵结束后，乔治在给波焦的一封愤怒的信中表示，他表现出了极度的克制："我本可以咬掉你伸进我嘴里的手指；但我没有。既然我坐着，你站着，我想用双手捏住你的睾丸，然后把你放倒，我没有这样做。"[20]整件事看起来像是一出怪诞的闹剧，类似于波焦笑话集里的一个故事，除了它在现实世界中的后果：由于波焦有更好的人缘和更亲和的态度，他把乔治逐出了教廷。波焦光荣地结束了自己的一生，而乔治死时卑微、心怀怨恨且贫穷。

19世纪一本有名的书中说到"文人相轻"，约翰·阿丁顿·西蒙兹（John Addington Symonds）通过描述人文主义学者之间的这些争斗，认为"可以看出他们对研究的热情。"[21]也许吧。无论他们之间的侮辱多么野蛮，争论大都围绕着拉丁语语法的细枝末节、对用词错误的指责、微妙的翻译问题展开。然而严厉的过度指控——在一场关于拉丁语风格的争吵中，波焦指责年轻的人文主义者洛伦佐·瓦拉是异端，指责其偷窃、撒谎、伪造、懦弱、酗酒、性变态和极度虚荣——暴露出在这些令人印象深刻的饱学之士的内心生活中，有一些阴暗的东西。

虽然拉波敲着门想要进去，但他似乎能够理解并剖析整个环境的病症。问题不仅是个别的人格瑕疵；这是个结构性问题。教廷为了满足自己的需要，培育了一个无立足之根的、具有讽刺意味的知识分子阶层。这些知识分子要致力于取悦他们的主人，完全依赖主人的庇护，但他们愤世嫉俗、郁郁寡欢。怎么会有如此猖獗的犬儒主义，充满了贪婪和虚伪？有必要讨好那些声称向人类宣扬道德有悖常理的大人物吗？在一个专制君主的宫廷里，无休止的争权夺利，怎么可能不吞噬掉任何一个长期呼吸这种空气的人身上的希望和体面呢？除了人格诋毁和完全扼杀，怒火中烧的人又能做什么呢？

波焦对待病症——他自己很快就屈服了，而且从未完全被治愈——的一种方式是通过笑声，《谐语》那种滑稽、淫秽的笑声。这笑声必定给了他一些解脱，虽然明显还不够。因为他还写一系列对话集——《论贪婪》（*On Avarice*）、《反对伪君子》（*Against Hypocrites*）、《论贵族》（*On Nobility*）、《论命运的变迁》（*On the Vicissitudes of Fortune*）、《论人类生活的痛苦》（*On the Misery of Human Life*）等——在这些作品中，他采取了一个严肃的道德家的立场。这些笑话和道德文章之间有着明显的联系，但是道德文章让波焦能够探索那些只在滑稽趣闻中暗示的问题。

如在文章《反对伪君子》中，其中有些是关于牧师引诱者的故事，但这些故事是一个更大、更严肃的机构困境分析的一部分：为什么教会人士，尤其是修道士会特别容易虚伪。波焦问，在宗教职业和欺诈之间有什么关系吗？一个完整的答案肯定会涉及性动机，但这些动机本身并不能充分解释像教廷这样的地方何以有成群的伪君子，包括那些以他们很招摇的虔诚和苦行僧般的苍白面容而闻名的僧侣，他们狂热地寻求圣俸、豁免、恩惠、特权和地位。性阴谋也不能充分解释教廷之外的世界上为何有更多的穿长袍的伪君子；那些神圣的传教士以他们响亮的声音和地狱之火，以及诅咒的可怕威胁来赚钱；虔诚的修士声称严格遵守圣方济各的教规，但有着强盗的道德；托钵修士带着他们的小布袋，留着长头发和长胡子，假装生活在极度的贫穷中；告解神父刺探每个男人和女人的秘密。为什么所有这些过度虔诚的宗教楷模不干脆把自己关在小屋子里，致力于禁食和祈祷的生活呢？因为他们的虔诚、谦卑和对世界的蔑视，实际上是贪婪、懒惰和野心的幌子。当然，在谈话中有人承认，存在一些善良真诚的修道士，但是非常非常少，而且，人们可能会观察到，即便那些人，也慢慢被致命的腐败所吸引，这种腐败实际上已经融入了他们的职业。

"波焦"在对话集中作为一个人物代表了他自己，他认为虚伪至少比公开的暴力更好，但他的朋友，一位修道院院长阿利奥蒂（Aliotti）回答说，虚伪比暴力更糟，因为每个人都能察觉到一个供认不讳的强奸犯或杀人犯的可怕之处，但要在一个狡猾的骗子面前保护自己就难多了。那么如何才能识别虚伪呢？毕竟，如果他们擅长伪装，就很难区分骗子和真正神圣的人物。对话中列出了一些警示性标志。下述人士应该引起怀疑：

> 表现出过分纯洁的生活；
>
> 赤脚走在大街上，脸上脏兮兮的，衣衫褴褛；
>
> 当众表现出对金钱的蔑视；
>
> 嘴上总挂着耶稣基督的名字；
>
> 想要被称为好人，实际上没有做什么特别好的事情；
>
> 吸引女性以满足他的愿望；
>
> 在修道院外四处跑，追求名利；
>
> 展示禁食和其他苦行；
>
> 引诱别人为自己谋利；
>
> 拒绝承认或归还托付给他的东西。[22]

149

波焦写道，实际上，教廷里的任何牧师或修道士都是伪君子，因为在那里不可能实现宗教的最高目的。如果你碰巧在教廷看到一个特别谦卑的人，请注意，他不仅是一个伪君子，而且是最糟糕的伪君子。通常，你应该提防那些看起来太完美的人，并且要记住，做好人实际上是相当困难的："至善不易（Difficile est bonum esse）。"

《反对伪君子》不是在马丁·路德之后由一个宗教改革论者写的，而是在其一个世纪前，由一个生活和工作在罗马天主教等级制度中心的教皇官吏写的。这表明，尽管教会能够，也确实对它所认为的教义或制度面临的挑战做出了激烈的回应，但它愿意容忍诸如波焦这样的世俗人物的尖锐批评。这也表明，波焦和他在教廷的人文主义伙伴们努力将他们的愤怒和厌恶转化为不仅仅是下流的笑声和激烈的争吵。

在这种批判精神中最伟大和最重要的作品是由波焦的强敌洛伦佐·瓦拉写的。众所周知，瓦拉利用他对拉丁语文献学的出色掌握证明了，"君士坦丁的捐赠"，即罗马皇帝据说把西罗马帝国的财产交给教皇的那份文件，是伪造的。这篇侦探性文献出版后，他处于相当危险的境地。但在 15 世纪，教会对内部批评的宽容至少延续了一个短暂时期，甚至到了这个极端的边缘：人文主义者教皇尼各老五世最终任命瓦拉担任使徒秘书，因此这个最独立、最具批判精神的人，就像波焦一样，被他无情揭露和嘲笑的教廷雇用了。

波焦缺少瓦拉的激进主义和原创性。《反对伪君子》中的一个言说者简短地提出一个可能会朝危险方向发展的论点，即从天主教会对神圣的夸张呈现，转向异教信仰中以欺骗的方式使用神谕，以此来威吓和操纵俗人的手段。但颠覆性的联系——16 世纪，在对所有宗教信仰的政治用途进行不抱幻想的分析时，马基雅维利会利用这种方法来达到令人震惊的效果——从来没有完全成型，波焦的作品仅仅以一个幻想的结尾脱掉了伪君子的保护性斗篷。我们被告知，在来世，死人为了进入地狱王国，必须通过不同直径的门。那些被看守人认为明显是好的或坏的人会通过宽门；通过窄门的是那些不清楚是诚实还是虚伪的人。诚实的灵魂通过时只有轻微的擦伤；伪君子通过时皮肤会被完全撕裂。

这种被撕裂的幻想结合了波焦的攻击性和他的悲观主义：伪君子都会被揭露并受到严厉惩罚，但直到来世才有可能揭露他们是谁。如果愤怒总是徘徊在他的笑声背后，那对不能改过自新的弊端、对不断失去一切值得珍惜的东西、对人类悲惨处境的绝望，也徘徊在他的愤怒背后。

如同他的许多同事，波焦是个不知疲倦的书信作者，通过这些书信，我们看到了他与犬儒主义、憎恶和厌世倾向做斗争，而这些似乎折磨着教皇身边的每个人。他给一个朋友写信说，修道院并非"信徒或宗教人士的集会场所，而是罪犯的工场"；教廷是"人之恶习的下水道。"[23] 他环顾罗马的每一个角落，人们在拆毁古代寺庙，从石头中获取石灰。在一两代人的时间里，那些比我们这个悲惨的现代更珍贵、更辉煌的过去的遗迹将会消失。他在浪费生命，必须找到一条逃生通道："我必须全力以赴，这样我才能有所成就，我就不用再做仆人，并有时间搞文学了。"[24]

尽管波焦有时沉迷于改变生活的幻想中——"抛弃所有这些世俗的忧虑，所有空虚的挂念、烦恼和日常计划，逃到贫穷的避风港，那是自由、真正的宁静和安全"[25]，但他遗憾地承认这条路对他来说行不通。"我不知道出了教廷我能做什么,"他写信给尼科利,"除了给孩子上课,或为某个主人,或更确切地说为暴君工作。如果我不得不接受其中的任何一种,那我会认为这是非常痛苦的,因为,正如你所知道的,所有的奴役不仅是一件令人沮丧的事情,尤其要为一个恶人的私欲服务更是如此。至于教学,我还是免了吧!因为顺服于一个人,胜过顺服于许多人。"[26]他会待在教廷,希望能赚到足够的钱早点退休:"我的一个心愿:通过几年的努力,实现余生的休闲。"[27]结果是,这"几年"竟是五十年。

梦想、拖延和妥协的模式是一种非常常见的模式:这是生活失败的一个缩影。但波焦没有屈服,尽管他有充分的理由这样做。他生活的世界不仅充斥着腐败和贪婪,而且还不断遭受阴谋、暴乱、战争和瘟疫的袭击。他在罗马教廷工作,但教廷在罗马的地位甚至很不稳定,因为教皇和他的整个朝廷一再被迫逃离这座城市。他挣扎着,就像在他的世界里,每个人都不得不与没有医疗救治的痛苦的持续存在做斗争,并且不断受到死亡威胁。他会很容易地陷入脆弱、自卫性的玩世不恭之中,只能通过没有实现的逃避幻想而缓解。

能拯救他的是一种强迫性的欲望,即,对书的狂热。

1406 年,当他得知他的伟大导师萨卢塔蒂去世时,波焦悲痛欲绝。这位伟大的老人记住了任何一个他曾见过其"才智闪光"[28]的人,帮助那些他曾如此认同的人,给予指导、引领、推荐信、金钱,尤其是让他们使用他自己的藏书。"我们失去了一位父亲,"他写道;"我们失去了所有学者的避风港和避难所,失去了我们民族的光辉。"波焦声称,他写信时在哭泣,没有理由怀疑他这些话的真实性:"向他的儿子表达我的同情,"他写信给佛罗伦斯的尼科利，"告诉他们我沉浸在悲伤之中。我也想从你那里知道：你认为他的书会怎么处理？"

"我很沮丧和害怕，"波焦 1449 年 7 月写信给尼科利，"因为巴托洛梅奥·德·蒙特普齐亚诺（Bartdomeo de Montepulciano）死了，"[29]这是他在瑞士一起探访修道院图书馆的好朋友。但过了一会儿，他的思绪转向他刚刚在蒙特·卡西诺发现的东西上："我找到了一本书，收有尤利乌斯·弗朗提努斯（Julius Frontinus）的《论城市供水》（*De aquaeductu urbis*）。"[30]在一周后的一封信中，同样的模式出现了。他在信的开端提到他抄写的两份古代手稿，他希望，"用红色标记并配上封面。"

> 我不能在城里给你写这封信，因为我对我最亲爱的朋友的去世感到悲伤，也因为我的精神错乱，一部分是由于恐惧，一部分是由于教皇的突然离去。我不得不离开家，把我所有的事情做好；有许多事必须马上做，这样就没有时间写作，甚至连喘口气的时间都没有了。除了极大的悲痛之外，一切都变得更加困难。但回到书籍上来吧。[31]

153

"但回到书籍上来吧……"这是逃避无处不在的恐惧、困惑与痛苦的出路。"我的国家还没有从五年前带来麻烦的那场瘟疫中复苏，"1430 年 9 月他写道，"现在看来它似乎又会屈服于同样暴虐的大屠杀。"[32]然而过了一会："但让我们回到我们自己的事情。我看到了你写图书馆的文章。"即使瘟疫过去了，还有战争的威胁："每个人都在等待命中注定的时刻；甚至城市也有其注定的命运。"然而在同一封信中还写道："让我们和书一起度过我们的闲暇时光，这将把我们从这些烦恼中解脱出来，让我们学会轻视许多人所渴望的东西。"[33] 在北方，米兰强大的维斯孔蒂集结军队；佛罗伦萨雇佣兵包围了卢卡；那不勒斯的阿方索挑起战争，皇帝西吉斯蒙德对教皇施加其无法忍受的压力。"我已经决定我要做什么，即使事情发展到许多人害怕的程度；就是说，我将致力于希腊文学……"[34]

波焦对这些信件有高度的自我意识，并希望它们能流传开来，但他对书籍的狂热一次又一次地表达出来，似乎毫无防备，坦率而真实。这是一种感觉的关键，他用一个对教皇官僚来说特别不合适的词来形容这种感觉：自由（freedom）。"你这位波焦，"他写道，"很少能满足，你自己能看到这点；有时，我可以自由阅读，不关心公共事务，把它们留给上司。我尽可能自由地生活。"[35] 这儿，自由与政治自由、权利观念、想说什么就说什么、想去哪儿就去哪儿的能力无关。确切地说，这是在他本人曾如此雄心勃勃地参与其中的世界的重压下，向内心回撤的体验，从而让自己沉浸在一个不同的空间里。对波焦来说，这一体验也就是让自己沉浸在古书里："我自由地阅读。"

当意大利常见的政治混乱变得尤为严重时，或者当教廷陷入一片混乱时，或者当他个人的野心受挫时，或者当这些野心得以实现，也许同样具有威胁性时，波焦体会到了这种自由的感觉。因此，在1410年以后的某一段时间里，他必定有一种特别强烈的感觉，充分展示了自己作为人文主义者的抄写员、博学之士和教廷一员的天赋，他接受了他职业生涯中最具声望和最危险的任务：狡诈、阴险无情的，被选为教皇的巴尔达萨雷·科萨（Baldassare Cossa）的使徒秘书。[36]

第七章　捕狐陷阱

出任教皇的使徒秘书是实现其教廷抱负的顶峰：虽然波焦只有三十多岁，他的技能使他从无到有进入了权力最高层。此时，高层正在忙着外交花招、复杂的商业交易、入侵的谣言、异端迫害、威胁、假动作和当两面派，因为巴尔达萨雷·科萨——他称自己为教皇若望二十三世——是个诡计多端的高手。波焦的工作会涉及控制对教皇的拜访、消化和传递关键信息、做笔记、阐明只粗略草拟的政策、起草发给亲王和君主的拉丁文信函。他有必要知道秘密和计策，因为这位使徒秘书必然会介入他主人的计划中，同教皇宝座的两个竞争对手进行交涉。同决心结束分裂的神圣罗马皇帝进行交涉，同波希米亚的异教徒进行交涉，同打算夺取教会控制的领土的邻近大国进行交涉。[1]波焦的日常工作量必定是巨大的。

但在这段时间里，波焦找时间用他优美的书法抄写了西塞罗的三大本《论法律》（De legibus），并发表了关于卢库鲁斯（Lucullus）的演说。（手稿保存在梵蒂冈图书馆：Cod. Vatican. Lat. 3245）不管怎样，他至少抓住了所谓的自由的时刻。但这种回到古代的自由似乎总是加剧了他对当下的疏远。可以肯定，他对古典拉丁文的喜爱并没有像他的一些同时代人所做的那样，将古罗马历史理想化：波焦明白，历史对人类的愚蠢和邪恶有充分的了解。但他意识到，他所居住的这座城市是昔日荣耀的一个可怜的影子。

罗马现有人口数仅占它曾经拥有的一小部分,他们住在分散的定居点,其中一个定居点位于卡比托利欧山,那里曾经矗立着巨大的朱庇特神庙,另一处邻近拉特兰,其古老的皇宫是君士坦丁送给罗马主教的,然而另一个定居点则围绕着破败的4世纪圣彼得大教堂。在这些定居点之间,到处都是废墟、简陋的小屋、散落着碎石的田野,还有殉道者的圣殿。[2] 羊在广场上吃草。一些武装暴徒听命于有权有势的家族,另一些则自行其是,在肮脏的街道上横冲直撞,土匪则潜伏在城墙外。几乎没有工业,很少有贸易,没有技术熟练的工匠和市民阶层,没有公民自豪感,也没有公民自由的前景。唯一严肃的行业和交易,就是挖掘出把古建筑连在一起的金属扣环,刮去薄薄一层大理石饰面,以便在教堂和宫殿里重新使用。

尽管波焦的大部分作品都是在他职业生涯后期创作出来的,但没有任何迹象表明,在他沉浸的当时的世界里,除了感到一种精神疾病之外,他还感到过别的什么。他为教皇若望二十三世服务,这种事业上的成功必定给了他一些快乐,但这只会加深他的沉沦感,从而加剧他的精神疾病和逃避现实的幻想。跟之前的彼特拉克一样,波焦培养了一位考古学家对曾经存在过的东西的敏感度,所以空旷的空间和当代罗马的混乱被过去所萦绕。"我们所处的卡比托利欧山,"他写道,"以前曾是罗马帝国的核心、大地的堡垒和君王的梦魇;许多次胜利证明了这一点,来自许多国家的战利品和贡品丰富了这一点。"现在只看到:

这一世界奇观,它是怎样凋零的!怎样改变的!怎样污损的！胜利之路被藤蔓遮盖，元老院的长凳被粪堆掩盖……罗马人曾聚在一起制定法律，选举地方官员的论坛，现在则成为种植药草，或者放牧猪和水牛之地。[3]

逝去的伟大时代的遗迹只会让现在的体验更加悲伤。在他的人文主义者朋友的陪伴下，波焦可以试着想象这一切曾经是什么样子："将你的目光投向帕拉廷山，在那些不成形的巨大碎片中，寻找大理石剧院、方尖碑、巨大的雕像、尼禄宫殿的门廊。"但是，在经历了短暂的想象中的古代之旅后，这位教廷官吏总是不得不回到支离破碎的现代。

这个现代——罗马由若望二十三世统治的动荡年代，必定不仅要扼杀波焦所珍视的偶尔的自由，还要把他拖进犬儒主义的深渊，无法逃脱。在罗马，波焦和其他人所面临的问题是，他们如何能在这位另类教皇宫廷的生活和工作中，保留哪怕一点点的道德情感。比使徒秘书波焦年长十多岁的巴尔达萨雷·科萨生于普罗米达的一座小火山岛上，邻近那不勒斯。这个贵族家庭将这座小岛占为己有，隐蔽的海湾和防御严密的堡垒显然很适合特殊的家族如海盗一般占领。这是一种危险的占领：他的两个兄弟最终被捕并处死刑。经过大量暗中操作，对他们的判决改为监禁。据他的敌对者所说，年轻的科萨参与了家族事务，这让他终生养成了夜间清醒的习惯，并从中学到了他对世界的基本假设。

相对于科萨的才能，普罗奇达（Procida）实在是一个太小的舞台。他精力充沛、精明能干，很早就对我们所说的高级形式的海盗行为表现出了兴趣。他在博洛尼亚大学学习法学——在意大利，法学而不是神学，是进入教会工作的最好敲门砖——他获得了民法和教会法两个博士学位。在他的毕业典礼上，这位成功的博士候选人在小镇造成轰动，科萨被问到现在要做什么。他回答道："要做教皇。"[4]

跟波焦一样，在他的那不勒斯同乡博尼法斯九世的宫廷里，科萨开始了他的职业生涯，担任私人管家。以这种身份，他帮助监督公开出售教会职位的行为，监督享乐市场。他也帮助组织利润丰厚的禧年庆典——朝圣者来到罗马的主要教堂，得到完全的放纵，作为对来世炼狱之火的可怕痛苦的缓解。庞大的人群挤满了这座城市的小旅馆，他们光顾酒馆和妓院，穿过狭窄的桥梁，在神龛前祈祷，点上蜡烛，呆呆地看着神奇的图画和雕像，并带着作为护身符的纪念品回家。

159　　最初的想法是，每百年举行一次禧年庆典，但需求是如此之大，随之而来的利润如此之大，以至于间隔时间缩短，最初缩短为50年，随后是30年，之后是25年。1400年，就在波焦登场前不久，新世纪的来临吸引了大量的朝圣者到罗马，导致教皇发布声明全民庆祝，尽管上个禧年只过了十年。为了增加利润，教会提出了各种建议，这可能反映了科萨的现实智慧。因而，比如，那些渴望从罗马朝圣中获得精神利益的（死后在炼狱中免除数千年的折磨），但想避免翻越阿尔卑斯山的艰难旅程的人，只要他们支付了长途旅行所需的费用，就可以通过前往德国的某个圣地获得同样的赎罪券。[5]

这种对他性格的普遍看法有助于解释他所引起的人们对他的钦佩、恐惧和怀疑的奇特混合，并使人们相信他无所不能。1410年5月4日，教皇亚历山大五世访问博洛尼亚，在与他160 的朋友红衣主教执事共进晚餐后去世，有传言称他中毒了。这些怀疑并没有阻止科萨的红衣主教派系选举科萨接替亚历山大成为教皇。也许他们只是吓坏了。或也许，在他们看来，只有四十岁的科萨有能力结束教会不光彩的分裂，打败顽固僵化的西班牙人佩德罗·德·卢纳（Pedro de Luna）这个对手，后者坚持认为自己是教皇圣本笃十三世，以及打败强硬的威尼斯人安吉洛·科雷尔（Angelo Correr），后者自封教皇额我略十二世。

如果这是红衣主教的希望，他们很快就失望了，但他们不可能完全感到惊讶。分裂已经持续了三十多年，解决问题的任何努力都宣告失败。每一个觊觎者都驱逐了其他人的追随者，并对他们进行了神圣的报复。各方都试图用残暴手段占领道德制高点。每方都有强大的盟友，但也有战略弱点，这使得通过军事征服实现统一成为不可能。大家都明白这种情况是无法忍受的。竞争中的民族派系——西班牙人、法兰西人、意大利人各自支持不同的人选——破坏了天主教作为普世教会存在的主张。多个教皇争执的奇观使整个机构受到了质疑。这一状况令人尴尬、反感，也很危险。但谁能解决这个问题？

十五年前，巴黎大学的神学家在马图林的修道院里放了一个大箱子，问谁知道怎样才能结束这种分裂，谁就把想法写下来，然后扔进盖子上被切开的口子里。有一万多张纸条投了进去。五十五位神学教授被指派读这些纸条，他们报告说，主要收到了三种方案。第一种，所谓"出让的方式"（Way of Cession），要求那些声称是教皇的人同时退位，然后适当选举一个候选人；第二种，"妥协的方式"（Way of Compromise），设想仲裁结束时，现有人选中的一个将成为唯一的教皇；第三种，"会议的方式"（Way of Council），呼吁召集所有天主教世界的主教，他们将通过宗教大会上的正式投票，拥有解决此争

161

端的最终权力。

前两种方式具有相对简单、经济、直接的优势；然而，就像军事征服一样，它们也有难以实现的缺点。呼吁同时退位，其结果可想而知，为仲裁设定先决条件的努力会不可避免地陷入无望的争吵之中。那就只留下"会议的方式"了，这一选项受到神圣罗马帝国当选皇帝，匈牙利国王西吉斯蒙德（King Sigismund）的强力支持，他至少在名义上与罗马的科萨派系结盟。

在他的红衣主教和秘书的簇拥下，在一座巨大，已经被改建成坚固的圣安杰洛城堡的异教陵墓，这位狡猾的教皇认为没有理由屈服于压力召开一次宗教大会。这样的大会将不可避免地对罗马长期产生敌意，只会威胁到他的地位。因此，他推诿和拖延，忙于建立或破坏联盟，设法对付南方野心勃勃的敌人，那不勒斯国王拉迪斯拉斯，并充实教廷的金库。毕竟，有无数的请愿书要考虑，诏书要发布，教皇辖区要保卫、管理、征税，还有教会职位和赎罪券要出售。波焦和其他秘书、文书、速记员及其他低级教廷官吏忙个不停。

这种僵局可能会无限期地持续下去——无论如何，这正是教皇所希望的，直到出现意想不到的事件。1413 年 6 月，拉迪斯拉斯的军队突然突破罗马防守，洗劫了这座城市，抢劫房屋，掠夺神殿，闯入宫殿，抢走珍宝。教皇和教廷逃往佛罗伦萨，他们在此可以得到一些有限的保护：佛罗伦萨和那不勒斯敌对。但为了作为教皇生存，科萨现在绝对需要西吉斯蒙德的支持——那时西吉斯蒙德驻扎在科莫——紧急磋商表明，只有教皇同意召开一次全会，才会获得这种支持。

科萨无路可退，他提议在意大利召开会议，在那里他可以召集他的主要盟友。但皇帝反对，说越过阿尔卑斯山的漫长路途对年长的主教们来说太难了。皇帝宣称，会议应在康斯坦茨举行，这是他领土上的一座城市，坐落在瑞士和德国之间的博登湖岸边的山上。虽然这地方很难让教皇喜欢，但 1413 年秋天，教皇的代理人（间谍，exploratores）到了康斯坦茨，询问有关住宿和食品的情况，在接下来的夏天里，教皇和他的教廷上路了。同时，来自欧洲各地有权势的教士和他们的仆人，都聚集到德国南方的一个小镇上。

康斯坦茨的一个市民，乌尔里希·里希恩坦尔（Ulrich Ridental）对周围发生的事情表现出了极大的兴趣，便为这些事件写了一篇详尽的编年史。[6] 从里希恩坦尔的编年史里，我们得知教皇带着大约六百名随从翻越阿尔卑斯山。从别的来源我们得知，在他的团队中（或短时间加入他们）有一些当时最伟大的人文主义者：波焦·布拉乔利尼、莱昂纳多·布鲁尼、皮耶尔·保罗·韦杰里奥、塞西奥·鲁斯蒂奇、蒙特普齐亚诺的巴托洛梅奥·阿拉加兹、佐米诺（·索佐曼诺）·达·皮斯托亚、贝内代托·达·皮廖、比亚吉奥·瓜斯科尼、红衣主教弗朗西斯科·扎巴莱拉、阿拉曼诺·阿迪马里、布朗达·达·卡斯蒂廖内、米兰大主教巴托洛梅奥·德拉·卡普拉，以及大主教未来的继任者弗朗西斯科·皮佐帕索。[7] 教皇是一个暴徒，但他是一个博学的暴徒，他感激优秀学者的陪伴，并期望教廷事务用高品位的人文主义方式处理。

即使在夏末，翻山越岭的旅行也并不容易。有一次，教皇的马车倾翻，将他抛到雪地里。1414 年 10 月，他俯瞰康斯坦茨及周围环抱群山的湖水，他转向他的随从（其中当然有波焦）说："这是他们捕捉狐狸的陷阱。"

163

如果科萨只需对付意大利教会中的敌对派系，他可能会相信他可以避开狐狸陷阱；毕竟，他多年来一直占上风，或者至少设法保住了他在罗马的教皇宝座。问题是，其他许多人是他的恩宠或毒药无法触及的，这些人正从整个基督教世界涌入康斯坦茨：约三十个红衣主教、三个宗主教、三十三个大主教、一百个修道院院长、五十个教长（教会官员）、三百个神学博士、五千个修道士和托钵修士，以及约一万八千个牧师。除了皇帝和他的大批随从，还邀请了许多其他世俗首脑和他们的代表：普法尔茨的选帝侯路德维希和萨克森的鲁道夫、巴伐利亚公爵、奥地利公爵、萨克森公爵、石勒苏益格公爵、梅克伦堡公爵、洛林公爵和特克公爵、勃兰登堡侯爵，法国、英国、苏格兰、丹麦、波兰、那不勒斯和西班牙王国的大使，还有大量的小贵族、男爵、骑士、律师、教授和公职人员。他们每个人都有一小群侍从、守卫、仆人、厨师等，整个大会吸引了成群的观光者、商人、街头艺人、珠宝商、裁缝、鞋匠、药剂师、皮货商、杂货商、理发师、抄写员、杂耍艺人、杂技演员、街头歌手和形形色色的食客。编年史作者里希恩坦尔估计超过七百个妓女来到城里，租了房子，还有"一些人躺在马厩里及她们能去的任何地方，除了那些我数不清的私人马厩。"[9]

五万到十五万名游客的到来给康斯坦茨带来了巨大的压力，并招致了各种各样的问题。官方试图以惯常的方式——公开行刑——打击犯罪，并为来访者期望的服务范围和质量制定规则，比如，"每隔十四天，桌布、床单和任何需要清洗的东西都要换新。"[10]为来访者（及他们的三万匹马）提供食物是个大问题，但该地区物产丰富，河流也便于补充供应。面包师推着移动手推车，带着小炉子穿街走巷，在小炉子里，他们烤面包卷、椒盐卷饼，还有塞满五香鸡肉和其他肉类的点心。在小屋和帐篷的小旅馆和临时食品摊，厨师们准备了各种常见的肉类和家禽，还有画眉、黑鹂、野猪、鹿肉、獾、水獭、海狸和野兔。对那些喜欢吃鱼的人来说，有鳗鱼、梭子鱼、鲟鱼、鳊鱼、白鱼、长耳鱼、鲶鱼、牛头鱼、鲮鱼、咸鳕鱼和鲱鱼。"还有青蛙和蜗牛出售"，里希恩坦尔厌恶地说，"意大利人才买。"

科萨和教廷得到适当的待遇后，实际的安排是他最不关心的。宗教大会违背他的意愿，决定按集团或"民族"进行表决（即意大利人、法国人、德国人、西班牙人和英国人）这种安排削弱了他本人的特殊地位，也削弱了他的核心支持者的影响力。随着他的权力迅速消失，他小心翼翼地维护自己的威望。如果他很难在道德上占据优势，他至少可以确保自己在仪式方面的重要性。他需要向大会表明，他不仅是那不勒斯的狐狸；他是基督的牧师，是精神光辉和世俗辉煌的化身。

165

1414 年 10 月 28 日，巴尔达萨雷·科萨穿着白色的法衣，戴着白色的连指手套，骑着一匹白马进入康斯坦茨。城里的四个市民在他头上撑着一顶金色的华盖。一位是罗马人，另一位是德国人的两位伯爵走在他两侧，抓住马的缰绳。他们后面的那个人，骑着一匹高头大马，马鞍上插着一根长长的杆子，杆子上是一把大伞——里希恩坦尔误认为是一顶帽子——由红色的金色面料制成。这把伞很宽，可以遮住三匹马，伞顶有一个金色的球形物，上面站着一位手持十字架的金色天使。伞后面，九位红衣主教骑在马背上，全都穿着长长的红披风，戴着红风帽和宽大的红帽子。紧随其后的是其他神职人员和教廷工作人员，包括波焦，还有随员和仆人。在队列的前面，有九匹白马，披着红色的鞍褥。其中八匹驮着服饰——教皇的衣橱是他保持自己神圣身份的凭证——第九匹，它的头上有一个小铃铛叮当作响，背上有一个银质镀金的匣子，匣子上盖着一块红布，上面有两个银质烛台，烛台上插着燃烧的蜡烛。那匣子既是珠宝盒，又是坟墓，里面是圣体，即基督的血和身体。若望二十三世到了。

结束分裂是宗教大会最重要的事项，但不是唯一事项。另外两项主要工作是教会体制的改革——这对若望二十三世来说也不是什么好消息——以及对异端的镇压。后者为走投无路的狐狸提供了一些希望，这几乎是他能找到的唯一的战术武器。秘书们为教皇抄写的信件试图将人们的注意力从分裂和教皇腐败上转移到一个人身上，他的名字会开始被波焦一再写在官方文件上。

四十四岁的扬·胡斯（John Hus）是一名捷克神父和宗教改革家，多年来一直是教会的眼中钉。从他的布道和著述中，他激烈抨击神职人员的渎职行为，谴责他们普遍的贪婪、伪善和淫乱。他谴责出售赎罪券是一种欺诈行为，是无耻地企图从忠实信徒的恐惧中获利。他敦促教友们不要相信圣母、圣徒、教会或教皇，而要相信上帝。在所有教义中，他宣称《圣经》是最高权威。

胡斯不仅干涉教义，而且在民族国家日益不满的时刻，还干涉教会的政治。他认为国家有权利和义务监督教会。俗人有能力而且应该评判他们的精神领袖。（他说，做一个好基督徒，胜过做一个坏教皇或坏主教。）一个不道德的教皇不可能声称自己是绝对正确的。他说，教廷毕竟只是人类的一个机构——"教皇"一词在《圣经》中不存在。道德诚实是对一个牧师的真正考验："如果他明显有罪，那么从他的行为来看，他并不公正，而是基督的敌人。"[11] 这样一个敌人应该被撤职。

很容易理解为什么胡斯因他的教学在 1410 年被逐出教会，为什么聚集在康斯坦茨的教会要人对他拒绝服从感到担忧。在强势的波希米亚贵族的保护下，他继续传播危险的观点，这些观点可能会传播开来。我们也能明白，为什么已无退路的科萨会认为将宗教大会的注意力转移到胡斯身上是有利的，而且还不仅是一个权宜之计。因为教会畏惧和憎恨的波希米亚人清楚地表明了一个原则，而科萨在教会中的敌人也正是这么提议的：不服从并罢免被指控腐败的教皇。也许这种不安的反应有助于解释对胡斯的一种奇怪的指控，这一指控在康斯坦茨到处流传：他是一个非凡的魔法师，能读懂所有在一定距离内接近他的人的想法。[12]

胡斯一再要求能有机会在教会全会上做出解释，他被正式邀请出席康斯坦茨的会议，在主教、神学家和君王面前亲自表达他的观点。这个捷克改革家有着幻想家的充分自信，相信他的真理只要能够清楚地被表达出来，就能扫除无知和恶意的蛛网。

作为一个被指控为异端的人，他的谨慎是可以理解的。胡斯最近看到三个年轻人被当局斩首，其中有两人是他的学生。在离开有保护人的相对安全的波希米亚之前，他向布拉格教区的大法官申请并获得了东正教证书，他还得到了西吉斯蒙德皇帝的"保护人身安全"的自由通行担保，要求允许胡斯"自由而安全地通过、旅居、停留和返回。"陪同他的波希米亚贵族先行同教皇见面，询问是否允许胡斯留在康斯坦茨而不受暴力威胁。"即使他杀了我自己的兄弟，"若望回答，"只要他在城里，就没人动他一根毫毛。"有了这些保证，在四面楚歌的教皇隆重到达后不久，这位改革家也来到了康斯坦茨。

事实上，对若望二十三世来说，11 月 3 日胡斯的到来必定是天赐良机。这个异教徒在教会里被正直的人憎恨，也被邪恶的人憎恨。他的主要助手布拉格的杰罗姆是著名的英国异教徒约翰·威克利夫的追随者，威克利夫倡导《圣经》的俗语翻译，一直坚持以《圣经》为基础的信仰重于宗教行为，并抨击神职人员的财富和贩卖赎罪券的行为，这导致了 14 世纪对他的谴责。威克利夫寿终正寝，让他的教会敌人大失所望，但宗教大会现在下令挖出他的遗体，并将其抛弃在教会墓地之外。这对他们接待扬·胡斯来说并不是一个吉祥的信号。

尽管教皇、宗教大会和皇帝都向他做了保证，胡斯却几乎立即遭到诋毁，并被剥夺了公开发言的机会。11 月 28 日，他来了还不到三个星期，就被红衣主教下令逮捕，并被关进莱恩河畔一家多明尼克修道院的牢房。在那儿，他被扔进了一个地下牢房，修道院的所有污物都通过这个牢房排出去。当他病得很重的时候，他要求任命一名律师为他辩护，但他被告知，根据教会法律，没有人可以为一个被指控为异端的人辩护。面对胡斯和他的波希米亚支持者对显然违背了对他做出的安全承诺的抗议，皇帝选择了不干预。据说，皇帝对于看似违背他的言论的行为感到不悦，但英国一位红衣主教向他保证："不需要对异教徒讲信用。"

如果科萨认为对胡斯的迫害会分散宗教大会的注意力，使其无法下决心结束分裂，或者让自己的敌人闭嘴，那么他就大错特错了。当教廷的气氛变得严峻起来时，教皇继续在公开场合高调作秀。里希恩坦尔描述了这一奇观：

当教皇给人祝福时，一个戴着主教帽的红衣主教先走
进大厅，手持十字架，十字架后面是两个红衣主教，戴着
白色主教帽，手里拿着两支点燃的蜡烛，点燃了窗台上的
蜡烛。然后是四个红衣主教，也戴着白色主教帽，有时是
六个，或者其他时间略少。有时我们国王也进入大厅。红
衣主教和国王站在窗口。随后我们的圣父教皇进来，穿着
最昂贵的牧师长袍，头戴着白冠。在法衣下面，他比牧师
多穿一件外袍，手上戴着手套，右手中指上戴着一枚大戒
指，上面镶着一块稀有的大宝石。他站在中间，这样每个
人都能看到他。接着，他的歌手们都来了，他们点着蜡
烛，阳台亮得像着火了一样，他们站在他身后。一个主教
走到他面前，脱掉他的主教帽。于是教皇开始念诵……[13]

169

但是，在看客般的公众视线之外，正在发生的事情越来越令人
不安。虽然教皇继续主持宗教大会，但他已经失去了对议程的
控制，很明显，12 月 25 日抵达康斯坦茨的皇帝西吉斯蒙德并
不想救他。

科萨仍有盟友。在 1415 年 3 月 11 日的宗教大会上，讨论如
何为整个教会选出一个教皇，美因茨的大主教站起来，说除了
若望二十三世，他永远不会听从任何人的命令。但是他没有得
到希望获得的一致的支持。相反，君士坦丁堡的宗主教大声叫
道："那家伙是谁？他真该被烧死！"（*Quis est iste ipse？Dignus
est comburendus！*）大主教走了出去，会议不欢而散。

狐狸看出，陷阱即将开启。他说，康斯坦茨不安全。他不
再感到安全。他要将宗教大会迁到更合适的地方。国王表示异
议，康斯坦茨议会赶紧做出保证，"如果教皇陛下没有足够的

170

安全感，"他们宣称，"他们会给他更多支持，保护他对抗全世界，即使灾难性的命运迫使他们自食恶果。"[14] 科萨也曾对扬·胡斯做出过相当充分的承诺，前者显然没有得到安抚。1415 年 3 月 20 日大约下午一点，他逃走了。[15] 他披着一件灰色披风，再用灰色斗篷裹着身子，这样就没有人能看到他的脸，他静悄悄地骑马穿过城门。他旁边跟着一个骑马弩手，另外两个人也都蒙着脸。在下午和整个晚上，教皇的随从——他的仆人、侍从和秘书——尽可能秘密地离开了这座城市。[16] 但消息很快传开了。若望二十三世走了。

随后几个星期，科萨的敌人跟踪这个逃亡者到了沙夫豪森，科萨在那里躲进了一个盟友的城堡，他们起草了一份针对他的起诉书。随着险恶的谣言四处流传，他剩下的盟友开始瓦解，他再次逃离，这一次也是乔装打扮，他的教廷——众人中间，想必会有他的使徒秘书波焦——陷入了更大的困惑之中。"教廷成员都跟着他，匆忙而混乱，"当代一个编年史家指出；"因为教皇在逃跑，其余的人也在逃跑，虽然夜里并没有追兵。"最终，在皇帝的巨大压力下，科萨的主要保护者交出了这位不受欢迎的客人，世上出现了一个颇具教育意味的奇观，一位教皇作为罪犯被看管起来。

他被正式提出七十项指控。[17] 由于担心这些指控对公众舆论的影响，宗教大会决定压下十六项最可耻的罪状——之后从未透露——他们只指控教皇买卖圣职、鸡奸、强奸、乱伦、酷刑和谋杀。他被指控对他的前任下毒，受到指控的还有他的医生和其他人。至少在公开的指控中最严重的是，指控者借鉴古代反对伊壁鸠鲁主义的斗争：据说在有名望的人面前，教皇固执地坚持认为没有来世或复活，人的灵魂如同畜类，随肉体一

171

波焦·布拉乔利尼年轻时的肖像。它出现
在波焦翻译的《居鲁士的教育》的拉丁语
译本序言中。

1425 年，波焦在自己用优雅字体抄写的西塞罗作品上签名，骄傲地注明他
是教皇玛尔定五世的秘书，并与读者告别。波焦的书法在他所处时期非常珍贵，
也是他晋升的关键因素之一。

1758 年，在赫库兰尼姆莎草纸别墅发现了这尊坐着的赫尔墨斯青铜像残骸。一双带翼的凉鞋显示了赫尔墨斯的神使身份。对于伊壁鸠鲁信徒来说，这尊雕像优雅的休息姿态可能暗示众神没有要传递给人类的信息。

伊壁鸠鲁主义的敌人并没有把这种思想与赫尔墨斯若有所思的坐姿雕塑联系起来，而是和醉醺醺的森林之神西勒诺斯联系在一起，后者躺在狮子毛皮上的酒囊旁。这尊塑像发现于莎草纸别墅中赫尔墨斯雕像附近。

这尊伊壁鸠鲁的小型半身像保存了原始底座，上面用希腊文刻着这位哲学家的名字，是赫库兰尼姆莎草纸别墅发现的三尊此类半身像之一。据罗马作家老普林尼的《自然史》（*Natural History*，第 35 章）中记载，在老普林尼时代，伊壁鸠鲁的半身像很流行。

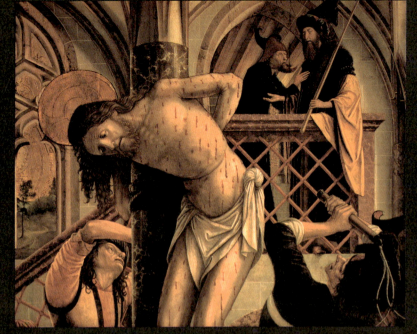

"随后彼拉多带走耶稣并让人鞭打"(《约翰福音》19：1)。《圣经》文本激发了像奥地利画家迈克尔·帕切尔这幅画中场景的出现，也促进了对遭受残酷虐待的弥赛亚的同情和对折磨他的人的愤怒，以及模仿他的苦难的强烈愿望的产生。

异教徒胡斯被迫戴上一个写有他罪行的仿造纸冠，烧死在火刑柱上。为了防止任何有同情心的旁观者收集这位殉道者的遗骸，之后他的骨灰被倒入莱茵河。

波焦的这幅老年肖像出现在他的著作《论命运的变迁》（De varietate fortunae）中，此书是波焦精心考察了古罗马的伟大遗迹后，在六十八岁时写就。

Pendebatur enim presens dolor et superabat
Nec mos ille sepulturae remanebat in urbe
Huc pius hic populus semper consuerat humari
Perturbatus enim totus repedabat et unus
Quisq; suum pro re moestus humabat
Multaq; subita et paupertas horrida suase
Namq; suos consanguineos aliena rogorum
Insuper extructa ingenti clamore locabant
Subdebant fauces multo cum sanguine saepe
Rixantes potius quam corpora desererentur

.T. LVCRETI . CARI . DE . RERV

NATVRA . LIBER . VI .

EXPLICIT . LEGE

. FELICITER .

. AMEN .

202407

20

波焦的朋友尼科利把波焦期待已久的《物性论》抄本带给了一位至交，并习惯性地写上"Explicit"（来自拉丁语，意为"展开"）。他祝愿读者"阅读愉快"（Lege feliciter），并虔诚地加上了（与卢克莱修诗歌的精神可能有些冲突的）"阿门"。

在波提切利《春》这幅画的中间站着维纳斯，周身围绕着古代的春天之神。这一复杂情景源于卢克莱修对地球盛大的季节更替的描述："春天来了，维纳斯来了，领头的是维纳斯的有翅膀的先驱，还有她们的母亲花神芙罗拉，紧跟西风风神仄费洛斯的脚步，为她们开路，撒下各种精致的色彩和香味。"（5：737-40）

蒙田在他那本有大量注释的卢克莱修著作（由丹尼斯·兰宾于1563年编辑出版的重要版本）扉页上的签名被随后所有者的名字德斯巴涅（Despagnet）覆盖，所以20世纪前蒙田的签名一直没有得到确认。

1889年，罗马鲜花广场竖立起埃托雷·法拉利所塑的布鲁诺青铜雕像，当年他正是在此处的火刑柱上被烧死。雕像底座上镶有纪念被教会迫害的其他哲学家的牌匾，引人注目的布鲁诺正看着梵蒂冈的方向沉思。

同消亡。

1415 年 5 月 29 日，他被正式废黜。虽然若望二十三世这个名号从官方教皇名册上消失了，但它再次出现，是在五百年后，另一位教皇——著名的安吉洛·朗卡里（Angelo Roncalli）身上，1958 年，他勇敢地为自己取了这个名字。

被废黜后不久，科萨短期内被囚禁在莱恩河畔的戈特利本城堡，胡斯曾在那儿挨饿，并用铁链锁了两个多月。教皇和这个异教徒在如此令人难以置信的悲惨境遇中相遇，虽然并不清楚看守是否将他们关在一起。此时，如果波焦仍在他主人身边——记载没有明说——这将是他最后一次离开他。[18] 这位前教皇的所有随从都被解雇了，这位囚犯很快被转移到另一个关押地点，此后看管他的是讲德语的卫兵，他只能用手语与他们交流。实际上，他与世界隔绝了，他以写诗的方式来关注一切世俗事物的短暂性。

教皇的手下突然失去了主人。有的人很快就在康斯坦茨找到了工作，为一个主教或亲王服务。但波焦仍然失业，他成了一个旁观者，不再参加活动。他待在康斯坦茨，但我们不知道当胡斯最后来到宗教大会时，他是否在场——改革家渴望这一刻，为此他赌上了自己的生命——但当他试图讲话时，他遭到了嘲笑和起哄。1415 年 7 月 6 日，在康斯坦茨大教堂的一个庄严仪式上，这位被定罪的异教徒被正式开除教籍。他头上戴着一顶圆形纸冠，差不多有十八英寸高，上面画着三个魔鬼抓住一个灵魂，把它撕碎。他被带出大教堂，经过一个火堆，他的书被焚烧，他被铁链锁住，烧死在火刑柱上。为了不留下任何东西，刽子手将他烧焦的骨头砸成碎片，全都扔进了莱茵河。

172

没有直接的记录表明波焦个人是如何看待这些事件的，作为一名官吏，他在这些事件中扮演了一个小角色，帮助一个他认为邪恶且无可救药的腐败体系持续运转。对他来说，大胆说出自己的想法是很危险的，即使他有意这样做。毕竟，他是为教皇服务的，而胡斯挑战的正是教皇的权力。（一个世纪后，路德发起了一次更成功的挑战，他说："我们都是无意识的胡斯分子。"）但几个月后，胡斯的同伴，布拉格的杰罗姆也因异端罪被审，波焦不能再保持沉默。

作为一位坚定的宗教改革家，拥有巴黎大学、牛津大学和海德堡大学的学位，杰罗姆是一位著名的演说家，他在1416年5月26日所做的证词给波焦留下了深刻的印象。"我必须承认，"他写信给朋友莱昂纳多·布鲁尼，"我从来没有见过有人在为自己的事业辩护，特别是为他自己的生命所依赖的事业辩护时，会如此接近我们非常钦佩的古代雄辩的标准。"波焦清楚地意识到，他踩在危险的地面上，但这个教廷官员无法完全抑制自己身为人文主义者的钦佩之情：

173
> 看到他用怎样的措辞、怎样的辩论、怎样的自信面对他的对手，真是令人惊奇。他的结论给人留下了深刻的印象，这是一个备受关注的话题，一个如此高贵卓越的天才竟然会沦为异端。然而，就后一点而言，我不禁产生了一些疑问。但是，我不会在这么重要的事情上贸然做出决定。我将听从那些比我聪明的人的意见。[19]

这种谨慎的默认完全不能使布鲁尼放心。"从今以后我得劝你，"他回答波焦，"以更谨慎的方式写这些话题。"

　　究竟发生了什么，使一向小心翼翼不去招惹真正危险的波焦不顾一切地写信给他的朋友？在某种程度上，这种严肃可能是由于他新近目睹而产生的创伤所引起的：他的信写于1416年5月30日，那是杰罗姆被处决的日子。波焦是在目睹了一些特别可怕的事情之后写的，正如我们从编年史家里希恩坦尔那里知道的，后者也记录了发生的事情。三十七岁的杰罗姆被带出城，来到胡斯被焚烧的地方，他也将在那里结束自己的生命，他念着经文，唱起圣歌。就像胡斯一样，没有人会听他的忏悔；这种圣礼并不被给予异教徒。当火被点燃时，胡斯大叫着很快就死了，但是根据里希恩坦尔的记载，同样的命运并没有被赐予杰罗姆："他在火中活的时间比胡斯长得多，而且尖叫得非常厉害，因为他是一个结实、强壮的人，留着又厚又粗的黑胡子。"[20]也许这些可怕的尖叫解释了为什么波焦不能再保持谨慎的沉默，为什么他觉得有必要为杰罗姆的口才作证。

　　就在波焦对杰罗姆的审判和烧死感到非常不安之前不久，他希望治愈他手的风湿病（对一个抄写员来说，这是个大问题），波焦决定去巴登体验一下著名的浴疗。从康斯坦茨去那儿的旅行并不容易：先在莱茵河上坐船航行二十四英里到沙夫豪森（Schaffhausen），那曾是教皇逃亡去的地方；然后，因为河水在那个地段陡降，得步行十英里越过峭壁和岩石，到达一个叫作凯泽斯图尔的城堡。从这儿，波焦看见莱茵河像瀑布一样倾泻而下，巨大的声音使他想起了对尼罗河瀑布的经典描述。

　　在巴登的浴池，波焦对看到的东西感到惊讶："无论老妇人还是年轻女子，"他写信给佛罗伦萨的一个朋友，"都在男人面前裸体下水，向旁观者露出她们的私处和臀部。"[21]在男女

174

浴室之间有一种格子，但分隔有限：他观察到，"那里有许多低矮的窗户，通过这些窗户，浴者可以一起喝酒、聊天，两边能互看、互相触摸，这是他们惯常的习俗。"

他拒绝进浴池并不是出于过分谦虚，而是因为"在我看来，一个不懂他们语言的意大利人竟然和许多女人一起坐在水里，完全不说话，这太荒唐了。"但他站在浴室上方的走廊里观看，惊讶地描述他的所见所闻，好像从沙特阿拉伯来的人可能对尼斯海滩的描述一样。

他注意到，有人穿泳衣，但身体只遮住了很少："男人们除了皮围裙外什么也不穿，女人们只穿到膝盖的亚麻布内衣，两边剪开，露出脖子、胸部、胳膊和肩膀。"在波焦的意大利，这样可能造成危机，也许会引发暴力事件，在巴登则似乎理所当然："男人看着自己的妻子被陌生人触摸，并未感到不安，他们毫不在意，心态很好地接受了这一切。"他们在柏拉图的理想国里倒很合适，波焦嘲笑说，"在那儿所有财产都共享。"

在波焦看来，巴登的社交生活的礼仪似乎很梦幻，仿佛他们正在想象朱庇特和达那厄那消失了的世界。在有些池子里，人们唱歌跳舞，有些女孩——"长得漂亮，出身名门，举止仪态像女神"——在播放音乐的时候漂浮在水面上："她们把衣服稍稍拖在身后，在水面漂浮着，直到你可能认为她们是长翅膀的维纳斯。"波焦解释说，当男人俯视着她们，女孩们有个习惯，她们开玩笑着要什么东西。男人抛下硬币，尤其会投给最漂亮的女孩，还投下花冠，女孩有时用手接，有时用衣服来接投下的东西。"我经常投硬币和花环，"波焦承认。

这些人自信、自在、满足，"他们的生活是以娱乐为基础的，他们聚在一起，享受着他们渴望的东西。"波焦写道，浴池里有将近一千人，许多人喝得酩酊大醉，然而没有争吵、没有打闹，也没有诅咒。在他面前的这种简单的、开玩笑的、无意识的行为中，波焦觉得他正见证着他的文化已经失去的各种形式的快乐和满足：

> 我们害怕未来的灾难，害怕陷入持续的痛苦和焦虑之中，因为害怕变得悲惨，我们从来没有停止过这样的生活，总是渴望财富，从来没有给我们的灵魂或身体片刻的安宁。但那些满足于日常生活的人，把任何一天都当作节日。

176

他描述浴场的场景，告诉他的朋友，"这样你就能从一些例子中理解伊壁鸠鲁学说的核心思想是什么。"

波焦对焦虑、痴迷于工作、过分自律的意大利人和无忧无虑的德国人的看法截然不同，他相信自己曾一度瞥见了伊壁鸠鲁式对快乐的追求，并视之为最高的善。他很清楚，这种追求与基督教正统教义背道而驰。但在巴登，他仿佛发现自己正处于一个精神世界的门槛，在这个世界里，基督教的规则不再适用。

在阅读中，波焦经常站在那个门槛上。他从未停止沉迷于对遗失的经典文本的索求。从尼科利的一些话来看，波焦在康斯坦茨待了一段时间，查阅图书馆藏书——在圣马克修道院，他显然找到了一册关于维吉尔的古代评论。1415 年夏初，可能就在他的主人被正式废黜，及他发现自己完全没有工作之后，他前往法国的克鲁尼，他在那儿找到了一份有西塞罗七篇演讲的抄本，其中两篇不为人知。[22]他将这份珍贵的手稿送给他在佛罗伦萨的朋友，也亲自抄了一份，他写的一段话深刻地表达了他的心情：

> 马库斯·图利乌斯的这七篇演讲因年代久远已在意大利遗失。在法国和德国的图书馆里，经过反复的搜寻，佛罗伦萨的波焦花费很大的努力和心思，独自把它们从藏身其间的肮脏的地方带了出来，带回光亮中，使它们恢复了原始的活力和秩序，带回拉丁缪斯女神面前。[23]

当波焦写下这些话时，他周边的世界正在崩溃，但他对混乱和恐惧的反应总是加倍使他沉浸在书本中。在他以藏书为爱好的小圈子里，他可以从野蛮人手中拯救过去辉煌的遗产，并将其归还给合法的继承人。

一年后，1416 年夏天，即在布拉格的杰罗姆被处决及巴登插曲之后不久，波焦再次开始进行猎书，这次伴同的有他的两个意大利朋友，探访了离康斯坦茨二十英里远的圣加尔修道院。吸引游客的不是宏大的中世纪修道院的建筑特色；关于其中的图书馆，波焦和他的朋友听到了一些夸张的传言。他们没有失望：几个月后，波焦得意扬扬给意大利的另一个朋友写了一封信，宣称他找到了一大堆古书。其中最重要的一本书是昆体良的《演说术原理》（*Institutes*），这是最重要的一本古罗马演讲和修辞手册。波焦和他的朋友只见过此书的片段。对他们来说，能一睹全貌似乎喜出望外。"哦，奇妙的宝藏！哦，意想不到的快乐！"他们中有人欢呼——因为这给了他们一个完全失落的世界，一个公众说服力的世界。

正是通过公众话语的雄辩口才和坚定信念来说服观众这种梦想，才把胡斯和布拉格的杰罗姆吸引到康斯坦茨来。即使胡斯被轰下台，杰罗姆从他被关了350天的悲惨地牢里拖出来，至少他们让别人听到了他们的声音。对一个现代读者来说，波焦对杰罗姆的"措词"和他的精辟"见解"的赞赏几乎是荒谬的——仿佛这个囚犯的拉丁语水平是关键问题；但正是这个囚犯的拉丁语水平使波焦感到不安，使他怀疑对这个异教徒的指控是否有效。因为，至少在这个奇怪的地狱边缘时刻，他无法掩饰为阴险的若望二十三世工作的官僚与渴望更自由、更清新的古罗马共和国的人文主义者之间的紧张关系。波焦找不到真正的方法来解决这种紧张关系；因而，他带着那些被人遗忘的珍宝一头扎进了修道院图书馆，

"毫无疑问，"波焦写道，"这个光荣的人，那么优雅、那么纯洁、那么有道德和智慧，再也不能忍受那监狱的污秽、那地方的肮脏、看守人的野蛮残忍了，"这些话并没有进一步发展为对雄辩的、注定要失败的杰罗姆的盲目崇拜，这使莱昂纳多·布鲁尼大为震惊；以下是波焦对他在圣加尔发现的昆体良手稿的描述；

> 他很伤心，穿着丧服，因为人们注定要死；他的胡子很脏，头发上沾了一层泥，从他的表情和外貌来看，很明显他是被招来接受一种粗糙的惩罚。他似乎伸出双手乞求罗马人民的忠诚，要求将他从不公正的判决中拯救出来。[24]

当他在修道院找书时，他在五月份目睹的场景在这个人文主义

179 者的想象中仍然栩栩如生。杰罗姆抗议他戴着镣铐，"被关在污秽的牢房里，得不到任何安慰"；昆体良被发现"身上沾满了霉菌和灰尘。"杰罗姆被囚禁，波焦写信给莱昂纳多·阿雷蒂诺，"在一个黑暗的地牢里，不可能阅读"；昆体良在修道院图书馆愤怒地写下了那份手稿，他"在一间肮脏阴暗的地牢里……即使被判死罪的人也不会被关起来。""一个值得永恒纪念的人！"所以，波焦冒失地为那个叫杰罗姆的异教徒大声叫嚷，而他连后者的一个手指头也救不了。几个月后，在圣加尔修道院，他从野蛮人的监狱里救出了另一个值得永远纪念的人。

不清楚在波焦的脑海里，他是如何意识到被囚禁的异教徒和被囚禁的文本之间的联系的。他在职业生涯中既保持着高度的道德警惕，又深受其害，他对书籍的反应就好像它们是活生生的、痛苦的人类。"天哪，"他关于昆体良的手稿写道，"如果我们不帮忙，他第二天肯定就没命了。"波焦不失时机地坐下来，开始用他漂亮的书法抄写整本书。他用了五十四天完成了这个工作。"这是罗马名字中唯一的光，除了西塞罗以外，没有别人，他也被切成碎片，四散开来，"他写信给维罗纳的瓜里诺，"通过我们的努力，这唯一的光不只从流亡中被召回，也从几乎彻底的毁灭中被召回。"[25]

去修道院的探险费用很高，波焦也总是缺钱：这是他决定不走牧师这条有利可图的道路的结果。回到康斯坦茨，他对钱的担心加深，他发现自己四处游荡，没有工作，没有明确的前景。他被废黜的主人巴尔达萨雷·科萨正竭力为自己争取一个安稳的退休生活。在狱中度过三年之后，他最终花钱获得了自己的释放权，在佛罗伦萨当了一名红衣主教，1419年死于该

地，多纳泰罗为其修建的雅致的坟墓放在大教堂的洗礼堂里。 180
波焦先前服务过的另一位教皇，被废黜的额我略十二世死于同
一时期。他说的最后一句话是："我不懂这个世界，这个世界也
不懂我。"

对于一个将近四十岁的、谨慎的、受过严格训练的官吏来
说，现在是时候自己出去寻找某种稳定的支持了。但波焦什么
也没做。相反，从圣加尔返回几个月后，他再次离开康斯坦
茨，这次显然没有同伴。他渴望发现并解救监狱里藏着的一切
高贵者，而且这种渴望显然有增无减。他不知道他能发现什
么；他只知道，如果是用优雅的拉丁文写的古老的东西，那么
它值得不惜一切代价去抢救。他相信，那些无知、懒惰的僧侣
们正在锁住一个文明的痕迹，这个文明比世界一千多年以来所
知道的任何文明都要伟大得多。

当然，波焦希望能找到一些羊皮纸，甚至不是非常古老
的。但对他来说，这些不只是手稿，而且是人类的声音。从图
书馆的黑暗中浮现出来的不是一连串文本中的一个环节，不是
一段抄来抄去的文字，而是那东西本身，穿着借来的衣服，甚
至是作者本人，裹在尸布里，在阳光下蹒跚而行。

"我们接受埃斯库拉皮乌斯（医神）属于众神，因为他把
希波吕托斯和其他地狱的人都召回了，"弗朗西斯科·巴巴罗
听到波焦的发现后写信给他；

> 如果民众、国家、省份都把圣所供奉给他，我想，如
> 果这种习俗还没有被忘掉，我能为你做些什么呢？你已使 181
> 许多有名望的人和智慧的人和那些永生者复活了，凭借他
> 们的心志和教诲，不但我们，连我们的子孙也能活得好，

且有荣耀。[26]

不再流通的书籍和曾放置于德国图书馆的书籍就这样变成了智者，他们的灵魂曾被囚禁在地下世界里；波焦这位愤世嫉俗的教廷秘书，曾服务于以腐败著称的教皇，他的朋友们认为他是一位文化英雄，一位神奇的治愈者，他重新组装并复活了被撕碎的古物。

就这样，在 1417 年 1 月，波焦再次发现自己身处一家修道院图书馆，可能是在富尔达。在那里，他从书架上取下了一首长诗，他可能记得在昆体良的书里，或者在圣杰罗姆编的编年史里提到过此诗的作者：《物性论》的作者卢克莱修 (*T. LUCRETI CARI DE RERUM NATURA*)。

第八章　事物的存在方式

　　《物性论》不容易读。全诗有 7400 行，用六步格写成，是标准的无韵六拍诗，拉丁诗人如维吉尔和奥维德，模仿希腊的荷马，以此形式写出了他们的史诗作品。此诗分为六个无标题的部分，它将强烈的抒情之美，对宗教、快乐和死亡的哲学沉思及一些复杂理论交织在一起，这些理论涉及物质世界、人类社会进化、性的危险和欢乐及疾病的本质。其语言大多艰涩难懂，句法复杂，而且整体的学术志向十分高远。

　　这一难度丝毫不会使波焦和他那些有学问的朋友感到不安。他们掌握着美妙的拉丁语，急切地接受解开文本难题的挑战，常常怀着愉悦和兴趣在更加晦涩难懂的教父神学（patristic theology）的丛林中漫游。只要扫一眼手稿的前几页，波焦就相信他发现了某样了不起的东西。

　　如果不仔细阅读作品并吸收其中的论据，他就不清楚，他正在释放的某种东西，威胁着他的整个精神世界。如果他明白了这种威胁，他可能依然会把这首诗传播出去：找回远古世界的痕迹是他人生的最高目标，几乎是唯一一个被幻灭和愤世嫉俗的笑声所掩盖的原则。但是，当他这么做的时候，他可能说出了弗洛伊德曾对荣格说过的话，当他们坐的船驶进纽约港接受美国崇拜者的赞扬时："难道他们不知道我们给他们带来了瘟疫？"

卢克莱修带来的瘟疫有个简单的名称——当他的诗被再次开始阅读时，他常常受到这项指责——无神论。但卢克莱修实际上不是一个无神论者。他相信神的存在。但他也相信，由于他们是神，他们不可能关心人类或我们做的任何事情。他认为，神性本质上必定享受永恒的生命和安宁，完全不受任何苦难或烦扰的影响，对人类的行为漠不关心。

他写道，如果你喜欢称海为（海神）尼普顿，或称谷物和酒为（谷神）刻瑞斯和（酒神）巴克斯，那么你可以随意称呼它们，就像你可以称这个圆形世界为众神之母一样。如果你被他们的庄严之美吸引，选择去参观宗教圣地，只要你能"和平安宁地"凝视神的形象，你就不会受到伤害。（6：78）但你任何时候也不应该认为你可以激怒或安抚这些神灵。宗教游行、动物祭祀、狂乱的舞蹈、鼓声、铙钹和笛声、雪白的玫瑰花瓣、阉割的牧师、神婴的雕刻：所有这些宗教习俗，虽然它们的方式令人信服，使人印象深刻，但从根本上讲是没有意义的，因为它们想要接触的神灵完全跟我们的世界相分离。

可以认为，尽管卢克莱修声明他有宗教信仰，但他是某种无神论者，也许是一种特别狡猾的无神论者，因为对几乎所有宗教信仰的几乎所有信徒来说，几乎所有时代，如果不希望安抚神的愤怒或获得神的保护和恩惠，那崇拜神似乎毫无意义。一个对惩罚或奖励不感兴趣的神有什么用呢？卢克莱修坚持认为，这种希望和焦虑恰恰是一种有害的迷信形式，荒谬的傲慢和荒谬的恐惧交织在一起。他认为，想象诸神真的关心人类的命运或他们的仪式，这是一种特别粗俗的侮辱——就好像神灵依靠我们含糊不清的话语或良好的行为来获得幸福。但这种侮辱是小问题，因为诸神完全不在乎。我们能做（或不能做）

的任何事都不可能引起他们的兴趣。严重的问题是，错误的信念和信守不可避免地导致对人类的伤害。

这些观点肯定与波焦自己的基督教信仰背道而驰，也会让任何一个信奉这些观点的同时代的人陷入最严重的困境之中。但是正是他们自己遇到了一部异教文本，反而不太可能产生很大的警觉。波焦可以告诉自己，就像后来一些同情《物性论》的读者所做的那样，这位才华横溢的古代诗人仅仅凭直觉就明白了异教信仰的空虚，因此就明白了向事实上并不存在的神灵献祭是荒谬的。毕竟，卢克莱修不幸地生活在弥赛亚到来之前不久。如果他出生在一个世纪之后，他就有机会了解真相。事实上，他至少认识到他自己的同时代人的做法毫无价值。因此，即使是卢克莱修的诗被翻译成许多现代英文的译本，也谴责其为"迷信"，而拉丁文本只是称之为"宗教"（religio）。

但无神论——或者，更确切地说，神灵的漠不关心——并非卢克莱修的诗作提出的唯一问题。它的主要关注点在别的方面，在我们生活的这个物质世界，正是在这里出现了最令人不安的争论，这些争论吸引那些被其强大的力量深深打动的人——马基雅维利、布鲁诺、伽利略及其他人——进入奇异的思路。由于波焦的发现，这些思路曾在他们现在返回的这片土地上被热切地探索过。但一千年的沉默使它们变得非常危险。

到目前为止，人们对《物性论》宣称的关于宇宙的大部分内容似乎都非常熟悉，至少对那些可能正在阅读这些文字的人是这样。毕竟，这部作品的许多核心论点都是现代生活构建的基础。[1]但值得记住的是，有些论点仍然是陌生的，而另一些论点则有激烈的争论，这些争论往往是那些乐于利用它们帮助产生科学进步的人提出的。尽管体现在一首惊人的、美妙的诗歌中，但对除了少数波焦的同时代人的大多数人来说，卢克莱修的许多观点仍难以理解、难以置信或不够虔诚。

以下是个简表，虽不详尽，但构成了卢克莱修式挑战的主要因素：

* 一切事物都是由看不见的粒子组成。卢克莱修不喜欢技术性语言，他不选择使用标准的希腊哲学术语来指称这些基本粒子为"原子"，即不可分割之物。相反，他使用了一些普通的拉丁词："最初的事物""最初的开始""物质体""事物的种子"。一切事物都是由这些种子形成，当它们分解时，最终又回归它们。它们不可改变，不可分割，无形，数量无穷无尽，它们不断运动，彼此碰撞，聚集在一起，形成新的形状，再次出现，经久不衰。

186　　*** 物质的基本粒子（"事物的种子"）是永恒的**。时间没有限制——具有起点和终点的不连续物质——时间是无限的。构成整个宇宙的无形粒子，从星辰到最低等的昆虫，是坚不可摧的，是不朽的，尽管宇宙中任何特定的物体都是短暂的。那就是说，我们观察到的所有形式，甚至是那些看起来最持久的形式，都是暂时的：构件的组成迟早会被再分配。但这些构件本身是永久的，就像不断地形成、分解和再分配的过程一样。

无论创造还是毁灭，都无法占上风；物质的总量保持不变，生者与死者之间的平衡总会得到恢复：

> 因此，破坏性运动不会永远占据主导地位，永远埋葬存在；导致生命和成长的运动也不会永远保存创造之物。因此，在这场天长地久的战争中，要素之间的竞争是平等

的：时而这里，时而那里，生命的力量征服，反过来，也被征服；伴随着葬礼的挽歌，与婴儿抵达光明之岸时发出的哭声交织在一起；没有黑夜紧跟着白昼，没有黎明紧跟着黑夜，它们没有听见因死亡和黑色葬礼而来的哀号伴随着那些新生的哭泣。（2.569 – 80）

由不可摧毁的物质构成的形式的不断变化，生于西班牙的哈佛哲学家乔治·桑塔亚纳称这种观念是"人类有史以来最伟大的思想。"[2]

*基本粒子数量无限，但形状和大小有限。它们就像字母表中的字母，一个离散的集合，能够组合成无限多的句子。（2.688ff）而且，事物的种子就像语言一样，它们的组合是根据一种代码产生的。因为不是所有的字母或所有的单词都能连贯地结合，所以也不是所有的粒子都能以任何可能的方式与其他粒子结合。有些事物的种子通常很容易钩住另一些东西；有些种子则互相排斥。卢克莱修没有声称他知道隐秘的物质代码。但他认为，重要的是要明白有一个代码，并且原则上，它可以被人类科学研究和理解。

*所有的粒子都在无限的虚空中运动。空间如同时间，是无限的。没有固定的节点，没有起点，没有中间，没有终点，没有界限。物质不是以坚固的实体聚集在一起的。物质中存在空隙，允许基本粒子移动、碰撞、结合和分离。存在空隙的证据不仅包括我们周边观察到的无数的运动，还包括水从洞穴的墙壁中渗出、食物从身体中分离、声音从封闭房间的墙壁中穿过、寒冷渗透到骨头里等现象。

宇宙由物质——原初粒子和所有这些聚集在一起形成的粒

子——和空间组成，无形而虚空。别无他物存在。

*宇宙没有创造者或设计师**。粒子本身不能被创造，也不能被毁灭。世界上秩序和混乱的模式不是任何神圣计划的产物。天意是一种幻想。

存在物不是任何包罗万象的计划或任何固有于物质本身的智能设计的表现。没有一个顶尖的舞蹈教练规划这样的动作，事物的种子也没有一个会议来决定它们要去哪儿。

> 但因为在整个宇宙中，从永恒的时间里，不计其数的粒子，被打击和推动，以无数的方式做出改变，各种各样的运动和组合的实验最终导致了安排，比如那些创造和组成我们世界的安排。[3]（1. 1024 – 28）

存在没有终点或目的，只有不断地创造和毁灭，这完全由偶然支配。

*一切事物都是由转向而产生的**。如果所有单个的粒子，以它们无限多的数量，按直线的形式穿过虚空，像雨滴一样被它们自己的重量拉下来，那什么都不会存在。但这些粒子并没有按照预定的单一方向同步运动。相反，"在绝对不可预测的时间和地点，它们会略微偏离直线方向，以至于在某种程度上只能说是一次运动的转移。"（2. 218 – 20）因此，基本粒子的位置是不确定的。[4]

转向——卢克莱修分别称之为变形（declinatio）、倾斜（inclinatio）或趋势（clinamen）——只是最微小的运动（nec plus quam minimum，2. 244）。但这足以引起一连串的不断碰撞。宇宙中存在的一切都是由于这些微小粒子的随机碰撞而存

188

在的。在无限的时间跨度中，碰撞产生的无限的组合和重组，导致"河流用充沛的溪流补给永不满足的海洋，大地因太阳的热量而变暖，使它的农产品产生新陈代谢，而动物家族得以繁衍生息，飘逸的火焰也有了生命。"（1.1031－34）189

　　* **转向是自由意志的源泉**。在所有有知觉的生物的生命中，无论是人类还是动物，基本粒子的随机变化是自由意志存在的原因。因为如果所有的运动都是一条预先决定的长链，就不可能有自由。[5] 正如命运安排，因果永远接着因果。相反，我们从命运中夺取自由意志。

　　但意志存在的依据是什么？为什么我们不能简单地认为，生物中的物质运动和推动尘埃的力量是一样的？卢克莱修的意象是，起跑门打开后，赛马场上紧绷的马匹，疯狂地想要移动那一刹那，实际上可以推动它们的身体向前。那一刹那是一种激动人心的景象，它是一种让大量物质运动起来的心理活动。因为这个意象并不完全符合他的目标——因为，毕竟赛马是受骑手鞭打驱使而运动的动物——卢克莱修接着观察到，虽然外部力量可能会袭击一个人，但这个人可能故意让自己退缩。[6]

　　* **自然不断进行实验**。没有单一的起源时刻，没有神话般的创造场景。所有的生物，从植物和昆虫到高等哺乳动物和人类，都经历了一个漫长而复杂的反复试验的过程。这个过程包括许多错误的开始和死胡同，怪物、神童、差错、生物，这些生物没有被赋予所有的特性，他们需要竞争资源和创造后代。190这些生物通过器官结合，使它们能够适应和繁殖并成功地完善自己，直到不断变化的环境使它们无法再生存下去。[7]

　　就像失败一样，成功的适应是在无限的时间内不断产生（和复制或丢弃）的大量组合的结果。卢克莱修承认这一点很难理解，但"创造出来的东西会产生自己的功能"（4.835）。他解释说，那就是说，"没有眼睛，视觉是不存在的，没有舌头，言语是不存在的"（4.836 – 37）。这些器官不是为了达到目的而创造出来的；它们的功用逐渐使它们赖以生存的生物得以繁衍生息。

*宇宙不是为人类而创造的。地球——连同它的海洋和沙漠、恶劣的气候、野兽、疾病——显然不是为了让我们的物种有家的感觉而刻意打造的。与其他动物不同的是，动物出生时就被赋予了生存所需要的东西，而人类的婴儿几乎是完全脆弱的：卢克莱修在一段著名的话中写道，想想看，一个婴儿就像一个遇难的水手，被猛烈的海浪冲到岸上，

> 躺在地上，一丝不挂，说不出话来，当大自然把他从母亲的子宫里带着分娩的阵痛抛到时光的海岸时，他就完全无助了。[8]（5.223 – 25）

整个物种的命运（更不用说任何的个体命运）并不是万物运转的极点。确实，没有理由相信人类作为一个物种会永远存在。相反，很清楚，随着时间的无限扩展，一些物种成长，另一些物种消亡，在不断变化的过程中产生和毁灭。

*人类不是独一无二的。人类是更大的物质过程（material process）的一部分，这个过程不仅将人类与所有其他生命形式，而且也和无机物联系起来。看不见的粒子——包括人类在内的生物由其组成——既不是有知觉的，也不是来自某种神秘的源头。我们和所有其他物质一样，是由同样的材料构成的。

人类并不占据他们自己想象的存在中的特权地位：虽然他们往往没有意识到这一事实，他们与其他动物分享许多他们最珍视的特质。诚然，每个个体都是独一无二的，但由于物质的丰富性，几乎所有生物都是如此：否则我们怎么能想象一头小牛能认出它的牛妈妈，或者一头母牛能认出它的小牛？[9] 我们只要用心观察我们周围的世界，就会明白，我们生活中许多最强烈、最辛酸的经历并不只属于我们这个物种。

***人类社会不是在一个宁静富足的黄金时代开始的，而是在一场原始的生存之战中开始的。**没有一个原初的，如某些人所梦想的那么富足的天堂时间，在这个时间里，幸福、安宁的男人和女人，生活在安全和闲暇中，享受着大自然丰富的果实。早期的人类，缺少火种、农业和其他手段缓和残酷的生存条件，为吃和避免被吃挣扎着。

为了生存而进行社会合作，可能总是存在着一些基本的能力，但建立联系和生活在由固定习惯管理的社区的能力则发展缓慢。起初，只有随机交配——要么来自双方的欲望，要么来自物物交换或强奸——以及狩猎和采集食物。死亡率非常高，但卢克莱修讽刺地指出，现在由于战争、海难和暴饮暴食，死亡率和当时一样高。

把语言视作一种神奇的发明赋予人类的想法是荒谬的。相反，卢克莱修写道，同其他动物一样，人类在不同的情况下使用含混不清的叫声和手势，慢慢地达到用共同的声音来指称同样的事物。同样，在他们能够聚集起来唱悦耳的歌曲之前很久，人类就开始模仿鸟雀的鸣叫声和芦苇中微风吹过的悦耳声音，从而逐渐发展出了创作音乐的能力。

文明的诸种艺术——不是由某个神圣的立法者赐予人类

192

的，而是由人类共同的才能和智慧创造出来的——是值得庆祝的成就，但并不是完美的祝福。它们与对神的恐惧、对财富的渴望、对名誉和权力的追求同时出现。所有这些都源于对安全的渴望，这种渴望可以追溯到人类最初努力控制其天敌的经历。这种斗争——如对抗威胁人类生存的野兽——在很大程度上是成功的，但焦虑、贪婪、侵略性的冲动已经转移。结果是，人类开发武器对抗他们自己，这是人类的特点。

＊灵魂会死亡。人的灵魂由与人体相同的材料构成。事实是，我们无法在一个特定的器官中找到灵魂的具体位置，这仅仅意味着它是由非常微小的粒子组成的，它们交织在静脉、皮肉和肌腱之间。我们的工具不足以衡量灵魂：在死亡那一刻，"它就像葡萄酒的芳香蒸发了，或者像香水的香气在空气中飘散了。"（3. 221 – 222）我们不认为酒或香水含有神秘的灵魂；只是气味由非常细微的物质元素组成，太小而无法测量。人的精神也是如此：它由隐藏在身体最隐秘角落的微小元素构成。当肉体死亡——就是说当它的物质分解时，灵魂作为肉体的一部分，也死亡了。

＊没有来世。人类既安慰自己，也折磨自己，因为他们认为自己死后会有什么东西等着他们。他们要么在天堂的花园里永远采集花朵，那里从来没有寒风吹过；要么他们会被押送到严酷的法官面前，因为他们的罪而接受审判，让他们陷入无尽的苦难（他们的痛苦，在某种程度上神秘地要求他们死后拥有敏感的皮肤、厌恶寒冷、身体的食欲和口渴，等等）。但一旦你明白你的灵魂和你的身体一起死去，你也就明白死后不会有惩罚或奖励。地球上的生命就是人类所拥有的一切。

＊死亡对我们来说毫无意义。粒子连接在一起，创造和维

持你的存在，而此刻它们分离了，也就是你死去之时，没有快乐也没有痛苦，没有渴望也没有恐惧。卢克莱修写道，哀悼者总是痛苦地双手紧握说："你亲爱的孩子们再也不为争夺你初吻的奖赏而奔忙，也不会再怀着难以言喻的愉悦去触动你的心灵。"（3.895–98）但他们不会接着说："你不在乎，因为你不再存在。"

*一切有组织的宗教都是迷信的妄想。妄想是基于根深蒂固的渴望、恐惧和无知。人类展现出他们想要拥有的权力、美丽和完美的安全感的形象。因此，他们塑造出神灵，他们成了自己梦想的奴隶。

194

每个人都有产生这种梦想的感觉：当你仰望星空，开始想象拥有不可估量的力量时；或者当你想知道宇宙是否有任何限制时；或者当你惊叹事物精致的秩序时；或者不那么令人愉快地，当你经历了一连串不可思议的不幸，并怀疑自己是否受到了惩罚时；或者当大自然显示其破坏性的一面时，这种感觉就会冲刷你了。[10]卢克莱修举例道，对闪电和地震这类现象完全有自然的解释，但受惊的人类本能地以宗教恐惧来回应并开始祈祷。

*宗教总是很残忍。宗教总是承诺希望和爱，但他们的深层结构是残酷的。这就是为什么他们被报应的幻想所吸引，以及为什么他们不可避免地在追随者中引起焦虑。宗教的典型象征，并且也最明显地表现出其核心的堕落的是父母牺牲孩子的行为。

几乎所有的宗教信仰都包含了这种祭祀的神话，有人甚至将其变成了现实。卢克莱修想到伊菲革涅亚被她父亲阿伽门农牺牲，但他也可能知道犹太人关于亚伯拉罕和以撒的故事，以及其他类似的近东故事，当时的罗马人对这些故事的兴趣与日俱增。写于公元前50年前后，他当然不可能预见到西方世界将会出现的伟大的牺牲神话，但他不会对这一神话感到惊讶，也不会对反复出现并引人注目的、被血腥杀害的儿子的图像感到惊讶。

195   *没有天使、魔鬼或幽灵。任何形式的非物质之灵都不存在。希腊人和罗马人的想象力的创造物充斥着这个世界——命运女神、鹰身女妖、恶魔、鬼怪、仙女、山神、树精、天际使者及亡灵——都不是现实存在。忘了他们。

　　*人类生命的最高目标是增加快乐和减少痛苦。生活应该有组织地为追求幸福服务。没有比促进对自己和自己的同类的这一追求更高的道德目标。所有其他的诉求——服务于国家、神灵或统治者的荣耀，通过自我牺牲对美德的艰苦追求——是次要的、误导或欺诈性的。军国主义和对暴力运动的嗜好是卢克莱修自己文化的特征，从最深层的意义上说，他觉得似乎是反常和不自然的。人的自然需求是简单的。如果不能认识到这些需求的界限，人类就会徒劳无功地谋求多多益善。

　　大多数人理性地认识到，他们所渴望的奢侈品在很大程度上是毫无意义的，对增进他们的幸福几乎或根本不起作用："如果你生病时必定穿一件普通衣服，那即使你穿上一件绯红的刺绣衣服，你的身体也并不会更快一些退烧。"（2.34 - 36）但是，正如人们难以抗拒对神和来世的恐惧一样，人们也难以抗拒那种强迫性的感觉，即对自己和他的社区来说，安全感可以通过充满激情的占有和征服来增强。然而，这些冒险行为只会降低人们获得幸福的可能性，并使从事这些活动的每个人都面临遇难的危险。

在十分著名且特别令人不安的一个段落中，卢克莱修写道，目标必定从整个疯狂的事业中逃脱，并从一个安全的位置观察它：

196

　　当海风卷起浩瀚大海的海水时，在陆地上观察另一个人的严峻考验是令人欣慰的：并不是任何人的痛苦都是引发令人愉悦的快乐的原因；但是看到你自己免除了这种烦恼，这是令人欣慰的。同样令人欣慰的是，当你观看平原上勇士们在进行激烈的战斗，自己没有处于危险之中。但最幸福的事莫过于有效占领由哲人的教诲所强化的高地，作为宁静的避难所，你可以俯瞰别人，看到他们到处游荡，盲目地寻找着他们的生活方式，争夺知识的地位，争名夺利，为了攀登财富的顶峰，为了获得权力，夜以继日地奋斗。[11]（2.1 – 13）

　　* **快乐的最大障碍不是痛苦，而是妄想。**人类幸福的主要敌人是过度的欲望（获得某种超越有限道德世界所允许的东西的幻想），和折磨人的恐惧。在卢克莱修的叙述中，甚至可怕的瘟疫——他的作品以对雅典灾难性的流行瘟疫的生动描述作为结束——最可怕的不仅是它带来的痛苦和死亡，还有它引发的"不安和恐慌"。

　　寻求免受痛苦是完全合理的：这种逃避是他整个道德体系的支柱之一。怎样才能不让这种自然的厌恶变成恐慌？恐慌只会导致痛苦的产生。而且，更普遍地说，人为什么如此不幸？

　　卢克莱修认为，答案与想象力有关。虽然人是有限的、凡俗的，但人被无限的幻觉所控制——无限的欢乐和痛苦。无限　197

痛苦的幻想有助于解释他们对宗教的倾向：人们误以为他们的灵魂是不朽的，因此可能会遭受永恒的痛苦，人们认为他们可以通过某种方式与神商谈，以得到一个更好的结果，一种天堂里的快乐。无限快乐的幻想有助于解释他们对浪漫之爱的倾向：人们误以为，他们的幸福依赖于对某一事物的绝对占有，而这一客体是无限的欲望。于是，人们陷入了一种狂热、无法平息的饥渴之中，这种饥渴只会带来痛苦，而不会带来幸福。

当然，寻求性快感也是完全合理的：那毕竟是肉体的自然乐趣之一。卢克莱修认为，错就错在把这种乐趣与一种妄想混为一谈，疯狂的占有欲望——立刻进入和消耗——实际上是一种意淫。当然，缺席的情人永远只是一个心理形象，在这个意义上类似一个梦。但在非常坦率的段落中，卢克莱修注意到，在性事圆满的行为中，情侣们仍然被他们无法满足的渴望所控制并感到困惑：

> 即使在拥有的时刻，恋人的激情也会因不确定而波动、徘徊：他们无法决定眼睛和手先享受什么。他们紧紧地挤压着自己渴望的对象，造成身体的疼痛，常常用牙齿咬着对方的嘴唇，嘴对嘴地狂吻。（4.1076–81）

这一部分被 W. B. 叶芝称为"有史以来最好的性交描写"[12]，这段文字的要点不是要求一种更高雅温和的做爱方式。要注意的是，即使是欲望的实现，也存在着一种未可明说的嗜欲。[13]在卢克莱修看来，性欲的贪得无厌是维纳斯巧妙的策略之一。这有助于解释这样一个事实：在短暂的间歇后，同样的性爱行为一次又一次地上演。他也意识到，这些重复的性行为

是非常令人愉悦的。但他仍然为这个诡计所困扰，被随之而来
的情感上的痛苦所困扰，被侵略性冲动的唤起所困扰，最重要
的是，被一种感觉所困扰：即使在极度兴奋的那一刻也会留下
一些令人不满足的东西。1685 年，大诗人约翰·德莱顿出色
地捕捉到了卢克莱修那非凡的想象：

> ……当年轻的一对更紧密地结合，
>
> 当手与手相扣，腿与腿缠绕；
>
> 在那欲望汹涌的浪涛中，
>
> 两人紧拥，两人呢喃，两人喘气，
>
> 他们抱住，他们挤压，他们伸出湿润的舌头，
>
> 他们要强行进入对方体内。
>
> 徒劳；他们只在海岸附近巡航。
>
> 因为身体不能刺穿，也不能迷失，
>
> 当两人都投入，他们肯定会努力
>
> 在那一度激荡的亢奋中。
>
> 他们被爱的网缠住，
>
> 直到男子陶醉于极度的欢快。[14]（4. 1105 – 14）

　　* **了解事物的本质会产生深深的惊奇**。人们意识到：宇宙
由原子和虚空而不是别的什么构成；这个世界并不是由造物主
为我们创造的；我们不是宇宙的中心；我们的感情生活并不比
我们的肉体的生活与所有其他生物的区别更大；我们的灵魂和
我们的肉体一样是物质的，可以毁灭的——所有这些事情都不
是绝望的原因。相反，把握事物的本质是走向幸福的关键一
步。卢克莱修认为，人类的渺小（不全是关于我们和我们的

命运的事实）是个好消息。

人类有可能过幸福生活，但并非因为他们认为自己是宇宙的中心，或者因为他们害怕神，因为为了那些宣称要超越他们终有一死的价值，他们高尚地奉献自己。无法平息的欲望和对死亡的恐惧是人类幸福的主要障碍，但这些障碍可以通过运用理性来克服。

理性的运用不只适用于专家；它可以为每个人所用。我们需要的是拒绝牧师和其他幻想贩子提供的谎言，并正视和冷静地看待事物的本质。所有的学说、所有的科学、所有的道德、所有创造一种有价值的生活的尝试，必须从理解事物的无形种子开始和结束：原子和虚空，别无他物。

起初，这种理解似乎不可避免地带来一种冰冷的空虚感，仿佛宇宙的魔力被剥夺了。但从有害的幻想中解放出来并不等同于幻灭。在古代，人们常说哲学的起源是惊奇：惊讶和困惑导致了对知识的渴望，而知识反过来又使这一惊奇得以平息。但按卢克莱修的解释，这个过程与之相反：是对事物本性的认知唤醒了最深层的惊奇。

200 《物性论》就是最难能可贵的成就，它既是一部伟大的哲学著作，也是一篇伟大的诗歌。正如我所做的那样，列出一份命题清单，不可避免地掩盖了卢克莱修惊人的诗意力量。他自己也低估了这种力量，他把自己的诗比作抹在杯口的蜂蜜，因为生病的孩子可能拒绝喝杯子里的药。这种低估并不完全令人惊讶：他的哲学老师和向导伊壁鸠鲁就怀疑雄辩的口才，认为真理应该用平淡朴实的语言来表达。

但卢克莱修作品的丰沛诗意对他的诗性写作而言并不是偶然的，他试图通过写作把真相从幻想贩子手中夺走。他想，为什么讲寓言的人要垄断人类发明出来表达世界的快乐和美丽的手段呢？没有这些手段，我们居住的这个世界危机四伏，为了安慰他们，人们会倾向于拥抱幻想，即使这些幻想是破坏性的。然而，借助诗歌，事物真正的本质——无数坚不可摧的粒子相互碰撞、相互勾连、复生、分裂、繁殖、死亡、自我更新，形成一个惊人的，不断变化的宇宙——可以用它真正的光辉来描绘。

卢克莱修认为，人类不能喝信仰的毒鸡汤，不能以为他们的灵魂暂时只是世界的一部分，他们会去别的地方。这种信念只会在他们身上产生一种与他们唯一的生活环境的破坏性关系。这些生命就像宇宙中其他现存的生命一样，是偶然的、脆弱的；所有事物，包括地球本身，最终会分解并回到组成它们的原子，在物质的永恒之舞中，其他事物也会由原子形成。但当我们活着的时候，我们应该充满最深层次的快乐，因为我们只是世界创造的宏大过程的一小部分，卢克莱修庆祝这一创造过程，认为其本质上是色情的。

因此，作为一个诗人，作为一个隐喻的制造者，卢克莱修可以做出一些非常奇特的事情，一些似乎违背他的信念的事情，那就是神灵对人类的请求充耳不闻。《物性论》以对维纳斯的祈祷开篇。德莱顿（Dryden）也许又一次用英语绝妙地表达了卢克莱修的热情：

> 人类及天上神明的喜悦，
> 罗马之母、吉祥的爱情女王，
> 给予重要的力量、空气、大地和海洋，
> 在旋转的天空下孕育万物；

> 一切生物，借助你丰盛的生产力，
> 萌生并占据了光明之地：
> 你，女神，你，乌云与暴风令人恐惧，
> 在你愉快的存在面前消失；
> 为了你，鲜花芬芳的大地披上了新装，
> 为了你，海洋微笑着敞开胸怀，
> 天堂因更宁静更纯净的光辉而被祝福。[15]（1.1－9）

赞美的诗歌倾泻而出，充满了惊奇和感激，光芒四射。就好像欣喜若狂的诗人实际上看到了那位爱的女神，天空在她容光焕发的存在面前变得明亮起来，提醒大地向她送上鲜花。她是欲望的化身，在西风的肉欲中回归，让所有生物充满了快乐、激情和性渴望：

202

> 当春天的光临装饰着草地，
> 新的自然景观展现出来。
> 当含苞的花蕾和欢快的绿叶出现，
> 阵阵西风打开了慵懒的一年。
> 欢乐的鸟儿首先表达对你的欢迎
> 自然的歌声唱出了你和煦的火焰。
> 凶猛的野兽扑向为数不多的食物，
> 被你的飞镖击打，泅过湍急的水流。
> 大自然是你的馈赠：大地、空气和海洋；
> 所有的生命呼吸，各种生物的后代，
> 被快乐刺痛，受到你的驱使。
> 贫瘠的群山上，绚丽的平原上，

繁茂的森林和宽广的海洋

延伸你不受控制和无限的统治。

你穿行于所有的生命领域

你所经之处，撒播爱的优良种子。（1.9 – 20）

　　我们不知道抄写这些拉丁文诗歌以及使它们免于损毁的德国修道士有何反应，我们也不知道波焦·布拉乔利尼认为此诗表达了什么，他从遗忘中拯救这首诗时，至少会瞥上一眼。当然，这首诗的几乎每个主要原则都是对正统基督教思想的厌恶。但此诗有着惊人的、诱人的美丽。我们可以看到，在 15 世纪后期，至少有一个意大利人，用生动的幻想，将它们画了出来：我们只要看一下波提切利画的，具有令人神魂颠倒的美丽，从躁动不安的海洋中灿然升起的维纳斯。

第九章 回归

"卢克莱修还没有回到我身边，"波焦写信给威尼斯的朋友，出身贵族家庭的人文主义者弗朗西斯科·巴巴罗，"虽然已经抄了一份。"显然，波焦那时没有被允许拿走那份古代手稿（他特别提及，仿佛手稿就是诗人本人），随身带回康斯坦茨。那些修道士肯定过于小心，所以迫使他找人抄一份。尽管这很重要，但他没有期待这个抄写员亲自把抄本送来："那地方挺远，很少有人从那儿来"，波焦写道，"所以我要等到有人来把他带来。"[1] 他愿意等多久呢？"如果没人来，"他安慰朋友，"我不会将公共责任放在私人需求之前。"非常奇怪的言论，因为什么是公共责任，什么是私人需求呢？也许，波焦是让巴巴罗别担心：在康斯坦茨的公务（无论是什么）不会妨碍他把卢克莱修的作品弄到手。

当《物性论》的手稿终于到他手里，波焦显然马上就让人送至佛罗伦萨的尼科洛·尼科利处。[2] 可能这个抄写员的抄本抄得很潦草。或者只是因为他自己也想要一份，波焦的朋友
答应转抄一份。这份转抄是尼科利的优美笔迹，用的是那个德国抄写员的抄本，又进一步衍生出几十份手稿副本——已知有五十多本保存下来——是整个 15 世纪和 16 世纪初期卢克莱修作品印刷版的来源。波焦的发现就这样为这首沉睡了一千年的古诗重新进入流通领域开辟了重要渠道。在米开朗琪罗为美第

奇设计的冷灰色和白色的劳伦图书馆里，卢克莱修诗作的 9 世纪版本的抄写员抄本，在此基础上的尼科利的转抄本（劳伦图书馆古抄本 35.33）得以保存。现代性的一个关键来源是一本不起眼的书，褪色而又破烂的红色皮革封面镶有金属，封底系着一根链条。除了读者坐到书桌前要戴上乳胶手套，这本书在外观上与馆藏的许多其他手稿几乎没有什么区别。

　　那个抄写员的抄本，也即波焦从康斯坦茨送往佛罗伦萨的抄本遗失了。据推测，在完成抄写之后，尼科利把手稿还给了波焦，波焦似乎并没有用自己精致的书法再抄写一遍。也许，他对尼科利的技能充满信心，波焦或他的继承人认为这位抄写员的抄本不值得保存，最后干脆扔掉了。抄写员据以抄写的手稿也不见了，大概还留在修道院图书馆里。它被大火烧毁了吗？为了腾出地方给别的文本，墨水被仔细刮掉了吗？它最终难逃被忽视、受潮和腐烂吗？或者虔诚的读者真的接受了它的颠覆性含义并选择摧毁了它？没有发现它的任何残余物。《物性论》的两份 9 世纪手稿——波焦或他的同时代人并不知晓——成功地度过了几乎不可逾越的时间障碍。这些手稿以它们的形式命名——奥布隆格斯（长方形）和夸特拉图斯（方形），被编入 17 世纪荷兰大学者和收藏家艾萨克·沃斯的收藏中，并于 1689 年进入莱顿大学图书馆。第三份 9 世纪手稿片段包含了卢克莱修诗作的百分之四十五篇幅，它也被保存下来，现收藏在哥本哈根和维也纳。但当这些手稿浮出水面的时候，由于波焦的发现，卢克莱修的诗作早就已经对世界的动荡和改变产生了影响。

　　有可能波焦将此诗的抄本给尼科利前只是简略地看了一下。他有许多事情要做。巴尔达萨·科萨已被褫夺了教皇职位，并在狱中挣扎度日。圣彼得之位的第二位申请者是安杰洛·科雷尔，他曾被迫辞去额我略十二世的头衔，于1417年10月去世。第三位申请者佩德罗·德·卢纳，起先盘踞在佩皮尼昂的堡垒中，然后在瓦伦西亚附近，海边的佩尼斯科拉难以接近的岩石上扎营，仍固执地称自己是本笃十三世，但对波焦和其他几乎所有人来说，卢纳的诉求显然无须严肃对待。教皇之位空着，宗教大会——就像现行的欧共体，被英国、法国、德国、意大利和西班牙各国使团纷争撕裂——在选举新教皇之前就必须为要满足的条件争论不休。

在最终达成协议之前的很长一段时间里，教廷的许多职员寻得了新的工作；有的人，如波焦的朋友布鲁尼已经返回意大利。波焦自己的尝试并不成功。被废黜教皇的这位使徒秘书有他的敌人，他拒绝同前主人保持距离来取悦他们。教廷的其他官吏作证反对被监禁的科萨，但波焦的名字没有出现在控方的证人名单上。他最好的希望是科萨的一个主要盟友，大主教扎巴莱拉会被提名为教皇，但扎巴莱拉于1417年去世了。1418年秋天，选举人终于举行秘密会议，他们选择了一个没有兴趣与人文主义知识分子为伍的人——罗马贵族奥多·科隆纳，他号称玛尔定五世。波焦没有得到使徒秘书的职位，但他可以作为低级文书待在教廷。然而，他决定采取一个非常令人惊讶和冒险的职业举动。

1419年，波焦接受了温彻斯特主教亨利·蒲福（Henry Beaufort）的秘书职位。作为亨利五世（莎士比亚笔下阿金库尔战役中的英勇战士）的叔父，蒲福是康斯坦茨宗教大会英国使团的首领，他显然见过这位意大利人文主义者并留下了深刻印象。对这位富裕和强势的英国大主教来说，波焦代表了最

高超、最老练的秘书类型，精通罗马教廷的官僚作风和著名的
人文主义研究。对这位意大利秘书来说，蒲福意味着对尊严的
挽救。波焦如果回到罗马教廷，他会拒绝实际上是降级的工
作，这会使他心安。但他不懂英语，如果对服务一个以法语为
母语，拉丁语和意大利语也娴熟的贵族神职人员来说这没有太
大的影响，但这确实意味着波焦永远无望在英国有完全的宾至
如归之感。

　　在临近四十岁生日的时候，他决定离开，到一个没有家人，
没有盟友，也没有朋友的地方，这不是因为怄气。在一个遥远
的国度逗留的前景——在一个现代罗马人看来，远比塔斯马尼
亚岛更偏远和充满异域风情——让波焦这个猎书人激动不已。
他在瑞士和德国取得了令人瞩目的成就，这些成就使他在人文
主义者圈子里享有盛名。在英国修道院图书馆里，其他伟大的
发现可能正在等着他。那些图书馆还没有被富有人文主义精神
的，通过仔细阅读已知的经典文献，百科全书式地掌握失踪手
稿的线索，以及具有卓越的文献学才能的，像波焦一样的人彻
底搜寻过。如果他已经因为有能力复活古人而被誉为半神，那
么因他现在可能让某些事物重见光明，他将如何被称赞呢？

　　结果，他在英国几乎待了四年，但他深感失望。蒲福主教
并不是长期缺钱的波焦梦寐以求的一座金矿。他常常外出——
"像西塞亚人一样游荡"——让他的秘书几乎无事可做。除了
尼科利，波焦的意大利朋友似乎都忘了他："我已被遗忘，好
像死了一样。"[3] 他遇到的英国人几乎都让人讨厌："他们中有
许多人沉溺于暴食和贪欲，但很少有文学爱好者，少数野蛮人
接受的训练与其说是真正的学习，不如说是琐碎的辩论和
狡辩。"

他写回意大利的信抱怨个没完。瘟疫的发生；糟糕的天气；他母亲和兄弟写信给他只是向他要钱，但他没有钱；他得了痔疮。而真正悲惨的消息是图书馆——至少他是到访的那些图书馆——在波焦看来，几乎完全无趣。"我看了许多修道院，到处挤满了新晋博士，"他写信给佛罗伦萨的尼科利，

> 甚至都找不到值得倾听的人。有一些古代著作，但我们国内有更好的版本。这个岛上几乎所有的修道院都是最近四百年内建的，这点时间，既没有产生有学问的人，也没有产生我们所寻求的书；这些书已经石沉大海，无影无踪了。[4]

波焦承认，也许在牛津会有些什么，但他的主人蒲福波并不打算去那里，他自己的资源则非常有限。该让他的人文主义者朋友放弃他们希望有惊人发现的梦想了："你最好放弃从英国找到书的希望，因为在这儿他们对书并不感兴趣。"

波焦声称在开始对教父神学进行认真研究时得到了一些安慰——英国并不缺少神学书籍——但他感到痛苦的是英国缺少他喜欢的古典文本："我在这儿四年时间，没有关注过人文学科的研究，"他抱怨道，"我没有读过一本与文体有关的书。你可以从我的信中猜到这一点，因为今非昔比了。"[5]

1422年，在没完没了的抱怨、默许和哄骗之后，他终于为自己在梵蒂冈找到了一个新的秘书职位。筹到回程的钱并不容易——"我四处寻找，想找到一种由别人出钱让我离开这里的办法，"[6]他在信中坦率地说——但最终他筹到了足够的钱。他回到意大利，没有发现任何图书宝藏，对英国知识界也

没有明显影响。

1425 年 5 月 12 日，他写信提醒尼科利，他希望看到八年前他交给后者的那个文本："我想要看卢克莱修的书，就两个星期，但你要快点抄那本书，以及抄西利乌斯·伊塔利库斯、诺尼乌斯·马克卢斯（Nonius Marcellus）和西塞罗的《演说集》，"他写道，"因为你说什么都没有用。"一个月过去了，6 月 14 日他又做努力，说明不是他一个人想读这首诗："如果你把卢克莱修的诗送来，你就帮了很多人的忙。我向你保证不超过一个月，就把它还给你。"[7]但又是一年过去，仍无结果；这个富裕的收藏家似乎觉得，《物性论》的最佳去处是他自己的书架，邻近古老的浮雕、雕像碎片和珍贵的玻璃器皿。书就在那儿，也许没有读过，仿佛一件纪念品。这首诗好像被重新埋没了，现在不是在修道院，而是在人文主义者华丽的房间里。

在 1426 年 9 月 12 日寄出的一封信中，波焦仍然没法要回这本书："也把卢克莱修的书给我，我想看一看。我会还给你的。"[8]三年后，波焦逐步失去耐心是可以理解的，"现在你留着卢克莱修的书有十二年了，"1429 年 12 月 13 日他写道，"在我看来，你的坟墓建得比你抄书还要快。"两星期后，他又写了信，这次，急躁表现出让位于愤怒的迹象，在明显的笔误中，他夸大了自己等待的时间："现在你留着卢克莱修十四年了，还有阿斯库尼乌斯·佩狄亚努斯（Asconius Pedianus）……在你看来，如果我有时想读其中一位作者的作品，因为你的粗心大意我就不能读了吗？……我想读卢克莱修，但我读不到他；你还想再留他十年吗？"随后他又以哄劝的口吻加了一句："我恳请你把卢克莱修或阿斯库尼乌斯的书

209

寄给我，我会尽快抄写，以便早点还给你，你留多久都行。"

确切日期不得而知，最终他成功了。从尼科利家禁闭的房间里释放出来，大约在它消失在视线之外一千年后，《物性论》慢慢地又一次回到读者手中。[9]没有任何痕迹表明波焦对他重新激活的这首诗有什么反应，也不知道尼科利怎么回应，但有迹象——手稿抄本、简略提及、暗指、影响的微妙标志——表明它开始悄悄地流传开来，最初是在佛罗伦萨，后来又传播到其他地方。

210

回到罗马，波焦同时在教廷也找到了他熟悉的生存方式：从事利润丰厚的交易，和"谎言工厂"的同事们互相开些玩世不恭的玩笑，给人文主义者朋友写信，谈论他们梦寐以求的手稿，与对手激烈争吵。在忙碌的生活中——教廷很少在同一个地方待很长时间——他抽时间将古代文本从希腊语译成拉丁语，抄写古代手稿，撰写有关道德的文章、哲学反思、修辞学论文、苛评，以及为朋友写祭文——如尼科洛·尼科利、美第奇的洛伦佐、红衣主教尼科洛·阿尔伯加蒂、莱昂纳多·布鲁尼、红衣主教朱利亚诺·切萨利尼——他们相继去世。

他还设法抚养孩子，许多孩子是和他的情人露西亚·潘内利生的：如果当时的统计准确的话，他们有十二个儿子和两个女儿。笼统地拿这个时代的丑闻说事是鲁莽的，但波焦自己承认有私生子。当和他私交甚好的一位红衣主教，因他的生活不正常而责备他时，波焦承认他的过失，但尖刻地加了一句："在所有国家，我们不是每天都会见到牧师、修道士、修道院院长、主教和更高级别的达官贵人，他们不是都和那些已婚妇女、寡妇，甚至和圣洁的、侍奉上帝的处女生儿育女？"

当波焦积攒了更多的钱——他的税单表明自英国返回后，他的收入越来越高时——他的生活慢慢有了改变。他对古代文本的复活仍然抱有极大的兴趣，但他自己的发现之旅已经过去了。在他们的生活圈子里，他开始仿效他富有的朋友尼科利收藏古物。"我有个房间，放满了大理石头像，"他1427年夸耀道。同年，波焦在泰拉诺瓦买了一栋房子。托斯卡纳的这座小城是他出生的地方，在接下来的几年里，他会在这儿逐渐增加他的财产。据说，他主要是抄写了一份李维的手稿筹措到购房款，然后以一百二十金弗罗林的天价卖掉了。

波焦的债务缠身的父亲曾被迫逃离小城；现在，波焦打算在那儿建一所他所谓的"学院"，他梦想有一天退休，过上雅致的生活。"我淘到了一个女人的大理石半身像，完好无损，我很喜欢，"他几年后写道，"有一天，有人在挖房子的地基时发现了它。我小心翼翼地把它带到这里，然后放到我泰拉诺瓦的小花园，我会用古物装饰它。"[10]关于他购买的另一批古代雕像，他写道，"当它们到达时，我将把它们放在我的小体育室里。"学院、花园、体育室：至少在波焦的幻想中，他重建了一个古希腊哲学家生活的世界。他渴望赋予这一世界高度的审美光彩。他说，雕塑家多纳泰罗见到了其中一座雕像，"评价很高。"

但波焦的生活仍然并不完全稳定和有保障。1433年的某个时期，当担任是教皇安日纳四世（他接替玛尔定五世）的使徒秘书时，罗马爆发了反对教皇的暴力起义。教皇伪装成一个修道士，弃他的随从不顾，坐一条小船沿台伯河去奥斯提亚港，他的佛罗伦萨盟友的一艘船在那儿等他。河岸上一群暴动的人认出了他，就向小船扔石头，但教皇设法逃脱了。波焦没有那么幸运：他从城里逃走时，被教皇的一伙敌对者抓住。关于释放他的谈判破裂了，他最终被迫花了一大笔钱支付赎金。

但不管怎样，对波焦世界里的这些暴力破坏迟早都会平息，他又回到了他的书籍和雕像，回到他的学术翻译和争论，以及财富的稳步积累之中。他生活中的逐步变化最终使他做出了一个重大决定：1436 年 1 月 19 日，他娶了瓦吉娅·迪·吉诺·布隆德蒙蒂。波焦五十六岁，他的新娘十八岁。此次婚姻不是为了钱，而是为了一种不同形式的文化资本。[11]布隆德蒙蒂家族是佛罗伦萨一个古老世家，这是波焦——他雄辩地认为不应该以贵族血统为荣——显然看中的。针对那些嘲笑他的决定的人，他写了一篇对话体文章《一个老男人应该结婚吗?》(An seni sit uxor ducenda)。其中可想而知的论点包括厌女症的大部分观点，经过反复推敲，并得到了可想而知的答复，其中许多论点同样可疑。因此，根据反对婚姻的对话者（正是尼科洛·尼科利）的观点，任何老人，更不用说学者，将自己久经考验的生活方式改变为一种不可避免的陌生和冒险的生活方式，这是愚蠢的。他的新娘可能会变得暴躁、郁闷、放纵、淫荡、懒惰。如果她是个寡妇，她将不可避免地沉溺于她与已故丈夫的幸福时光；如果她是个年轻的少女，几乎可以肯定的是，她在气质上不适合她年迈持重的配偶。如果他们有孩子，老人将经受痛苦，因为他知道在他们成熟之前，他将离开他们。

但根据赞成婚姻的对话者的观点，事实并非如此。一个成熟的男人会弥补年轻妻子的经验不足和无知，能按自己的意志像蜡一样塑造她。他会用他明智的克制来缓和她的性冲动，如果他们有了孩子，他会因他的高龄而受到尊敬。为什么要认为他的生命必然会被缩短？而且，无论他能活多少年，他都将体验到与他所爱的人——第二个自我——共同生活的难以言喻的快乐。或许用他自己的话来说，这很简单：他很开心。尼科利承认悲观主义的规则可能有例外。

事实证明，以我们的标准来看，在人的平均寿命极低的时代，波焦过得很好，他和瓦吉娅的婚姻似乎很幸福，持续了将近 25 年。他们有五个儿子——彼得罗·保罗、乔瓦尼·巴蒂斯塔、雅各布、乔瓦尼·弗朗西斯科和菲利普——和一个女儿卢克丽霞，这些孩子都长大成人了。其中四个儿子从事牧师职业，雅各布则成了一个著名的学者。（雅各布犯了一个错误，卷入暗杀美第奇家的朱利亚诺和洛伦佐的"帕齐阴谋"中，于 1478 年在佛罗伦萨被处以绞刑。）

波焦的情人和他们的十四个孩子的命运不得而知。他的朋友祝贺新婚的波焦好运和正直；他的敌人散布他对被抛弃的人漠不关心的丑闻。根据瓦拉的说法，波焦无情地取消了请求宣布他情妇生下的四个儿子合法的程序。这一指控可能是恶意诽谤，是他的人文主义者对手为了报复而幸灾乐祸的结果，但没有迹象表明波焦会以特别的慷慨和仁慈对待那些他抛弃的人。

作为一名俗人，波焦结婚后不必离开教廷。他继续为教皇安日纳四世服务，多年来，他经历了教皇和教会大会之间的激烈冲突、狂热的外交策略、对异教徒的谴责、军事冒险、仓促的搬迁和残酷的战争。1447 年，安日纳四世去世，波焦继续作为使徒秘书，为继任教皇尼各老五世服务。 214

这是波焦以这种身份服务过的第八位教皇。他现在六十多岁，可能身心疲惫了。无论如何，他被多方拉扯。写作占用了他越来越多的时间，而且他要照顾的家庭也越来越大。而且，他妻子家族与佛罗伦萨的深厚关系加强了他一直小心翼翼维护的，与他自称的家乡城市的联系。他每年至少要回到这座城市一次。但在许多方面，他对新教皇的服务肯定是非常令人满意的，因为在当选之前，尼各老五世——他的俗名是托马索·达·萨尔扎纳（Tommaso da Sarzana）——是作为一个有学问的人文主义者而出名。他是古典学习和品位教育的化身，彼特拉克、萨卢塔蒂和其他人文主义者都致力于此。

波焦在布洛涅遇到这位未来教皇，对后者很了解，1440年，波焦将他的著作《论贵族的苦恼》（On the Unhappiness of Princes）献给了他。现在，在选举后匆忙寄去的贺信中，他向新教皇保证，并不是所有的贵族都注定不快乐。可以肯定的是，在他的高位上，他不能再沉溺于友谊和文学的欢乐之中，但至少他能"成为天才的保护者，并让人文学科抬起低下的头。"[12]"我现在恳求您，教皇阁下，"波焦说，"别忘了您的老朋友，我就是您的这样一个朋友。"

215　　　结果，虽然尼各老五世的统治令人满意，但也可能不像这位使徒秘书所梦想的田园诗般完美。在此期间，波焦和特拉比松的乔治发生了怪诞的扭打，夹杂着尖叫和殴斗。波焦一定也为此烦恼：教皇仿佛认真考虑了要成为天才的保护人的训诫，选择了他的死敌洛伦佐·瓦拉作为另一位使徒秘书。波焦和瓦拉很快就开始了一场尖刻的公开争吵，夹杂着对对方的拉丁文错误的恶意指责和对卫生、性和家庭的更恶毒的评论。

这些丑陋的争吵肯定加剧了波焦退休的梦想，自从他在泰拉诺瓦买了房子，开始收集古代的碎片后，他就一直怀有这个梦想。退休计划不仅是他的个人幻想；在他生命的这个阶段，他以一个猎书人、学者、作家和教廷官员的身份闻名于世，吸引了更广泛的公众关注。他在佛罗伦萨结交了许多朋友，与一个重要的家族联姻，并与美第奇家族的利益为伍。虽然他成年后的大部分时间在罗马生活和工作，但佛罗伦萨人很高兴将他视为他们中的一员。托斯卡纳政府通过了一项对他有利的公共税收法案，表明他已宣布打算退休，回到自己的家乡，并将余生用于研究。鉴于他的文学追求不允许他获得那些经商的人所拥有的财富，该法案宣称，他和他的孩子将从此不再支付所有的公共税费。

1453 年 4 月，佛罗伦萨执政官卡罗·马苏皮尼死了。马苏皮尼是个有成就的人文主义者；他去世前，将《伊利亚特》译成拉丁语。行政不再是国家权力的真正目标：美第奇权力的巩固削弱了执政官职位的政治意义。自从萨卢塔蒂强调古典修辞的运用对共和国的生存至关重要以来，许多年过去了。但这一模式已经设定，佛罗伦萨的这一职位将由一位杰出的学者担任，其中包括波焦的老朋友，极具天赋的历史学家莱昂纳多·布鲁尼出任两届。

执政官待遇丰厚，声望很高。佛罗伦萨这座充满活力、自爱的城市认为自己理应得到尊重和荣誉，这一切都赋予了人文主义者的执政官们。在位去世的执政官享受隆重的国葬，胜过共和国其他任何公民的葬礼。人们提议七十三岁的波焦担任这个空缺的职位，他接受了。五十多年来，他在一个专制君主的宫廷工作；现在，他将以这座城市名义领袖的身份回归，这座城市以其公民自由的历史而自豪。

波焦作为佛罗伦萨执政官服务了五年。执政官职能显然在他的领导下并没有完全顺利运作；他似乎忽略了这一职位的行政事务。但他专注于自己的象征性角色，并抽出时间致力于自

216

己承诺要推行的文学计划。在这些计划的初期，是一部关于《人类生活的苦难》（*The Wretchedness of the Human Condition*）的严肃的两卷本对话，对话始于一场特定的灾难——君士坦丁堡被土耳其人攻陷——对降临到几乎所有阶级、职业和所有时代的所有男女身上的灾难做了一个全面的回顾。对话者之一科西莫·德·美第奇认为，教皇和教会的贵族们可能会是例外，他们似乎过着极其奢侈安逸的生活。波焦用自己的声音说话，回答道："我是个见证者（我和他们一起生活了五十年），我觉得似乎没有人觉得自己是快乐的，没有人不哀叹生活是有害的、令人不安的、焦虑的，是被许多烦恼压得喘不过气来的。"[13]

对话中没完没了的沮丧让人觉得，波焦似乎完全屈服于晚年的忧郁，但同样献给科西莫·德·美第奇的，这时期的第二部作品则有所不同。波焦借助半个多世纪前他最初学的希腊语，翻译了（译成拉丁文）撒摩撒他的琉善（Lucian of Samosta）内容丰富的喜剧小说《蠢驴》（*The Ass*），一个关于魔法和变形的神奇故事。他的第三部作品朝着一个不同的方向前进，他着手写了一部充满雄心壮志、有高度党派意识的《佛罗伦萨史》（*History of Florence*），从 14 世纪中期到他自己的时代。这三项写作计划的范围很广——第一项似乎适合一个中世纪的禁欲主义者，第二项适合一个文艺复兴的人文主义者，第三项适合一个爱国的民间历史学家——这表现了波焦的个性和他所代表的城市的复杂性。对 15 世纪的佛罗伦萨人来说，这些不同的方面似乎紧密地联系在一起，是一个单一的、复杂的文化整体的一部分。

1458 年 4 月，在他七十八岁生日后不久，波焦宣布辞职，他希望作为一个普通公民从事研究和写作。十八个月后，1459

年 10 月 30 日，他去世了。既然他已经辞职，佛罗伦萨政府不能给他举行盛大的国葬，但他们在圣十字大教堂以适当的仪式安葬了他，并在该市的一个公共大厅里悬挂由安东尼奥·波拉约洛画的遗像。该市还请人为他建造了一座雕像，竖立在佛罗伦萨大教堂，即圣母百花大教堂前面。一个世纪后，在 1560 年，大教堂的门面翻新，雕像移往教堂的其他地方，现在它成为十二使徒的雕塑之一。我觉得，以这种方式处理，是任何虔诚基督徒的肖像的荣耀，但我想象不出波焦是否心满意足。他总是企盼获得公众适当的认可。

到目前为止，这种认可大都消失。圣十字大教堂中他的墓也没了，被其他名人取代了。可以肯定，他出生的小城重新命名为泰拉诺瓦·布拉乔利尼，以纪念这位小城之子。1959 年，在他去世五百周年，他的雕像竖立在绿树成荫的小城广场上。在去附近时装店的路上，很少有路过的人知道纪念的是谁。

然而，在波焦于 15 世纪早期的猎书生涯中，他做了一些惊人的事情。他复活的作品使他在下面这些比他更著名的佛罗伦萨同代人中享有荣誉：菲利普·布鲁内莱斯基、洛伦佐·吉贝尔蒂、多纳泰罗、弗拉·安吉利科、保罗·乌切罗、卢卡·德拉·罗比亚、马萨乔、莱昂·巴蒂斯塔·阿尔贝蒂、菲利普·里皮、皮耶罗·德拉·弗朗西斯卡。不像布鲁内莱斯基的巨大圆顶，那是自古典时代以来建造的最大的圆顶，卢克莱修伟大的诗篇在天空的衬托下并不突出。但它的复活永久地改变了世界的面貌。

218

第十章　转向

219　　　15 世纪的《物性论》手稿约有五十份留存下来——这一数量相当惊人，虽然肯定还有更多。古腾堡的先进技术一旦商业化，印刷版本很快就会跟上。这些版本通常会以警告和免责声明开头。

　　　当 15 世纪临近结束，道明会修道士吉罗拉莫·萨沃纳罗拉将佛罗伦萨统治了数年。萨沃纳罗拉充满激情、富有感召力的布道已经激发了大批佛罗伦萨人（精英阶层和普通民众）产生了一股短暂而强烈的忏悔情绪。鸡奸被定为死罪；银行家和商人巨贾因穷奢极欲和对穷人漠不关心而受到攻击；赌博、跳舞、唱歌和其他形式的世俗享乐都受到了压制。在萨沃纳罗拉统治的动荡岁月中，最令人难忘的事件是著名的"虚荣的篝火"，修士的狂热追随者穿行街道收集罪恶的物品：镜子，化妆品，奇装异服，歌谣集，乐器，纸牌及其他赌博用具，异教题材的雕塑和绘画，古代诗人的作品——然后把它们扔到市政广场一个巨大的，熊熊燃烧的火堆上。

220　　　不久后，这座城市厌倦了清教徒式的狂热，1498 年 5 月 23 日，萨沃纳罗拉自己和他的两个重要伙伴一起被吊死在锁链上，并在他举办文化篝火晚会的地方被烧成灰烬。但是，当他的权力到达顶峰，他的话仍然让市民们充满了虔诚的恐惧和厌恶，他在"四旬斋"系列布道中攻击古代哲学家，特别挑出了一群人进行嘲笑。"听着，女人，"他对大众布道，"他们说这个世界是由原子组成的，也就是说，那些在空中飞行的最小的粒子。"[1] 无疑，他体味着这种荒谬，鼓励他的听众大声嘲笑："现在笑吧，女人们，笑这些有学问的人的研究。"

到 1490 年代，卢克莱修的诗歌再次被传阅已是六十或七十年之后，原子论在佛罗伦萨的存在足以使它受到嘲笑。它的存在并不意味着它的立场被公认为真实的。没有一个谨慎的人会站出来说："我认为世界只是原子和虚空；在身体和灵魂中，我们只是一种奇妙而复杂的原子结构，这些原子在一段时间内连接在一起，但注定有一天会分开。"没有值得尊敬的公民会公开说："灵魂和肉体一起死去。死后没有最后的审判。宇宙不是神的力量为我们创造的，整个来世的概念都是迷信和幻想。"没有一个想过和平生活的人在公共场合站出来说："那个告诉我们要活在恐惧和颤抖中的传教士是在撒谎。上帝对我们的行为没有兴趣，虽然自然美丽和复杂，但没有证据表明存在一个潜在的智能设计。对我们来说重要的是追求快乐，因为快乐是存在的最高目标。"没有人说："死亡对我们来说没有什么意义，也与我们无关。"但这些颠覆性的卢克莱修的思想，在文艺复兴时期想象力最活跃、最强烈的地方得以渗透和浮现出来。

就在萨沃纳罗拉鼓励他的听众嘲笑愚蠢的原子论者的时候，一位佛罗伦萨的年轻人正在默默地为自己抄写整本《物性论》。虽然此书的影响可以察觉到，但在他要写的那些名著中，他一次也没有直接提到这部作品。他太狡猾了，他也不会这么做。但笔迹在 1961 年得到确认：这个抄本出自尼科洛·马基雅维利之手。马基雅维利的卢克莱修抄本保存在梵蒂冈图书馆，编号为 MS ROSSI 884。[2] 还有什么更好的职位留给使徒秘书波焦的后代呢？继波焦的朋友，人文主义者教皇尼各老五世之后，古代文本在梵蒂冈图书馆有幸获得了一席之地。

萨沃纳罗拉的警告仍然符合真正的关切：在卢克莱修诗中以这种诗意力量阐述的一套信念实际上是一本无神论教科书——或者更确切地说，审判官无神论定义。它在文艺复兴时期的精神生活中的兴盛，引起了那些对它反应最强烈的人的一系列焦虑反应。其中之一是 15 世纪中期伟大的佛罗伦萨人马尔西利奥·费奇诺。二十多岁时，费奇诺因《物性论》而深受震撼，他写了一篇关于诗人的学术评论，称其为"我们杰出的卢克莱修"。[3] 但费奇诺醒悟过来——就是说，回归他的信仰后，他把这份评论烧了。他攻击那些他称之为"卢克莱修分子"的人，并用他一生的大部分时间来改造柏拉图，以构建一个巧妙的基督教哲学防御体系。第二种反应是将卢克莱修的诗学风格与他的观念分离。这种分离似乎是波焦本人的策略：他对自己的发现感到自豪，就像对他的其他发现一样，但他从未将自己与卢克莱修的思想联系在一起，甚至从未公开与其思想斗争过。在他们的拉丁文作品中，波焦和像尼科利这样的好朋友可以从异教的大量文本中借用优雅的措辞和短语的转换，但同时也远离他们最危险的思想。确实，在他职业生涯的后期，波焦毫不犹豫地指责他的死对头洛伦佐·瓦拉坚持卢克莱修的老师伊壁鸠鲁的异教态度。[4] 波焦写道，享受葡萄酒是一回事，而歌颂葡萄酒则完全是另一回事，正如他声称瓦拉为伊壁鸠鲁主义服务时所做的那样。[5] 波焦又说，瓦拉甚至比伊壁鸠鲁本人走得更远，瓦拉攻击处女，歌颂妓女。"你的亵渎性言论的污点不能用言语清理，"波焦不怀好意地说，"只能用火，我希望你逃脱不了。"

人们可能以为瓦拉会简单地将指控反转，指出毕竟是波焦让卢克莱修重新传播的。瓦拉没能这么做，说明波焦成功地与自己的发现所能产生的影响保持了谨慎的距离。但它也可能说明《物性论》早期的传播是多么有限。到 1430 年代早期，在一本名为《论快乐》（*De voluptate*）的书中，瓦拉写了赞美酒和性的文章，波焦声称自己对此感到震惊，那时卢克莱修的诗稿仍由尼科利保管。[6] 它的存在这一事实在人文主义者的信件中被愉快地宣布，也许有助于激发人们对复兴伊壁鸠鲁主义的兴趣，但瓦拉却可能不得不依靠其他来源，并用他自己丰富的想象力来构建他对快乐的赞美。

正如波焦的攻击所表明的那样，对一种与基督教基本原则完全相悖的异教哲学的兴趣有其风险。瓦拉对这次攻击的回应让我们看到了对 15 世纪伊壁鸠鲁哲学发酵的第三种反应。其策略就是所谓"对话式否认"（dialogical disavowal）。瓦拉承认，波焦谴责的观点是在《论快乐》中呈现的，但这不是他自己的观点，而是一种文学对话中伊壁鸠鲁主义的代言人的观点。[7] 在对话结束时，被宣布为明确的胜利者的不是伊壁鸠鲁派，而是由修道士安东尼奥·罗登瑟提出的基督教正统学说："当安东尼奥·罗登瑟这样结束了他的讲话，我们没有立即起立。我们对这种虔诚和宗教的话语感到非常钦佩。"[8]

然而，在对话的中心，瓦拉为伊壁鸠鲁主义的主要原则建立了非常有力和持续的防御：从争强好胜中退入宁静的哲学花园的智慧（"你必从岸上安然地嗤笑海浪，或者讥诮那些被海浪颠簸的人。"）、肉体享乐至上、适度的好处、性节制的反常与不自然，拒绝来世。"很简单，"伊壁鸠鲁派声称，"对死者

223

没有奖励，当然也没有惩罚。"⁹而且，为了避免这种说法产生
歧义，仍然将人类灵魂与其他创造物分开，他毫不含糊地说明
了这一点：

> 根据我的伊壁鸠鲁……在生命解体之后，什么也没有
> 留下，他在"生物"（living being）这个术语中列入人类，
> 就像狮子、狼、狗和所有其他能呼吸的东西一样。所有这
> 些我都同意。它们吃饭，我们吃饭；它们喝水，我们喝
> 水；它们睡觉，我们睡觉。它们交配、怀孕、分娩和养育
> 它们的孩子，与我们没有什么不同。它们拥有一些理性和
> 记忆，一些比另一些多，而我们比它们更多些。我们几乎
> 在所有事情上都和他们一样；最后，它们死了，我们死
> 了——身体和灵魂都死了。

如果我们清楚地认识"最后，它们死了，我们死了——身体
和灵魂都死了"，那我们的决心应该同样明确："因而，在尽
可能长（但愿更长！）的时间里，让我们不要让那些无法怀
疑、在另一个生命中无法恢复的肉体的快乐溜走。"¹⁰

可以这样说，瓦拉写这些话，只是为了显示他们被修道士
罗登瑟的严肃训诫所压倒：

> 如果你看到你心爱的人旁边有一个天使的身影，心爱
> 的人会显得那么可怕和粗鲁，你会把目光从她身上移开，
> 就像从尸体的脸上移开一样，把所有的注意力都集中在天
> 使的美丽上——我说美丽，这并没有激起欲望，反而扑灭
> 了欲望，并注入了一种最神圣的宗教敬畏。¹¹

如果这种解释是正确的，那么《论快乐》就是包容颠覆的一种尝试。[12]意识到他和他同时代的人已经暴露在卢克莱修有毒的诱惑之下，瓦拉决定不像费奇诺那样抑制这种污染，而是把伊壁鸠鲁的论点暴露在基督教信仰的净化空气中，以此来消灭伊壁鸠鲁。

但瓦拉的对手波焦得出了相反的结论：在他看来，《论快乐》的基督教框架和对话形式只是一个方便的掩护，使瓦拉得以公开他在基督教教义上的可耻和颠覆性言论。如果说波焦的恶意让这种解释受到质疑，那么瓦拉对所谓"君士坦丁捐赠"是虚假的著名证明表明，他绝不是一个可靠的正统思想家。就此而言，《论快乐》会是一个相当激进和颠覆性的文本，给它的作者蒙上一块遮羞布，这个牧师作者继续为他最终获得使徒秘书职位而努力，他最终得到了一些保护。

这两种截然相反的解释之间的冲突该如何解决？颠覆或包容？在如此遥远的距离，任何人都不可能发现肯定能回答这个问题的证据——如果这种证据存在的话。问题本身暗示了一种程序性的确定性和明确性，这种确定性和明确性与15～16世纪知识分子的实际情况几乎没有关系。[13]就他们的整体理解而言，有些人可能完全接受激进的伊壁鸠鲁主义。比如，1484年，佛罗伦萨诗人路易吉·普尔西被拒绝作为基督徒下葬，因为他否认奇迹，并且把灵魂描述为"仅仅是热的白面包里的一颗松子"[14]。但对于文艺复兴时期许多最大胆的思想家来说，随着卢克莱修诗歌的发现和对伊壁鸠鲁主义重新产生兴趣，那些在1417年涌现出来的思想，并没有构成一个完整的哲学或意识形态体系。卢克莱修的思想图景以其优美、诱人的诗歌表现出来，构成了一个深刻的智者和创造性的挑战。

重要的不是执着，而是流动——几个世纪以来，一首诗在一个或两个以上的修道院图书馆里从未动弹过，如今又重新活跃起来，伊壁鸠鲁的观念最初被白日梦、尚未成形的猜测、私下的怀疑和危险的想法所压制，但现在这些观念开始变得灵动起来。

波焦可能与《物性论》的内容保持距离，但他走出了至关重要的第一步：把这首诗从书架上拿下来，抄写它，将抄本寄给他在佛罗伦萨的朋友们。此诗一旦开始再次传播，困难不在于阅读此诗（当然，倘若能够有起码的拉丁文水平），而在于公开谈论其内容或严肃对待其思想。瓦拉找到了一种方式来接受伊壁鸠鲁的中心论点——赞美作为至善的快乐，并在对话中表达了同情。这一论点脱离了赋予它最初重量并最终予以拒绝的完整的哲学结构。但对话中的伊壁鸠鲁用一种千年以来没有人听到过的充满活力、微妙和有说服力的语言来捍卫快乐。

1516 年 12 月——距波焦的发现差不多一个世纪之后——一群有影响力的高级神职人员组成的佛罗伦萨宗教大会（Synod），禁止在学校读卢克莱修的作品。它优美的拉丁语可能诱使学校老师把它教授给学生，但神职人员说，它应该被禁止，因为它是"一部淫荡和邪恶的作品，在这部作品中，每一种能量都被用来展示灵魂的死亡。"

这项禁令可能会限制其传播，并有效地阻止卢克莱修在意大利的印刷，但现在关闭大门为时已晚。一个版本已经在博洛尼亚出版，一个在巴黎出版，另一个由威尼斯著名的阿尔杜斯·马努提乌斯出版社出版。在佛罗伦萨，著名出版商菲利普·吉恩蒂出版了一个由人文主义者皮耶尔·坎迪多·德琴布里奥编辑的版本，波焦在尼各老五世的教廷中跟德琴布里奥很熟。

　　吉恩蒂的版本根据杰出的希腊籍士兵、学者和诗人麦克尔·马鲁卢斯（Michael Tarchanionta Marullus）的建议修订。马鲁卢斯——其肖像由波提切利绘制——在意大利人文主义者圈子里很有名。在其不安分的职业生涯中，他受到卢克莱修的启发，写出了优美的异教赞美诗，他对卢克莱修的作品倾注了极大的热情。1500 年。当他身穿铠甲从沃尔泰拉出发，与切萨雷·波吉亚的军队作战时，他正在思考《物性论》复杂的文本问题，然后集结在皮翁比诺附近的海岸。雨下得很大，农民劝他不要试图涉水通过上涨的切奇纳河。据说他回答道，一个吉卜赛人在他小时候就告诉过他，他应该害怕的不是海神，而是战神。过河的中途，他的马滑倒，压在他身上，据说，他死时在诅咒神灵。他的衣袋里有一本卢克莱修诗作的抄本。

227

　　马鲁卢斯的死可以作为一个警示流传——就连心胸开阔的伊拉斯谟也说过，马鲁卢斯写作时像个异教徒——但它无法平息对卢克莱修的兴趣。其实，教会当局中许多人同情人文主义，对其危险并没有统一的看法。1549 年，有人提议将《物性论》列入禁书目录——此目录直到 1966 年才取消，目录上的书天主教禁止阅读——但这一提议应有权势的红衣主教玛策禄·切尔维尼的要求而放弃，几年后他被选为教皇。（他任职不到一个月，从 1555 年 4 月 9 日到 5 月 1 日。）宗教裁判所的代理总主教安多尼·吉斯莱里（Antonio Ghislieri）也反对压制《物性论》。他将卢克莱修列为这样的作家，这些异教徒的书是可以读的，但前提是把它们被当作寓言来读。吉斯莱里本人1566 年当选为教皇，他把执行教皇职务时的注意力集中在与异教徒和犹太人的斗争上，而没有进一步追究异教诗人构成的威胁。

实际上，天主教知识分子确实也可以通过寓言的中介去接触卢克莱修的思想。虽然他抱怨马鲁卢斯听上去"像一个异教徒"，但伊拉斯谟写了一篇虚构的对话，名为《享乐主义者》，其中一个人物赫多尼斯（Hedonius）想要表明"没有比虔诚的基督徒更享乐主义的了"[15]。基督徒斋戒、悲叹他们的罪、惩罚他们的肉体，看起来可能不像享乐主义者，但他们寻求正义的生活，"没有人比那些过正义生活的人更快乐。"

228　　如果这个悖论看起来更像是一种花招的话，伊拉斯谟的朋友托马斯·莫尔在他最著名的作品《乌托邦》（Utopia，1516）中更深入地探讨了伊壁鸠鲁主义。作为一个博学的人，莫尔深深沉浸在波焦和其同时代人重新传播的、异教的希腊和拉丁文本中，他也是一个虔诚的基督教苦行者，在衣服里面穿一件粗布衬衫，鞭打自己，直到鲜血淋漓。大胆投机和冷酷的智慧使他能够抓住从古代世界涌来的力量，同时，他虔诚的天主教信仰使他划定了他认为对他，或对任何人来说都是危险的界线。这就是说，他深入地探索了他自己所认同的身份（即"基督教人文主义者"）中隐藏的紧张关系。

《乌托邦》首先写对英格兰的强烈控诉，在这片土地上，无所事事的贵族靠别人的劳动生活，他们不断提高租金，让佃户血本无归；在这片土地上，圈地养羊把数不清的穷人扔进了饥饿或犯罪的深渊；在这片土地上，城市里到处都是绞刑架，小偷被处以绞刑，丝毫没有迹象表明严厉的惩罚会阻止任何人犯下同样的罪行。

对可怕现实的描述——16 世纪的编年史作家霍林希德记载说，在亨利八世统治时期，七万两千个小偷被绞死——对照一个想象中的岛屿乌托邦（希腊语意为"不存在之地"），此地居民相信"人类幸福的全部或大部分"在于追求快乐。这部作品明确指出，这一重要的享乐主义信条是乌托邦的美好社会与他自己的英格兰的腐败、邪恶社会之间对立的核心。也就是说，莫尔清楚意识到，快乐原则——这一原则在卢克莱修的壮观的《维纳斯赞美诗》中得到了最有力的表达——不是日常存在的装饰性增强；这是一个激进的想法，如果认真对待，将会改变一切。

莫尔将《乌托邦》的背景设置在世界上最僻远的地方。莫 229 尔在作品开头写道，它的发现者是一个"加入了亚美利哥·韦斯普奇航海的人，在韦斯普奇四次航行的后三次中，他一直是韦斯普奇的伙伴，现在大家都知道了，但是在最后一次航行中他没有和韦斯普奇一起回来"。相反，他按自己的意愿留了下来，留在了探险家冒险进入未知世界的最远处的一个要塞。

听了亚美利哥·韦斯普奇的故事，并对新发现的土地（为了纪念他，被命名为"亚美利加"）进行了反思，莫尔抓住韦斯普奇关于他所遇到的民族的一个观察："因为他们的生活完全被享乐所支配，"韦斯普奇写道，"我应该把它归结为伊壁鸠鲁风格。"[16]莫尔不无震惊地意识到，他可以利用这一惊人的发现来探索卢克莱修的一些令人不安的观念。这种联系并不完全出乎意料：佛罗伦萨人韦斯普奇是传播《物性论》的人文主义者圈子的一分子。莫尔写道，乌托邦人倾向于相信"任何一种快乐都是不被禁止的，只要它不带来伤害。"他们的行为不仅是一种习惯，还是一种哲学立场："他们似乎比在学校学到了更多的东西，因为他们认为快乐是定义人类幸福的全部或主要对象。"所谓"学校"就是伊壁鸠鲁和卢克莱修学派。

书中场景设置在世界最遥远的地方，这使莫尔能够传达一种他同时代人难以表达的感觉：人文主义者发现的异教文本既至关重要，同时又十分怪异。[17]在经过几个世纪几乎完全遗忘之后，它们被重新注入欧洲知识分子的血液中，而它们代表的

230

不是连续性或恢复，而是一种深层的扰动。它们实际上是来自另一个世界的声音，这个世界如此不同，就像韦斯普奇契笔下的巴西对于英格兰，它们的力量来自它们的距离，也来自它们有说服力的清醒。

对新世界的召唤使莫尔能够对那些令人文主义者着迷的文本做出第二种关键的回应。他坚持认为，这些文本不应被理解为孤立的哲学思想，而应被理解为在特定的物质、历史、文化和社会环境中整个生活方式的表达。在莫尔看来，对乌托邦人的伊壁鸠鲁主义的描述只有在整个存在的大背景下才有意义。

莫尔认为，这种存在必须是为每个人的。他严肃地对待《物性论》中如此热切的断言：伊壁鸠鲁的哲学将把全人类从悲惨的苦难中解放出来。或更确切地说，莫尔严肃地看待"天主教"（catholic）这个词在希腊语中的潜在含义——普遍性。对于伊壁鸠鲁主义来说，仅仅在象牙之塔里启蒙一小群精英是不够的；它必须适用于整个社会。《乌托邦》是这种应用的一个有远见的、详细的蓝图，从公共住房到全民医疗保健，从儿童护理中心到宗教宽容，再到每天六小时工作制。莫尔这个著名的寓言故事的要点是，想象那些能让整个社会把追求幸福作为共同目标的条件。

对莫尔来说，那些条件必须从废除私有财产开始。否则，人类的贪欲，他们对尊严、荣耀和威严的渴望，将不可避免地

导致财富的不平等分配，使很大一部分人口生活在痛苦、怨恨和犯罪之中。但共产主义还不够。某些思想必须被禁止。莫尔写道，乌托邦人会特别对任何否认神的旨意或来世存在的人施以严厉的惩罚，包括最严厉的奴役形式。 231

对天意的否定和对来世的否定是卢克莱修整首诗的两大支柱。托马斯·莫尔随后想象拥抱伊壁鸠鲁主义——这是自一个世纪前波焦发现《物性论》以来最持久、最聪明的拥抱——并小心翼翼地切出它的心脏。他的乌托邦的所有民众被鼓励追求快乐；但他写道，那些认为灵魂与肉体同死的人，或者那些相信偶然性统治宇宙的人，都将被逮捕和奴役。

这种严酷的处罚是他所能设想的追求快乐的唯一途径，而不仅是一小群从公众生活中退出的，享有特权的哲学家所能实现的。人们将不得不相信，至少有一个总体的天意设计——不仅在状态上，而且在宇宙本身的结构上——他们也必须相信，通过这种天意设计，规范他们对快乐的追求，从而约束他们的行为。这种强化的方式是通过相信死后的奖赏和惩罚。否则，在莫尔看来，像他所希望的那样，大幅度减少可怕的惩罚和过度的奖赏，从而使他自己的不公正社会保持井然有序是不可能的。[18]

根据莫尔时代的标准，乌托邦人是非常宽容的：他们没有规定单一的官方宗教教义，他们对那些不遵守的人使用拇指夹惩罚。其居民被允许崇拜任何他们喜欢的神灵，甚至与他人分享这些信仰，只要他们以冷静和理性的方式这样做。但在乌托邦，对于那些认为自己的灵魂会随着肉体死亡而解体的人，或者那些认为神如果存在，除了它们自己，不会关心人类行为的人，是完全不能容忍的。这些人是个威胁，因为有什么能阻止 232

他们为所欲为呢？他写道，乌托邦人认为这些不信教的人不像人类，肯定不适合留在社会上。在他们看来，因为没有人可以算作"他们的公民，如果不是因为恐惧，他们的法律和习俗将被视为一文不值。"

"如果不是因为恐惧"：在哲学家花园里，在少数开明的精英中，恐惧可能会被消除，但如果这个社会被想象成由居住在这个世界上的人所组成，那么恐惧就不可能从整个社会中消除。莫尔认为，即使有乌托邦式社会条件的充分力量，人类的本性也将不可避免地导致人们诉诸武力或欺骗，以得到他们想要的任何东西。莫尔的信念无疑受到了他狂热的天主教思想的制约，但在同一时期，虔诚程度远低于圣人莫尔的马基雅维利得出了同样的结论。这位《君主论》（*The Prince*）的作者认为，没有恐惧，法律和习俗就毫无价值。

莫尔试着去想象，如果不是某些人得到了启发，而是整个社会都摒弃了残酷和混乱，平等地分享生活的美好，围绕着追求快乐而组织起来，捣毁绞刑架，那将会是什么样子。莫尔做出结论说，除了少数几个，这些绞刑架只有当人们能够想象另一种生活中的绞刑架（和奖赏）时，才可能被拆除。如果没有这些想象中的补充，社会秩序将不可避免地崩溃，因为每个人都试图实现自己的愿望："谁能怀疑，当他除了法律之外无所畏惧、身体之外无所寄托的时候，他会努力通过制定自己国家的公法来逃避，或者通过暴力来打破公法，以满足自己的私欲？"莫尔完全准备好支持公开处决任何以其他方式思考和教导的人。

233　　莫尔想象的乌托邦人有一个实际的、工具性的动机来加强对天意和来世的信仰：他们确信他们不能相信任何一个不持有这些信念的人。但作为一个虔诚的基督徒，莫尔本人另有动机：耶稣自己的话语。"两只麻雀不是卖一分银子吗？若是你们的父不许，一只也不能掉在地上，"耶稣告诉他的门徒，又说，"就是你们的头发也被都数过了"（《马太福音》10：29 - 30）。如哈姆雷特的诗句："麻雀的坠落也有一种特殊的天意。"在基督教世界，谁敢与之争辩？

16 世纪的一个回答来自矮小的多明我会修士焦尔达诺·布鲁诺。1580 年代中期，三十六岁的布鲁诺从那不勒斯的修道院出走，在意大利和法国到处游荡，最后到了伦敦。他才华横溢、不计后果，既魅力非凡，又好辩得令人难以忍受。他靠赞助人的支持生存，教授记忆的艺术，并讲述他所谓的诺兰哲学（以他出生的那不勒斯附近的小镇命名）的各个方面。这一哲学有几个来源，它们交织在一起，充满活力，常常令人困惑，但其中之一就是伊壁鸠鲁主义。确实，许多迹象表明，《物性论》已经动摇和改变了布鲁诺的整个世界。

在英国逗留期间，布鲁诺写作和出版了一堆奇怪的作品。这些作品的非凡胆识可以用其中一段话的含义来衡量，这段话出自 1584 年发表的《驱逐得意扬扬的野兽》（*The Expulsion of the Triumphant Beast*）。这段话（这儿引用了英格丽德·D. 罗兰的精美翻译）很长，但它的长度是非常重要的一点。天神的信使墨丘利把朱庇特交给他办的事情都讲给索非亚听。他命令，

今天中午，弗兰奇诺老爹的西瓜地里的两个瓜就要熟透了，但要三天后才被采摘，那时它们就不再被认为是好吃的了。他要求在同一时刻，在乔瓦尼·布鲁诺家，在西 234

卡拉山下的枣树上，摘下三十颗成熟的枣子，他说有几颗仍然绿的枣子会掉到地上，有十五颗枣子会被虫子吃掉。维斯塔是奥尔本齐奥·萨瓦利诺的妻子，当她打算把两边的头发卷一下，她会烧掉五十七根头发，因为卷发工具太烫了，但她不会灼伤头皮，因此当她闻到恶臭时，她不会咒骂，但她会耐心地忍受。从牛粪中将有二百五十二只蜣螂出生，其中十四只会被奥尔本齐奥踩死，二十六只会被压死，二十二只会住在洞里，八十只会在院子里朝圣，四十二只会退休，住在门边的石头下面，十六只会将他们的粪球滚到它们愿意滚到的任何地方，其余的将随意乱窜。[19]

这绝不是墨丘里要安排的全部。

当劳伦扎梳头的时候，会掉十七根头发，折断十三根，其中十根会在三天之内长出来，七根永远长不回来。安东尼奥·萨瓦利诺的母狗会生下五只小狗，其中三只将寿终正寝，两只被丢弃，在这三只中，第一只会像它母亲，第二只将是只杂种，第三只部分像它父亲，部分像波利多罗的狗。在那一刻，将听到来自拉斯塔扎的布谷鸟的声音，布谷鸟叫十二声，不多也不少，此后，它会离开，向奇卡拉城堡的废墟飞十一分钟，之后，飞向斯卡维塔，至于接下来会发生什么，我们以后再说。

墨丘利在坎帕尼亚小角落的这个小角落里的工作还没有完成。

马斯特罗·丹尼斯在板子上裁剪的裙子会剪歪。那十二只臭虫会离开科斯坦蒂诺的床板，朝枕头爬去：七只大，四只小，一只中等大小，至于哪只能活到今晚点亮烛光的时候，我们会注意的。十五分钟之后，因为她已经用舌头舔她的上颚四次，菲乌鲁洛的这位老妇人将失去她下颌的第三颗右白齿，它会在不流血不疼痛的情况下掉落，因为那个白齿已经松动十七个月了。安布罗乔第一百一十二次插入，最终向他的妻子交了差，但这次不会使她怀孕，而下一次，他吃了小米、酒酱和煮熟的韭菜，这将转化成精子使她怀孕。马丁内洛的儿子胸部开始长毛，嗓音也开始嘶哑。当波利诺弯腰捡起一根断了的针时，他内裤的红裤带就会断掉……

在他出生的小村庄，布鲁诺以一种幻觉般的细节，上演了一出哲学闹剧，至少像人们所理解的那样，旨在展示神圣天意是垃圾。这些细节都是有意为之的琐碎小事，但风险极高：嘲笑耶稣说人的头发都有定数，这可能会招致思想警察不愉快的访问。宗教不是一个可以嘲笑的话题，至少对于执行正统教义的官员来说是这样。他们甚至对微不足道的笑话也不掉以轻心。在法国，一个名叫伊沙姆巴德的村民被捕，因为一名修士做完弥撒后宣布他将对上帝说几句话，村民大声说："越少越好。"[20]在西班牙，就在牧师宣布下一周的礼拜日程安排之后走出教堂，一个名叫加西亚·洛佩兹的裁缝打趣地说："当我们是犹太人时，每年有一个逾越节让我们感到无聊，而现在似乎每天都是逾越节和斋日。"[21]加西亚·洛佩兹被告发到宗教裁判所。

236

　　但布鲁诺在英国。尽管在托马斯·莫尔担任大臣期间，他付出了巨大的努力想建立一个宗教裁判所，但英国没有宗教裁判所。虽然人们很可能会因为言语坦率而陷入严重的麻烦，但布鲁诺可能觉得要更自由地说出自己的想法，或者，在这种情况下，放纵一下喧闹的、疯狂的颠覆性笑声。这笑声有其哲学含义：一旦你认真看待上帝的意愿，将其延伸到一只麻雀的坠落和头上头发的数量，从一束阳光中摇曳的尘埃到天空中正在发生的行星碰撞，那实际上就没有限制。"哦，墨丘利，"索非亚同情地说，"你有很多事情要做。"

　　索非亚明白，即便在坎帕尼亚的一个小村子里，哪怕是一瞬间发生的事，也需要数十亿的语言来描述。照这样下去，谁也不会羡慕可怜的朱庇特。但墨丘利也承认，事情并非如此：世上没有万能神站在宇宙之外，发号施令，奖惩分明，决定一切。整个想法就很荒唐。宇宙中有一种秩序，但它是一种内在的东西，融入构成万物的物质之中，从星星到人类再到臭虫。事情的性质不是抽象的能力，而是生成之母，孕育着存在的一切。换句话说，我们进入了卢克莱修的宇宙。

　　在布鲁诺看来，宇宙不是一个忧郁的幻灭之地。相反，他发现令人激动的是，我们认识到，世界在空间和时间上都是无限的，最伟大的事物都是由最小的事物构成的，原子，就是所有存在物的基石，连接着"一"和"无限"。"世界美好如斯，"[22]他写道，把无数关于痛苦、罪恶和忏悔的说教一扫而光，仿佛它们是许多蜘蛛网。在圣子遍体鳞伤的身体里寻找神性是毫无意义的，梦想在某个遥远的天国找到圣父也是毫无意义的。"我们知道，"他写道，"我们不要去寻找我们之外的神性，即使它离我们很近；因为它在我们里面，比我们自身更深入。"他的哲学层面的快乐延伸到他的日常生活。佛罗伦萨的一位同时代人注意到，他是"餐桌上令人愉快的同伴，非常注重享乐主义的生活"。[23]

布鲁诺警告说，正如伊壁鸠鲁，不要把一个人所有的爱和渴望的能力都集中在一个有强迫性欲望的对象上。他认为，满足身体对性的渴望是完美的，但把这些渴望与对终极真理的追求混为一谈是荒谬的，而这些真理只有哲学（当然指诺兰哲学）才能提供。相反，布鲁诺可能是一千多年来第一个充分理解卢克莱修的《维纳斯赞美诗》的哲学和情欲力量的人。宇宙就其不断产生、破坏和再生的过程而言，本质上是性欲的。

布鲁诺发现他在英国和其他地方遇到的激进的新教徒，就像他逃离的反宗教改革的天主教一样顽固和狭隘。他对宗派仇恨的整个现状很蔑视。他所珍视的是敢于站出来反对那些好斗的白痴的勇气，这些白痴总是准备好大声反对他们无法理解的东西。他在天文学家哥白尼身上发现了这种勇气，如他指出的，哥白尼是"被众神安排为古代真正哲学的太阳升起之前的黎明，因为这么多世纪被埋葬在盲目、恶毒、傲慢和嫉妒的无知的黑暗洞穴中"。[24]

哥白尼断言地球不是宇宙中心的固定点，而是围绕太阳运行的行星。当布鲁诺倡导这一观点时，这仍是一个可耻的想法，教会和学术界都深恶痛绝。布鲁诺设法将哥白尼主义丑闻传播得更远：他认为，宇宙根本没有中心，地球和太阳都不是中心。相反，他写道，依据卢克莱修的观点，有多个世界，在那里，无限多事物的种子，必定会结合起来形成其他种族的人类和其他生物。[25]在天空中观测到的每一颗固定的星星都是太

238

阳，散布在无限的空间中。其中许多星球都伴随着围绕它们旋转的卫星，就像地球围绕太阳旋转一样。宇宙不只是关注我们，关注我们的行为和命运；我们只是更宏大的存在之物的一小部分。这不应该让我们恐惧和退缩。相反，我们应该怀着惊奇、感激和敬畏的心情拥抱世界。

这些观点中每一个都是极其危险的，当布鲁诺努力使他的宇宙论与《圣经》相一致时，这并没有对问题有所改善，他写道，《圣经》是更好的道德指南，而非描绘天堂的指引。许多人可能暗中同意，但在公共场合说出来是不谨慎的，更不用说用白纸黑字了。

239 　　在欧洲，布鲁诺并不是唯一一位反思事物本质的杰出科学家；在伦敦，他几乎肯定见到了托马斯·哈里奥特（Thomas Harriot），后者建造了英国最大的一台天文望远镜，观察太阳黑子，测绘月球表面，观察行星的卫星，提出行星不是做完美的圆周运动，而是在椭圆轨道上运动，他从事数学制图工作，发现了折射正弦定律，在代数上取得了重大突破。[26]借助这些发现，伽利略、笛卡尔和其他一些人因此而成名。但哈里奥特并没有得到任何认可：直到最近，人们才在他去世时留下的大量未发表的论文中发现这些成果。在这些论文中，哈里奥特保留了一份详细的清单，作为一个原子论者，他被攻击为一个自称无神论者的人。他知道，如果他公布了自己的任何发现，他就会受到强烈的攻击，而且他更喜欢生活而不是名声。谁能指责他呢？

然而，布鲁诺不能保持沉默。"凭借他的感觉和理性，"他自述道，"他打开了我们可以用最勤奋的探究的钥匙去打开的那些真理的回廊，他使遮盖掩饰的本性暴露无遗，给鼹鼠一双眼睛，给盲人一丝光明……他解放了哑巴的舌头，他们原本不能也不敢表达他们纠缠不清的观点。"[27]在《浩瀚无垠的宇宙》（*On the Immense and the Numberless*）这首模仿卢克莱修的拉丁诗中他回想，作为一个孩子，他相信除了维苏威火山什么也没有，因为在火山之外他什么也看不见。现在他知道，他只是无限世界的一个部分，他不能再把自己封闭在他的文化要他固守的，狭小的精神囚室中。

也许如果他待在英国——或待在法兰克福、苏黎世、布拉格或威登堡，这些地方他都游历过——他可以设法保持自由，虽然也很困难。但 1591 年，他做了一个返回意大利的致命决定，在他看来，回到一向独立的帕多瓦和威尼斯是安全的。这种安全是个错觉：他的赞助人向宗教裁判所告发，布鲁诺在威尼斯被捕，之后被遣送到罗马，关进靠近圣彼得教堂的宗教法庭的一间囚室。

对布鲁诺的审讯和审判持续了八年，他大部分时间都在不断地回应对异端的指控，重申他的哲学观点，驳斥漫无边际的指控，利用他惊人的记忆力一次又一次地描述他确切的信仰。最后，受到酷刑的威胁，他否认宗教裁判官有权决定什么是异端，什么是正统的信仰。这个挑战是最后一根稻草。宗教法庭承认其最高司法管辖权没有限制——没有领土的限制，除了教皇和红衣主教外，没有人的限制。它声称有权在任何地方对任何人进行审判，并在必要时加以迫害。它是正统观念的最终仲裁者。

在众人面前，布鲁诺被迫跪倒在地，他被判为"一个不悔悟的、有害的、顽固的异教徒。"他不是个斯多葛派哲学家；他显然对等待他的可怕命运感到害怕。但有位观众，一个德国天主教徒，记下这个顽固的异教徒在被定罪和逐出教会时所说的话："他没有别的回答，只是用一种威胁的口气说：'你对我做出这个判决，也许比我接受判决时更害怕。'"

1600 年 2 月 17 日，这个被解除教职的多明我会修士头发被剃光了，骑在一头驴上，被带到在菲奥里广场竖起的木桩前。他坚决拒绝忏悔，在好几个小时里，他被一群修士喋喋不休地骂个不停，但他拒绝忏悔，也不愿在临终前保持沉默。他的话没有被记录下来，但一定让当局感到不安，因为他们下令勒住他的舌头。他们真是这么做的：根据一份记录，一根针刺入他的脸颊，通过他的舌头，从另一边穿出来；另一根针将他的嘴唇穿起来，形成一个十字。当一个十字架举到他面前，他扭过头去。火点了起来，火焰吞没了木桩。他被活活烧死，之后，他的遗骨被砸碎，他的骨灰——这些微小的粒子，他相信，会重新进入巨大的、快乐的、永恒的物质循环——被抛撒掉了。

241

第十一章　来世

事实证明，让布鲁诺沉默比让《物性论》回到黑暗中容易得多。问题在于，卢克莱修的诗歌一旦重回人世，这位富有远见和人类体验的诗人开始在文艺复兴时期的作家和艺术家的作品中产生强烈的共鸣，虽然他们中的许多人认为自己是虔诚的基督徒。这种共鸣（在绘画或史诗传奇中相遇的痕迹）与科学家或哲学家的著作相比，不会让当局感到那么不安。教会的思想警察很少被要求调查艺术作品中的异端含义。[1]但就像卢克莱修作为诗人的天赋帮助他传播其激进思想一样，这些思想也以极其难以控制的方式，被直接或间接接触到意大利人文主义圈子的艺术家们所传播：画家如桑德罗·波提切利、皮耶罗·迪·科西莫和莱昂纳多·达·芬奇，诗人如马特奥·博亚尔多、卢多维科·阿里奥斯托和托尔夸托·塔索。不久，这些想法也在远离佛罗伦萨和罗马的地方浮出水面。

在 1590 年代中期的伦敦舞台上，茂丘西奥（Mercutio）用麦布女王的奇妙描述来戏弄罗密欧：

> 她是仙女的助产士，
>
> 她的体型比不上
>
> 一位官吏食指上的玛瑙大，
>
> 由一群细小的原子带着

> 越过酣睡的人们的鼻梁……
>
> （《罗密欧与朱丽叶》第一幕第四场）

"……一群细小的原子"：莎士比亚期待他的观众会马上明白茂丘西奥滑稽地想起一个难以想象的小物体。这本身有趣，而在一部悲剧的背景中则更有趣了，这部悲剧思考了欲望的强迫性力量，其中主要人物明显放弃死后生命的任何可能性：

> 我要留在这儿
> 跟你的侍婢，那些蛆虫在一起。
> 啊，我要在这儿永久安息下来……
>
> （《罗密欧与朱丽叶》第五幕第三场）

布鲁诺在英国的岁月没有白费。《罗密欧与朱丽叶》的作者分享了他对卢克莱修唯物主义的兴趣，分享这一思想的人还有斯宾塞、邓恩、培根等。虽然莎士比亚没有进过牛津或剑桥，但他的拉丁文很好，完全可以自己阅读卢克莱修的诗歌。不管怎样，他似乎认识布鲁诺的朋友约翰·弗洛里奥本人，他也可能跟他剧作家同行本·琼森讨论过卢克莱修，本·琼森自己签了名的一册《物性论》留存下来，如今保存在哈佛大学的霍顿图书馆内。[2]

莎士比亚肯定会在他最喜欢的书中读到卢克莱修：蒙田的244 《散文集》（Essays）。《散文集》1580 年初次出版，1603 年由弗洛里奥译成英文，包含了几乎一百多条《物性论》的直接引文。这不仅仅是引用的问题，卢克莱修和蒙田之间有一种很深刻的亲缘关系，这种亲缘关系超越了特定的段落。

　　蒙田分享了卢克莱修对来世噩梦强加的道德的蔑视；他坚持自己的感官重要性和物质世界的证据；他强烈反对禁欲主义的自我惩罚和对肉体的暴力；他珍惜内心的自由和满足。在与死亡恐惧做斗争的过程中，他受到斯多葛主义和卢克莱修唯物主义的影响，但后者被证明是主要的指引，引领蒙田走向身体愉悦的庆典。

　　卢克莱修的非个人化的哲学史诗在蒙田的伟大计划中没有提供任何指导，这一计划代表着他的身体和精神存在的特殊的曲折过程：

　　　　我不太喜欢沙拉或水果，除了甜瓜。我父亲讨厌各种酱汁；我则很喜欢……我们身上发生的变化是不规则的、未知的。如萝卜，我起初喜欢，后来不喜欢，现在又喜欢了。[3]

但将他的整个自我融入文本中这一崇高而古怪的尝试，是建立在 1417 年波焦从休眠中唤醒的有关物质宇宙的想象之上的。

　　"世界只是一种常年运动，"蒙田在《论悔恨》中写道，

　　　　一切事物都是不断运动的——地球、高加索山岩、埃及金字塔——既有共同的运动，也有各自的运动。稳定本身不过是一种更慵懒的运动。（610）

人类也不例外，不管他们认为自己选择移动还是原地不动：　245
"我们的通常做法，"蒙田在论《我们行为的不一致》这篇文

章中反思，"是顺着我们的心意，往左，往右，往上和往下，就像一阵风带着我们一样。"

他接着引用卢克莱修的话强调说，就好像这种处理事物的方式仍然给了人类太多的控制权一样，人类的转向完全是随机的："我们不是走路，我们被带着走，像漂浮的物体，时而轻柔，时而猛烈，依据水流湍急或平静：'难道我们没有发现所有的人都没有意识到/他们想要什么，总是到处寻找，/变换位置，好像要卸下他们背负的重担？'"（240）他的散文所涉及的不稳定的知性生活也没有什么不同："就某个话题，我们制造出无数个话题，然后，相乘再细分，回到伊壁鸠鲁无穷无尽的原子状态中。"（817）蒙田比任何人（包括卢克莱修）都更好地表达了他在伊壁鸠鲁的世界里思考、写作、生活的内心感受。

在此过程中，他发现自己不得不放弃卢克莱修最珍爱的梦想之一：梦想站在宁静安全的陆地上，俯视着别人遭遇的沉船事故。他意识到，没有稳定的悬崖可以站立；他已经上了船。蒙田完全认同卢克莱修的伊壁鸠鲁式的怀疑主义，怀疑对名誉、权力和财富的永不停息的追求；他从世界上退出，珍惜自己的隐居生活，住进城堡的塔楼，书房里摆满了书籍。但这种退出似乎只是加强了他对永恒的运动、形式的不稳定、世界的多元性以及他自己和其他人一样完全欣赏的随机转向的意识。

246　　蒙田怀疑的习性使他摆脱了伊壁鸠鲁主义教条的确定性。但他沉浸在《物性论》的风格和思想中，这帮助他叙述他的生活经历，并尽可能忠实地描述他阅读和思考的成果。这帮助他表达了他对虔诚的恐惧的拒绝，他对这个世界而不是来世的关注，他对宗教狂热的蔑视，他对所谓的原始社会的迷恋，他对简单和自然的欣赏，他对残忍的厌恶，他对人类作为动物的深刻理解和对其他动物物种相应的深切同情。

正是本着卢克莱修的精神，蒙田在《论残忍》中写道，他心甘情愿地"放弃人们赋予我们凌驾于其他生物之上的想象中的王权，"承认他几乎见不得鸡脖子被扭断的样子，承认他"不能拒绝我的那条狗在不适宜的时间里嬉戏。"[4] 也正是这种精神，在《雷蒙·塞邦赞》中，他嘲笑了人类是宇宙中心的幻想：

> 为什么小鹅不会这么说："宇宙的所有部分都在我的视线之内；大地为我服务，让我继续前行，太阳为我带来光明，繁星给我造成影响；我从风和水中得到这种好处；没有什么比我更受天穹的眷顾了；我是大自然的宠儿。"[5]

正是本着卢克莱修的精神，当蒙田反思苏格拉底的高贵结局时，他关注最难以置信的，也是最伊壁鸠鲁式的细节，如在《论残忍》中，"当脱去镣铐，搔搔大腿"，苏格拉底感受到"快乐的颤动"。[6]

最重要的是，卢克莱修的印记在蒙田对他最喜欢的两个主题——性与死亡[7]——的反思中随处可见。想到"交际花芙罗拉曾经说过，她和庞培上床时，总是让他带走她咬过的痕迹，"蒙田马上想到卢克莱修的诗句："他们像钳子一样紧紧抓着渴望已久的身体，/他们用牙齿咬破了柔嫩的嘴唇"（"我们的欲望因困难而增强"）。敦促那些性欲太强而无法"驱散"的人，蒙田在《论分心》中引用卢克莱修直白的建议："把积聚的精子喷射到任何东西里"，他又说："我经常有利可图地

247

尝试过。"他试图克服害羞，并获得性交的真实体验，他发现
没有比这更美妙的描写了——更令人陶醉，如他所说——这就
是在《论维吉尔的几首诗》中引的卢克莱修论维纳斯和玛尔
斯的诗句：

> 统治着野蛮战争的神，
> 强大的玛尔斯，经常躺在你怀里；
> 永恒的爱情之伤使他所有的力量枯竭，
> 那贪婪的目光要吃掉你这个爱人，
> 仰头，他的灵魂停留在你唇上：
> 把他拥进你的怀抱吧，女神，
> 让他躺下来，和你融为一体，
> 愿甜言蜜语从你口中涌出。

引的是拉丁文，蒙田不打算用自己的法语来迻译这种描述，他
只是停下来品味它的完美，"如此鲜活，如此深刻"。

有些罕见而强烈的时刻，一个作家虽然早已从地球上消
失，却似乎站在你面前，直接对你说话，仿佛他比任何人都更
懂得你的意思。蒙田似乎感觉到了与卢克莱修的亲近联系，这
种关系帮助他面对自己灭绝的前景。他回想起，有次他看到一
个人死了，在生命的最后时刻，那个人痛苦地抱怨命运不让他
完成他正在写的书。在蒙田看来，这种遗憾的荒谬性最好用卢
克莱修的诗句来表达："但是他们忘了，你死后/没有一件事
能激起你的欲望。"对他自己，蒙田写道："我希望死神发现
我在种卷心菜，但我对死亡不关心，更不在乎未种完的菜
园。"[8]（"探讨哲学就是学习死亡。"）

蒙田明白，"漠视死亡"而死是一个比听起来困难得多的目标：他必须调动他广阔世界中的所有资源，以便倾听和服从他认为是自然的声音。他理解的那个声音来自卢克莱修，比其他任何人都重要。"离开这个世界，"蒙田这样想象大自然并写道，

> 如你进入世界，同样的通道，你从死到生，没有感觉或恐惧，再从生到死。你的死亡是宇宙秩序的一部分；是世界生活的一部分。
>
> 我们的生命互相借鉴……
>
> 和跑步者一样，人们传递着生命的火炬。[9]（卢克莱修，《探讨哲学就是学习死亡》）

对蒙田来说，卢克莱修是理解事物本质、塑造自我、愉快地生活和有尊严地面对死亡的最可靠的指南。

1989 年，伊顿学院的图书馆馆员保罗·夸里买到一册 1563 年版的珍贵的《物性论》，它由丹尼斯·兰宾编辑，拍卖价两百五十英镑。目录页注明，该版本的前后空页上有注释，而且有许多拉丁文和法文的边注，但书的主人却不得而知。学者们很快就证实了夸里拿到书后的猜想：卢克莱修的这本书是蒙田的个人藏书，体现了这位散文作家对这首诗的热情投入。[10]卢克莱修书上蒙田的名字被覆盖了——这就是为什么花了这么久才意识到谁是拥有它的人。但在第三页的左边，他用拉丁文写了一条极为异端的评论，确实留下了一个奇怪的证据，证明这本书是他的。"既然原子的运动如此多变，"他写道，"那原子以这种方式聚集在一起，或者未来它们会以这种

249

方式重新聚集在一起，产生另一个蒙田，这并非令人难以置信。"[11]

蒙田煞费苦心地记下了诗中许多在他看来似乎是"反宗教"的段落，这些段落否定基督教的基本原则，如创世论、神圣天意和死后的审判。首先，他一再指出，灵魂是物质的："灵魂是肉体的"（296）；"灵魂和肉体是彻底的结合"（302）；"灵魂是会死亡的"（306）；"灵魂如同双脚，是身体的一部分"（310）；"肉体和灵魂不可分割地结合在一起。"（311）这些是读书笔记，而不是他自己的主张。但它们对卢克莱修的唯物主义中最激进的论点表现出一种迷恋。虽然他谨慎地把这种迷恋隐藏起来，但很明显，蒙田的反应绝不是他一个人的事。

甚至在西班牙，在宗教裁判所高度警惕的地方，卢克莱修的诗也被人阅读，用的从意大利和法国边境运过来的印刷品，以及悄悄传递的手稿。在 17 世纪早期，伊莎贝尔·德·波蓬公主的医生阿隆索·德·奥利韦拉拥有一册 1565 年的法文版诗集。在 1625 年的一次图书销售中，西班牙诗人弗朗西斯科·德·克韦多购得此书的一份手稿，是根据原稿抄写的。[12] 作家和古董商人罗德里戈·卡罗来自塞维利亚，他有两本，是 1566 年在安特卫普印刷的，1647 年编入他的图书馆目录；在瓜达卢普的修道院里，有卢克莱修《物性论》的一个版本，1663 年在阿姆斯特丹印刷，保存在他的小房间里，由萨莫拉神父发现。如托马斯·莫尔所说，当他设法收购并烧掉新教版本的《圣经》，印刷术使彻底销毁一本书变得极其困难。而要压制对推动物理学和天文学等新的科学进步至关重要的一系列观点，则更加困难。

这不是因为不想尝试。以下是 17 世纪，想要完成布鲁诺之死没有完成事情的一种尝试：

> 没有什么来自原子。
>
> 世界上所有物体都以其形式的美丽而闪耀。
>
> 没有这些，地球只会是一团巨大的混沌。
>
> 起初神造万物，是要叫它们再生事物。
>
> 既然无中生有是不可能的。
>
> 你，德谟克利特，从原子开始也没有什么不同。
>
> 原子什么都不产生，因此，原子什么都不是。[13]

这是一段拉丁文祈祷词，比萨大学年轻的耶稣会士被要求每天背诵，以抵御上司认为特别有害的诱惑。祈祷的目的是驱除原子论，并宣称事物的形式、结构和美丽是上帝的工作。原子论者从事物的存在方式中找到了快乐和惊奇：卢克莱修将宇宙视为一首对维纳斯的持续而强烈的性爱赞美诗。但那位顺从的年轻耶稣会士每天都要对自己说，在他周围，在巴洛克艺术的辉煌中，他所能看到的神圣秩序的唯一替代品就是一个冰冷、贫瘠，由无意义原子组成的混乱世界。

　　为什么这很重要？如莫尔的《乌托邦》所表明的，神圣天意及灵魂的死后奖赏和惩罚是不可妥协的信念，即使是有关已知世界边缘的非基督徒的有趣幻想也是如此。但乌托邦人的理论并不以他们对物理学的理解为基础。在这一时期，耶稣会既是最激进的，也是最具智慧的天主教会，为什么还要致力于消灭原子这一吃力不讨好的任务呢？毕竟在中世纪，事物的隐形种子的概念从未完全消失。宇宙的基本物质组成部分——原子——的核心思想在大量丢失的古代文献中幸存了下来。原子甚至可以在没有重大风险的情况下被提及，只要它们被说成是由神圣天意启动和命令的。在天主教会的最高层，还有一些大胆的思考者，他们渴望与新科学做斗争。为什么文艺复兴高峰时期的原子论至少在某些方面如此具有威胁性呢？

简略的回答是，卢克莱修的《物性论》的发现和再传播成功地将原子这一所有存在物的终极基础的观点与其他许多危险的主张联系起来。与任何背景无关，所有事物都可能由无数看不见的粒子组成的观点似乎并不是特别令人不安。总之，世界必定由某物组成。但卢克莱修的诗歌重新回到原子的缺失的语境中，对于道德、政治、伦理和神学，其含义令人深感不安。

这些含义并不是每个人都能立即明白的。沃纳罗拉（Savonarola）可能嘲笑了那些认为世界是由看不见的粒子组成的学究知识分子，但在这个问题上，他至少是在开玩笑，而没有呼吁施加火刑。正如我们所见，像伊斯拉谟和莫尔这样的天主教徒，他们可以认真思考如何将伊壁鸠鲁主义的元素与基督教信仰相结合。1509 年，当拉斐尔在梵蒂冈画《雅典学派》（School of Athens）这幅他对希腊哲学宏伟想象的作品时，他似乎非常自信地认为，所有古典遗产，而不仅仅是精选出来的少数人的作品，能够与被描绘在对面墙上神学家们认真辩论基督教教义的画面和谐共存。柏拉图和亚里士多德在拉斐尔那光辉的场面中占有重要的地位，但在宽阔的拱顶下，如果传统的鉴定是正确的话，仍有空间容纳所有主要的思想家，包括亚历山大港的海巴夏和伊壁鸠鲁。

但到 16 世纪中叶，这种自信不再可能。1551 年，至少特

252

伦特会议（Council of Trent）的神学家觉得满意的是，他们已经一劳永逸地解决了围绕基督教神秘中心的确切性质的所有争论。他们将 13 世纪托马斯·阿奎那在亚里士多德启发下，试图证明变形论——将圣水和葡萄酒变成耶稣的身体和血液——和物理学定律调和的微妙争论为教会教义。亚里士多德对物质"偶性"和"实体"的区别使得人们能够解释，看起来、闻起来、尝起来完全像一块面包的东西，竟会实际上（不仅是象征意义上）变成了基督的肉体。人类感官所体验的仅仅是面包的偶性；圣水的实体是上帝。

253

特伦特的神学家提出这些奇妙的论点，不是要将其当作理论，而是当作真理，一种与伊壁鸠鲁和卢克莱修完全不相容的真理。伊壁鸠鲁和卢克莱修的问题不在于他们的异教性质——毕竟，亚里士多德也是个异教徒——而在于他们的物理学。原子论绝对否定实体与偶性之间的关键区别，因此威胁着建立在亚里士多德基础上的整个宏伟的知性大厦。这一威胁发生时正值新教徒对天主教教义发起最严厉的攻击。这种攻击不依赖于原子论——路德、茨温利（Zwingli）和加尔文不是伊壁鸠鲁信徒，威克里夫和胡斯则更像是伊壁鸠鲁信徒——而是针对那些好战的、四处树敌的天主教会反宗教改革的势力。似乎古代唯物主义的复兴开辟了危险的第二战场。确实，原子论似乎为宗教改革者提供了一种大规模杀伤性知性武器。教会下决心不让任何人染指这一武器，它的意识形态部队宗教裁判所也被提醒，要注意扩散的迹象。

"信仰必须在哲学的所有其他法则中占据首位，" 1624 年耶稣会的一位发言人宣称，"这样，上帝之言，借着已经建立的权柄，必不暴露在虚假里。"[14]这些话是一个明确的警告，旨在遏制不可接受的猜想。"为了认知真理，哲学家唯一需要的东西也很简单，就是要反对一切与信仰相反的东西，要接受信仰所包含的东西。"耶稣会没有具体指明这一警告的具体目标，但同时代人很容易理解，他的话特别针对最近出版的科学著作《尝试者》（*The Assayer*）的作者。这位作者就是伽利略·伽利莱。

254

伽利略已经因使用天文观测来支持哥白尼声称地球绕太阳运行而有麻烦。在宗教裁判所的压力下，他承诺不再继续推进这项研究。但《尝试者》发表于1623年，此书表明这位科学家仍在极其危险的地面上行走。如同卢克莱修，伽利略也为天体和地球世界的同一性进行了辩护：他声称，太阳和行星的性质与地球及其居民的性质没有本质区别。如同卢克莱修，他相信宇宙中的一切事物都可以通过同样严格的观察和推理来理解。如同卢克莱修，他坚持以感官为证言，必要时反对正统的权威主张。如同卢克莱修，他试图通过这些证言来对所有事物的隐秘结构进行理性的把握。也如同卢克莱修，他确信这些结构是由他所谓的"微小物"（minims）或最小的粒子构成的，也就是说，由有限的原子库以无数种方式组合而成的。

伽利略有高层的朋友：《尝试者》就是呈献给开明的新教皇乌尔巴诺八世，他在担任红衣主教马费奥·巴尔贝里尼时就热情支持伟大科学家的研究。只要教皇愿意保护他，他就可以希望通过表达自己的观点，以及通过科学研究而逃脱惩罚。但教皇本人面临越来越大的压力，要压制教会里，尤其是耶稣会士中许多被认为特别有害的异端邪说。1632年8月1日，耶稣会严格禁止和谴责原子学说。禁令本身不可能突然对他采取行动，因为《尝试者》已在八年前获准出版。但伽利略的

《关于两大世界体系的对话》 （*Dialogue Concerning the Two Chief World Systems*） 也在 1632 年出版，这给了他的敌人一个机会：他们立即向教廷告发伽利略，宗教裁判所介入。

1633 年 6 月 22 日，宗教裁判所做出判决："我们做出判决并宣布，你，伽利略，由于法庭提供的证据，以及你的上述供认，宗教法庭认为你有严重的异端嫌疑。"这位被判有罪的科学家仍然受到有权有势的朋友的保护，因此免受酷刑和处决，他被判处终身监禁，软禁在家。[15]判决中对所谓异端做了正式说明："相信并持有虚假的、与神圣及《圣经》相反的教义，即太阳是世界的中心，它不从东到西移动，地球移动，它不是世界的中心。"但 1982 年，一位意大利学者彼得罗·雷东迪在教廷的档案中发现了一份文件，改变了情况。这是一份备忘录，详细说明《尝试者》中发现的异端邪说。尤其是审查者发现了原子论的证据。审查者解释说，原子论是与特伦特大会第十三次会议的第二正典不相容的，该会议阐明了圣餐的教义。文件指出，如果接受伽利略·伽利莱先生的理论，那你在最神圣的圣礼中发现，可以"触摸、注视、品味等"对象，即面包和酒的特点，你也必定说，根据同样的理论，这些特点是由"非常微小的粒子"在我们的感官中产生的。就此你就必定得出结论，"在圣礼中必定有实体的面包和酒"，这一结论是彻头彻尾的异端邪说。布鲁诺被烧死三十三年后，原子论仍是正统势力决心要压制的一种信念。

即使完全压制并不可能，卢克莱修的敌人实际上也得到了一些安慰，因为大多数印刷版本都带有免责声明。这些版本中最有趣是蒙田采用的文本，即 1563 年带有丹尼斯·兰宾（Denys Lanbin）注释的版本。[16]兰宾承认，卢克莱修真的否认

256

灵魂的不朽，反对神圣天意，声称快乐就是至善。但"即使这首诗本身因其信仰而与我们的宗教相悖，"兰宾写道，"它仍然是一首诗。"一旦将作品的信念与其艺术价值区分开来，这种价值的全部力量就可以安全地得到承认："仅仅是一首诗？更确切地说，这是一首优美的诗，一首华丽的诗，一首被所有智者所关注、认可和赞扬的诗。"至于诗的内容，"伊壁鸠鲁那些疯狂的想法，那些关于原子偶然结合、关于无数世界的荒谬想法等"，又如何呢？兰宾写道，有坚定的信仰，好的基督徒不必担心："我们反驳它们并不困难，也确实没有必要，尤其是当它们最容易被真理的声音所批驳，或每个人对它们保持冷漠的时候。"否定变成了一种安慰，与警告巧妙地结合在一起：赞美这首诗，但对它的观念保持沉默。

对卢克莱修的审美欣赏取决于良好的拉丁文水平，因此，此诗的传播仅限于规模相对较小的精英群体。每个人都意识到，使有文化的公众更广泛地接触到它的任何尝试都会引起当局最强烈的怀疑和敌意。1417 年波焦的发现之后，两百多年很快过去了，并没有真正的尝试。

257　　但到 17 世纪，新科学的压力，不断增长的认识探索，及这首伟大诗歌本身的诱惑，终于汇成一股不可压抑的强大力量。优秀的法国天文学家、哲学家皮埃尔·伽桑狄（Pierre Gassendi）神父（1591～1655）致力于调和伊壁鸠鲁主义和基督教这一野心勃勃的尝试，他的一个最出色的学生，剧作家莫里哀（1622～1671）着手用诗体翻译（不幸的是没有留存下来）《物性论》。米歇尔·德·马罗莱神父（1600～1681）翻译的散文体卢克莱修诗作已经出版。之后不久，数学家亚历山德罗·马尔凯蒂（1633～1681）的意大利文译本开始以手稿的形式流传，这让罗马教会感到恐慌，它几十年来成功地禁止其出版。在英国，富裕的日记作者约翰·伊夫林（1620～1706）翻译了卢克莱修诗作的第一卷；英雄双韵体全译本出版于1682年，译者是牛津大学毕业的年轻学者托马斯·克里奇。

克里奇的卢克莱修译本出版时被认为是一项惊人的成就，但另有一个译本，几乎是全诗的英译本，同样采用英雄双韵体，已在非常有限的范围内传播，而且其来源令人惊讶。这个译本直到20世纪才出版，译者是清教徒露西·哈钦森，即约翰·哈钦森上校的妻子，约翰是国会议员和弑君者。或许这一非凡成就最引人注目的是，1675年6月11日，当这位有学问的翻译家把译稿呈给亚瑟·安涅斯雷——安格尔西的首位伯爵时，她还讨厌书中的核心原则（或者她如此声称），她希望它们将从地球上消失。

她在呈现译稿的亲笔信中写道，"如果不是因为不幸把这些诗丢了一份，"[17]她一定会把它们付之一炬的。当然，这听起来像熟悉的女性谦虚姿态。她拒绝翻译第四卷几百行露骨的性描写，以此来加强这种姿态。她在书的空白处写着："这里有很多东西留给产婆去翻译，她们的淫秽艺术要优于一个好作家。"但实际上，哈钦森没有为她所谓的"有抱负的缪斯"[18]而道歉。相反，她讨厌卢克莱修作品中"所有的无神论和不虔诚。"

如哈钦森所称，"疯子"卢克莱修并不比其他异教徒哲学家和诗人做得更好，这是些经常向学生推荐的导师，这种教育实践，是"使知识世界堕落的一种主要手段，至少确认他们灵魂的堕落，当他们用这种异教的泥巴，搅浑所有从神圣恩典而来的真理之流时，他们的原罪使他们陷入困境，又阻碍他们得到康复"。[19]这是一种悲叹和恐惧，哈钦森写道，现在，在福音的这些日子里，人们会学习卢克莱修，坚持"他那荒谬、不虔诚、可恶的学说，使浮华、随意的原子之舞复活。"

那么，当她热切地希望这种邪恶消失时，她为什么要煞费苦心地准备一份诗体译本，花钱请一位职业抄写员抄出前五卷，然后自己连带提要和旁注，小心地抄写第六卷呢？

她的回答颇有启发性。她承认，起初她并没有意识到卢克莱修有多危险。她着手进行翻译，是"出于年轻时的好奇心，以理解我间接听到的那么多话语"。[20]通过这句话，我们大致可以明白那些静悄悄的谈话，不是在演讲厅，也不是在讲坛上，而是在远离当局窥探的场合进行的，在这些谈话中，卢克莱修的观点得到了权衡和讨论。这位才华横溢、学识渊博的女人想亲自知道她的世界里男人们在谈论些什么。

259　　当哈钦森的宗教信仰成熟起来，她写道，当她"在光和爱中成长"时，她感到的好奇心和自豪感，以及在某种意义上继续感到的成就感，开始变得酸楚：

> 在我一些好朋友中间，我因为了解这位晦涩的诗人而获得的小小的荣誉，成了我的耻辱。我发现，直到我学会厌恶他，害怕迷恋不虔诚的书籍，我才明白他的意思。[21]

但是，在这种情况下，她为什么要把这种迷恋提供给别人呢？

哈钦森说她只是听从安格尔西（Anglesey），安格尔西要求看这本书，现在她恳求他把它藏起来。藏起来，而不是毁掉。有什么东西阻止她，不让她要求把书扔到火里，有什么东西比她已脱手的那个抄本还重要（为什么这会让她退缩？），甚至超过了她对自己成就的自豪感？作为一个虔诚的清教徒，她附和弥尔顿对于审查的原则性反对。毕竟，她"从中得到了一些好处，因为这告诉我，毫无意义的迷信会把肉体的理性变成无神论"。[22]那就是说，她从卢克莱修那儿了解到，意在强化虔诚的幼稚"寓言"会导致理性的智慧走向怀疑。

也许哈钦森发现这份手稿很可能会被毁掉。"我将它译成英文"，她写道，"在一间屋子里，我的孩子们练习老师教他们的几种技巧。我用帆布上的线来给译文作音节计数，然后用旁边的笔和墨水把它们写下来。"

卢克莱修坚持认为那些似乎完全脱离物质世界的东西——思想、观念、幻想、灵魂本身——和构成它们的原子是不可分割的，包括上述笔、墨水和哈钦森用来为诗句音节计数的针线。在他的理论中，就连看似非物质的视觉，也依赖于原子的微小薄膜，原子薄膜不断从所有事物中散发出来，就像图像或拟像一样，在虚空中漂浮，直到它们撞击到感知的眼睛。他解释道，因此，那些认为自己看见鬼魂的人被错误地说服，相信来世的存在。这样的幻象实际上不是死者的灵魂，而是原子薄膜，在散发它们的那个人死后，它们在这个世界上仍然漂浮着。最终，这些薄膜中的原子也会被分散，但就目前而言，它们会使活着的人大吃一惊。

这种理论如今只会让我们为之一笑，但也许它可以作为卢克莱修诗歌奇异的来世形象，这首几乎永远消失的诗，分散成随机的原子，但不知何故还是幸存了下来。它能幸存是因为一连串的人，在一系列的地点和时间，由于一些看似偶然的因素，遇到了它的物质对象——纸莎草纸、羊皮纸或一般的纸张，其墨迹被认为是提图斯·卢克莱修·卡鲁斯的——然后坐下来制作各自的实物复制品。和孩子们一起坐在房间里，用帆布线头数着她翻译的诗句的音节，清教徒露西·哈钦森实际上是卢克莱修早在许多世纪前就开始运作的原子粒子的传送者之一。

但当哈钦森不太情愿地将她的译稿呈献给安格尔西的时候，她所谓"浮华、随意的原子之舞"早已深入英国知识分子的想象中。埃德蒙·斯宾塞写了一首狂喜的、引人注目的卢克莱修风格的维纳斯赞美诗；弗朗西斯·培根大胆地说，"自然界中除了个体之外，什么也不存在"[24]；托马斯·霍布斯冷静地思索恐惧和宗教妄想之间的关系。

如同欧洲其他地方，在英国尽管很难，但事实证明这是可能的：首先要相信上帝是原子的创造者。[25]如此，在被称为科学史上最具影响力的一部作品中，艾萨克·牛顿宣称自己是原子论者，这似乎是对卢克莱修诗歌标题的直接暗示。"当粒子继续是整体，"他认为，"它们可以构成一个物体，在所有时代都具有相同的性质和质地；但如果它们磨损或破碎，依赖它们的事物的性质将会改变。"同时，牛顿小心翼翼地召唤一位神圣的造物主。"这对我来说似乎是可能的，"牛顿在《光学》（*Opticks*，1718）第二版中写道，

> 最初，上帝创造的物质是固体的、有质量的、坚硬的、不可穿透的、可移动的粒子，它们的大小和形状都是这样，它们的其他属性也都是这样，它们的比例与空间的比例是这样的，而这一切都是为了达到目的而进行的；而这些原始粒子是固体，比任何由它们混合而成的多孔体都

要坚硬得多；即使非常坚硬，也永远不会磨损或破碎；在第一次创造的世界里，没有一种普通的力量能把上帝自己创造的东西分开。[26]

如同自 17 世纪到他们的时代的其他科学家，对牛顿而言，调和原子论和基督教信仰仍然是可能的。但哈钦森的担心是有道理的。卢克莱修的唯物主义有助于产生并支持德莱顿、伏尔泰等人的怀疑论，以及狄德罗、休谟和其他启蒙思想家所表达的有计划、毁灭性的不信任。

出现在前面，甚至超出了这些有远见的人物的视野的，是惊人的经验观察和实验证据，把古代原子论的原理放在了一个完全不同的平面上。到 19 世纪，查尔斯·达尔文着手解决人类物种起源的奥秘，他不需要借助卢克莱修关于一个完全自然的、无计划的创造和毁灭的过程，通过性繁殖不断更新这一设想。这个设想直接影响了达尔文祖父伊拉斯谟·达尔文的进化论，但查尔斯可以把他的观点作为自己在加拉帕戈斯群岛和其他地方的工作的基础。当爱因斯坦写到原子的时候，他的思想也依据实验和数学科学，而不是古代的哲学推测。但爱因斯坦自己知道并承认，那种推测为现代原子论所依赖的经验证明奠定了基础。这首古诗现在可能没有人读了，这首诗失而复得的戏剧性场面可能会被淡忘，波焦可能会被完全遗忘——这些只是卢克莱修融入现代思想主流的标志。

在那些仍然以卢克莱修为一个重要的向导的人当中，有一个富有的弗吉尼亚种植园主，他有着永不停息的怀疑精神和科学爱好。托马斯·杰斐逊至少拥有五本拉丁文版本的《物性论》，以及这首诗的英、意、法译本。这是他喜欢的一本书，证明了他的信念，世界唯有自然，自然唯有物质。而且，卢克莱修有助于形成杰斐逊的信心：无知和恐惧不是人类存在的必要组成部分。

杰斐逊继承了这一古老的遗产，其方向是卢克莱修无法预料的，但托马斯·莫尔在 16 世纪初期就梦想过。杰斐逊没有如写就《物性论》的诗人所敦促的，远离公众生活的激烈冲突。相反，在新共和国的建立过程中，他提供了一份重要的政治文件，一个明显的卢克莱修式的转变。转向一个政府，政府的目的不仅是保障公民的生命和自由，而且是为"追求幸福"服务。卢克莱修的原子论在《独立宣言》中留下了痕迹。

1820 年 8 月 15 日，七十七岁的杰斐逊给另一位前总统，他的朋友约翰·亚当斯写信，亚当斯当时八十五岁，这两位老人习惯就生活的意义交换看法，他们感到生活的意义在慢慢消失。"我不得不重新用上我习惯用的止痛药，"杰斐逊写道：

> "我感觉故我存在。"我感到身体不是我自己的：那么还有其他的存在。我称它们物质。我感到它们在改变位置。这给了我运动。没有物质的地方，我称之为虚空，或虚无，或非物质空间。在感觉、物质和运动的基础上，我们可以建立起我们可以拥有或需要的所有确定性的结构。[27]

这些是卢克莱修最希望灌输给读者的情感。"我是，"杰斐逊写给一个想要知道他生活哲学的记者的信中写道，"一个伊壁鸠鲁主义者。"[28]

致　谢

　　卢克莱修这位古代哲学家的著作开启了我在本书中描述的故事，他相信生命的最高目的是快乐，他特别喜欢和朋友们在一起。因此，我意识到，丰富而持久的朋友和同事关系促进了这本书的写作。在柏林高等研究院（Wissenschaftskolleg in Berlin）的一年访学里，我花了很多时间与已故的伯纳德·威廉姆斯愉快地讨论卢克莱修，他那非凡的智慧照亮了他所触及的一切。几年后，还是在柏林这个优秀的学术机构，我参加了关于卢克莱修的一场特别的读书会，它给予了我所需要的重要动力。两位哲学家慷慨地给予了指导，他们是克里斯托夫·霍恩和克里斯托夫·拉普，读书小组成员包括霍斯特·布雷顿坎普、苏珊·詹姆斯、莱因哈德·迈耶－卡库斯、昆汀·斯金纳，以及拉米·塔尔戈夫，还有许多短期访问学者，通过这首诗，小组以模范般的细心和认真的态度完成了自己的工作。第二个优秀的机构——罗马美国学院（the American Academy in Rome）——为这本书的大部分章节的写作提供了完美的环境：在我的经历中，没有其他地方可以使我有这样宝贵的机会，可以安静地坐下来，将工作与伊壁鸠鲁式快乐如此完美地编织在一起。我在此向学院院长卡梅拉·弗塞罗·富兰克林及学院能干的职员，以及许多研究员和访问学者，表示深深的感激之情。我的经纪人，吉尔·尼瑞姆，以及我的编辑阿兰·萨列尔诺·梅森是特别乐于助人、慷慨大方、敏锐的读者。提供建议和帮助的其他人还有：阿尔伯特·阿斯科利、霍米·巴巴、艾莉森·布朗、吉恩·布鲁克、约瑟夫·康纳斯、布赖恩·卡明斯、特雷弗·达森、詹姆斯·H. 迪伊、肯尼斯·戈文斯、杰弗里·汉布格尔、詹姆斯·汉金斯、菲利普·哈迪、伯纳德·尤森、约瑟夫·克尔纳、托马斯·拉克尔、乔治·洛根、大卫·诺布鲁克、威廉·奥康纳、罗伯特·平斯基、奥利弗·普里马韦西、史蒂芬·夏平、马塞罗·西莫内塔、詹姆斯·辛普森、皮帕·斯科特内斯、尼克·威尔丁，以及大卫·伍顿。

我在哈佛的学生和同事一直是我的智力刺激和挑战的源泉，这所大学庞大的图书馆资源始终让我惊讶。我特别要感谢研究助理克里斯汀·巴雷特、丽贝卡·库克、沙文·凯努、阿达·帕尔默，以及本杰明·伍德林。

我最深切的感激之情要给予我的妻子拉米·塔戈尔夫，因为她给了我明智的忠告和取之不尽的快乐。

注　释

前　言

1. 卢克莱修，《物性论》，马丁·弗格森·史密斯译（London：Sphere Books，1969；rev. edn.，Indianapolis：Hackett，2001），1：12 – 20。我参考了现代其他英译本：H. A. J. Munro（1914），W. H. D. Rouse，rev. Martin Ferguson Smith（1975，1992），Frank O. Copley（1977），Ronald Melville（1997），A. E. Stallings（2007），and David Slavitt（2008）。在早期英译本中，我参考了 John Evelyn（1620 – 1706），Lucy Hutchinson（1620 – 1681），John Dryden（1631 – 1700，Thomas Creech（1659 – 1700）。在这些译本中，德莱顿译本最佳，但事实上他只译了此诗的一小部分（总共 615 行，不到全诗的百分之十），他的语言经常让读者难以理解卢克莱修。为了便于阅读，除非另有说明，我引用了史密斯 2001 年的散文译本，至于拉丁文本，我引用了现有的勒布版本（Loeb edition – Cambridge，MA：Harvard University Press，1975）。

2. 《物性论》5：737 – 40。维纳斯的"右翼先驱"是丘比特；波提切利画丘比特蒙着眼睛，拉着带翅膀的箭；罗马花神芙罗拉播撒着盛在精致的衣裙褶里的花朵；还有泽菲尔（Zephyr）这位繁殖力旺盛的西风之神，正在向仙女克罗里斯伸出手来。经由人文主义者波利齐亚诺，卢克莱修对波提切利产生影响，见查尔斯·登普西的《爱的写照：波提切利的"春"和洛伦佐辉煌时代的人文主义文化》（Princeton，Princeton University Press，1992），esp. pp. 36 – 49；霍斯特·布雷德坎普的《波提切利：春，佛罗伦萨作为维纳斯的花园》（Frankfurt am

Main：Fischer Verlag Gmbh，1988）；另见阿比·沃伯格 1893 年具有创见的论文《桑德罗·波提切利的〈维纳斯的诞生〉和〈春〉：对意大利文艺复兴早期古典概念的考察》，收入《异教古代的复兴》，ed. Kurt W. Foster，trans. David Brit（Los Angeles：Getty Research Institute for the History of Art and the Humanities，1999），pp. 88 - 156。

3. 波焦现存书信共有 558 封，发给 172 位不同的收信人。在写于 1417 年 7 月的一封信中，弗朗西斯科·巴巴罗祝贺波焦的发现，提到波焦寄给"我们这位博学的好朋友维罗纳的瓜里诺斯"的一封关于发现之旅的信——《文艺复兴时期两位猎书人：波焦·布尔乔利尼给尼科洛·尼科利的信》，trans. Phyllis Walter Goodhart Gordan（New York：Columbia University Press，1974），p. 201。波焦的书信，见《波焦·布拉乔利尼书信集》，ed. Helene Harth，3vols.（Florence：Olschki，1984）。

第一章　猎书人

1. 关于波焦的外貌，见《波焦·布拉乔利尼诞辰六百周年（1380 - 1980）》（*Poggio Bracciolini 1380 - 1980：Nel VI centenario della nascita*），Instituto Nazionale di Studi Sul Rinascimento，vol. 7（Florence：Sansoni，1982），和《来自托斯卡纳的波焦·布拉乔利尼，1380 - 1459》（*Un Toscano del'400 Poggio Bracciolini，1380 - 1459*），ed. Patrizia Castelli（Terranuova Bracciolini：Administrazione Comunale，1980）。主要的传记来源是恩斯特·瓦尔泽，《波焦在佛罗伦萨：生活与工作》（*Poggius Florentinus：Leben und Werke*），Hildesheim：George Olms，1974。

2. 好奇心作为一种罪责及好奇心如何恢复的复杂过程，见汉斯·布鲁门伯格的《现代的合法性》，trans. Robert M. Wallace（Cambridge，MA：MIT Press，1983；orig. German edn. 1966），pp. 229 - 453。

3. 尤斯塔斯·J. 基茨《在宗教大会期间：关于巴尔达萨雷·科萨（之

后的教皇若望二十三世）的生活和时代的简况》（London：Archibald Constable & Co.，1908），p. 359。

4. 彼得·帕特纳《教皇随从：文艺复兴时期的教廷行政事务》（Oxford：Clarendon Press，1990），p. 54。

5. 劳罗·马丁内斯《佛罗伦萨人文主义者的社交界，1390－1460》（Princeton University Press，1996），pp. 123－127。

6. 1416 年，如教廷其他人一样，他显然设法给自己谋得一份福利，但这笔补助金引起争议，最终没有发给他。显然，他也可以做新教皇玛尔定五世的文书，但他拒绝了，认为这让他从使徒秘书职位上降职。见瓦尔泽《波焦在佛罗伦萨》（*Poggius Florentinus*），pp. 42ff。

第二章　发现的时刻

1. 尼古拉·曼的"人文主义的起源"，收入《剑桥人文主义指南》，ed. Jill Kraye（Cambridge：Cambridge University Press，1996），p. 11。论波焦对彼特拉克的回应，见里卡多·富比尼《人文主义和世俗化：从彼特拉克到瓦拉》，杜克中古与文艺复兴研究丛书（18），（Durham，NC，and London：Duke University Press，2003）。论意大利人文主义的发展，见约翰·阿丁顿·西蒙兹《学识的复兴》（New York：H. Holt，1908；repr. 1969）；华莱士·K. 弗格森，《文艺复兴和历史思维：五个世纪的阐释》（Cambridge，MA：Harvard University Press，1948）；保罗·奥斯卡·克里斯特勒，"早期意大利人文主义对思想和学识的影响"，见伯纳德·S. 利维编《早期文艺复兴之发展》（Albany：State University of New York Press，1972），pp. 120－157；查尔斯·特林考斯，《文艺复兴时期人文主义的范围》（Ann Arbor：University of Michigan Press，1983）；安东尼·格拉夫顿和丽萨·雅尔丹尼，《从人文主义到人文学科：15 和 16 世纪欧洲的教育和艺术》（Cambridge，MA：Harvard University Press，1986）；彼得·伯克，"意大利人文主义的传播"，见安东尼·古德曼和安格斯·麦凯编《人文主义对西欧的影响》（London：Longman，1990），pp. 1 – 22；罗纳德·G. 威特，《"追随古人脚步"：人文主义之起源，从洛瓦托到布鲁尼，中古和宗教改革思想研究》，ed. Heiko A. Oberman，vol. 74（Leiden：Brill，2000）；及里卡多·富比尼，《意大利人文主义及其历史学家》（Milan：Franco Angeli Storia，2001）。

2. 昆体良，《论演说家的教育》（*Institutio Oratoria*），ed. and trans. Donald A. Russell，Loeb Classical Library，127（Cambridge，MA：Harvard University Press，2001），10. 1，pp. 299ff. 虽然昆体良的完整（或近乎完整）抄本直到 1516 年才发现——由波焦·布拉乔利尼抄写——但附有希腊和罗马作家的名单的第十卷在整个中世纪流传。昆体良认为马切尔和卢克莱修"每个人在自己的主题上都很优雅，但前者平淡无奇，后者则很难读。"p. 299.

3. 罗伯特·A. 卡斯特，《语言的守护者：古代晚期的语法学家和社会》（Berkeley and London：University of California Press，1988）。对早期社会识字率的估计显然是不可靠的。卡斯特引用理查德·邓肯－琼斯的研究认为："罗马帝国的大部分人对古典语言是无知的。"公元头三个世纪的数字表明文盲率高达百分之七十，虽然存在地区差别。相似的数据见金·海恩斯－艾特森，《文字守护者：读写能力、权力和早期基督教文学的传送者》（Oxford：Oxford University Press，2000），虽然海恩斯－艾特森统计的读写水平甚至更低（也许是百分之十）。另见罗宾·莱恩·福克斯，《早期基督教时期的读写能力与权力》，见艾伦·K. 鲍曼和格雷格·伍尔夫编《古代世界的读写能力与权力》（Cambridge：Cambridge University Press，1994）。

4. 引自福克斯，《读写能力与权力》。P. 147。

5. 该规则确实包括了一些对于那些根本无法阅读的人的规定："如果有人如此疏忽和懒惰，不愿或不能学习或阅读，就得给他一些活干，为的是他不会无所事事"——《本笃会规则》，trans. by Monks of Glenstal Abbey（Dublin：Four Courts Press，1982），48：223。

6. John Cassian，*The Institutes*，trans. Boniface Ramsey（New York：Newman Press，2000），10：2.

7. 《本笃会规则》48：19 - 20。我已经修改了此处翻译"作为对他人的警告，"以表达我所认为的拉丁语 *ut ceteri timeant*（其他人引以为戒）的实际意义。

8. *Spiritum elationis*：译者理解为"虚荣心"，但我认为这儿表达的就是"得意扬扬"。

9. 《本笃会规则》，38：5 - 7。

10. 同上书，38：8

11. 同上书，38：9.

12. 莱拉·阿夫兰，《抄写、书写和书籍：从古代到文艺复兴时期的书籍艺术》（Chicago and London：American Library Association and the British Library：1991），p. 324。手稿现存于巴塞罗那。

13. 在更大的背景下讨论波焦的书法，见贝特霍尔德·L. 乌尔曼，《人文主义者书写的源起与发展》（Rome：Edizioni di Storia e Letteratura，1960）。作为有价值的介绍，见马丁·戴维斯，《15 世纪书写和印刷与人文主义》，收入《剑桥文艺复兴时期人文主义导读》，pp. 47 - 62。

14. 巴托洛梅奥 1414 年担任此职，波焦于次年。帕特纳，《教皇随从》，pp. 218，222。

15. 戈尔丹，《文艺复兴时期两位猎书人》，pp. 208 - 209（给安布罗吉奥·特拉韦萨里的信）。

16. 同上书，p. 210。

17. 尤斯塔斯·J. 基茨《在宗教大会期间：关于巴尔达萨雷·科萨（之后的教皇若望二十三世）的生活和时代的简况》（London：Archibald Constable & Co. 1908），p. 69。

18. 引自 W. M. 谢波德，《波焦·布拉乔利尼传》（Liverpool：Longman et al.，1837），p. 168。

19. 阿夫兰，《抄写、书写和书籍》，p. 224。那个抄写员实际上用的是"上等羊皮纸"，而不是一般羊皮纸，但必定是一种特别糟糕的上等羊皮纸。

20. 同上书。

21. 引自乔治·黑文·普特南，《中世纪书籍和书籍制作者》，两卷本（New York：Hillary House，1962；repr. of 1896 – 1898 edn.）1：61。

22. 意大利北部博比奥大修道院有一个著名的图书馆：9 世纪末制定的一份目录中包括了许多珍贵的古代文献，如卢克莱修的一份抄本。但是大部分都消失了，大概是为了腾出地方来放服务社会的福音书和赞美诗。伯恩哈德·比肖夫写道："许多古代文献都是在博比奥被重写后而埋没的，博比奥修道院放弃了圣科伦巴努法规而采用了本笃会规则。9 世纪末的一份目录告诉我们，博比奥当时拥有西方最大的图书馆之一，收藏了许多语法专著和珍贵的诗歌作品。塞普提米乌斯·塞里纳斯的《史册》（*De runalibus*）的唯一抄本丢失，这是哈德良时代一首精美的诗歌。要是没有意大利文抄本，卢克莱修和瓦列里乌斯·弗拉库斯的作品似乎已经消失。波焦最终在德国发现了这些作品。"——《查里曼时代的手稿与图书馆》（Cambridge：Cambridge University Press，1994），p. 151。

23. 另一座最有可能去的修道院是位于南部阿尔萨斯的默巴赫修道院。到 9 世纪中叶，建于 727 年的默巴赫修道院已成为重要的学术中心，人们知道它拥有卢克莱修作品的一份抄本。波焦所面临的挑战与他要去的任何修道院图书馆都差不多。

24. 在当下这本书的背景下，最耐人寻味的评论来自拉巴努作品的散文前言，这部作品是他在公元 810 年创作的一部赞美十字架的离合诗集。他写道，他的诗作包含了"音节溶合"（synalepha）的修辞手法，即两个音节压缩成一个音节。对这一手法，他解释说："在提图斯·卢克莱修那儿并不少见。"引自大卫·冈茨，《加洛林时代的卢克莱修：莱顿手稿和加洛林王朝的读者》，见克劳迪·A. 沙瓦纳 –

梅泽尔和玛格丽特·M. 史密斯编，《拉丁经典的中古手稿：产生及使用》，"1500 年之前书籍史"研讨会论文集，莱顿，1993（Los Altos Hills, CA. Anderson–Lovelace, 1996），99。

25. 小普林尼，《书信集》，3.7。

26. 人文学者可能已经发现了这首诗继续存在的模糊迹象。公元 5 世纪早期，马克罗比乌斯在他的《农神节》（*Saturnalia*）中引用了几行[见乔治·哈兹悉茨，《卢克莱修及其影响》（New York：Longmana, Green & Co., 1935）]，同样的还有 7 世纪初塞维利亚伊西多尔的《词源》（*Etymologiae*）。下面还会提到此作出现的其他时刻，但在 15 世纪早期，如果有人相信整首诗会被发现，那未免太轻率了。

第三章　寻找卢克莱修

1. "给我一些卢克莱修或恩尼乌斯的作品，"具有很好修养的皇帝安敦宁·毕尤（公元 86～161）写信给朋友，"某种和谐、有力、能表达精神状态的东西。"（除了一些残篇，恩尼乌斯这位早期罗马的伟大诗人的作品从来没有被发现。）

2. "Lucreti poemata, ut scribis, ita sunt, multis luminibus ingenii, multae tamen artis."（正如你信中所说，确实才华横溢，而且有着高度的艺术性）——西塞罗，1935Q. Fr. 2.10.3。

3. 《农事诗》（*Georgics*），2.490–92：

> *Felix, qui potuit rerum cognoscere causas,*
>
> *atque metus omnis et inexorabile fatum*
>
> *subiecit pedibus strepitumque Acherontis avari.* ①

阿刻戎，也即冥河，是维吉尔和卢克莱修用作死后整个世界的一个象

---

① 中译参见正文。——译者注

征。论及卢克莱修在《农事诗》中的呈现，可主要参见莫妮卡·加尔，《维吉尔论事物的性质：农事诗、卢克莱修和说教传统》（Cambridge：Cambridge University Press，2000）。

4. 《埃涅阿斯纪》的作者，他对皇权的负担和放弃享乐的极度必要性有一定的认识，他显然比在《农事诗》中更加怀疑任何人能够以平静清晰的方式掌握宇宙的潜在力量。但卢克莱修的想象，和他诗歌的优雅气质在维吉尔的史诗中无处不在——即使只是瞥一眼有所获得的安全感，而这种安全感现在不断地和永远地逃避着诗人和他的主人公。关于卢克莱修在《埃涅阿斯纪》（及维吉尔的其他作品，还有奥维德和贺拉斯的作品）中的深刻存在，见菲利普·哈迪，《对卢克莱修的接受：历史、崇高、知识》（Cambridge：Cambridge University Press，2009）。

5. 《爱的艺术》（*Amores*），1.15.23 – 24。见菲利普·哈迪，《奥维德的幻觉诗学》（Cambridge：Cambridge University Press，2002）esp. pp. 143 – 163，173 – 207。

6. 迈密乌斯一度成为无情的贵族独裁者苏拉的女婿，他的政治生涯到公元前54年走到了终点，那年，他作为执政官职位的候选人，被迫披露自己卷入了一桩金融丑闻，这让他失去了尤利乌斯·恺撒的关键支持。在西塞罗看来，迈密乌斯作为一个演说家很懒散。西塞罗承认，他阅读能力很强，虽然他读希腊文学比拉丁文学读得更多。也许希腊文化的巨大影响有助于解释为什么他的政治命运终结后，他搬到了雅典，在那里他显然买了块地，那是哲学家伊壁鸠鲁住宅的废墟，这位哲学家已死去两百多年。公元前51年，西塞罗写信给迈密乌斯，请求他帮个忙，把这些废墟送给"伊壁鸠鲁派的帕特罗"。（废墟显然受到了迈密乌斯想要的建筑项目的威胁。）西塞罗写道，帕特罗请求，"他对他的职责，对遗嘱的神圣性，对伊壁鸠鲁名字的威望……对伟大人物的居住地和纪念物负有责任。"——书信63（13：1），见《西塞罗致友人信》（Loeb edn.），1：271。说到伊壁鸠鲁，我们还是回到卢克莱修，因为卢克莱修是伊壁鸠鲁最热情、最聪明、最有创造力的信徒。

7. 关于这个传说的由来，主要参见卢西亚诺·坎福拉的《卢克莱修生平》（*Vita di Lucrezio*，Palermo：Sellerio，1993）。对此做出最热烈回应的是丁尼生的"卢克莱修"。

8. 坎福拉那本迷人的《卢克莱修生平》并不是一本传统意义上的传记，而是对杰罗姆炮制的神话叙事进行拆解的一次精彩演练。在一项正在进行的研究中，阿达·帕尔默发现，文艺复兴时期的学者们将他们认为是关于卢克莱修生活的线索集中起来，但结果，这些线索中大多数都是关于其他人士的评头论足。

9. 约翰·约阿希姆·温克尔曼，引自大卫·塞德尔，《赫库兰尼姆莎草纸别墅图书馆》（Los Angeles：J. Paul Getty Museum，2005）。温克尔曼精彩的短语是一句意大利成语。

10. 卡米洛·帕代尔尼，波蒂奇皇宫赫库兰尼姆博物馆馆长，此信写于1755 年 2 月 25 日，引自塞德尔《图书馆》，p. 22。

11. 阿夫兰，《抄写、书写和书籍》，pp. 83ff.。

12. 此时，幸运的是，现场勘查是在瑞士陆军工程师卡尔·韦伯的监督下进行的，卡尔对地下文物更负责，也更有学术兴趣。

13. 这种看待自身的方式由来已久。公元前 146 年，当西庇阿洗劫迦太基，这座北非大城市的图书馆藏书落到他手里，还有其他的掠夺品。他写信给元老院问如何处置他手上的这些书籍。回复是，就一本书，一本关于农业的论著值得带回去译成拉丁文；议员们写道，其余的书西庇阿应该将它们作为礼物送给非洲小国的国王——老普林尼，《自然史》，18：5。

14. 将希腊图书馆藏书据为己有成了一种相当普遍的做法，尽管很少有人把它作为征服者的唯一战利品。公元前 67 年，苏拉的盟友卢库鲁斯从征服的东方带回一批很有价值的图书馆藏书，还有其他宝物，退休后，他专注于研究希腊文学和哲学。在罗马和邻近那不勒斯的图斯库鲁姆他的别墅和花园里，卢库鲁斯是希腊知识分子和诗人的慷慨赞助人，他也出现在西塞罗对话体作品《学院》（*Academica*）中，是主要的对话者之一。

15. 受命管理意大利北方（山南高卢），波利奥利用其影响力保护维吉尔的财产不被没收。

16. 奥古斯都的两座图书馆名为屋大维图书馆和帕拉廷图书馆。前者纪念他姐姐（公元前 33 年），坐落在屋大维门廊（Porticus Octaviae），上下两层，下层是宏伟长廊，上层有阅览室和藏书室。另一座图书馆，紧邻帕拉廷上的阿波罗神庙似乎有两个单独管理的部门，一个是希腊部分，另一个是拉丁部分。两座图书馆都被大火烧毁。奥古斯都的继承者保持着建造图书馆的传统；提比略在他帕拉廷的宅邸建造了提比略图书馆（根据苏埃托尼乌斯的说法，他把他最喜爱的希腊诗人的作品和画像放在公共图书馆）。维斯帕先在和平神庙建了一个图书馆，神庙是尼禄火烧罗马之后建的。图密善在这场大火后重建了这些图书馆，甚至派人去亚历山大港抄书。最重要的帝国图书馆是乌尔比安图书馆，由图拉真建造——起初建在图拉真广场，之后迁往戴克里先浴场。见莱昂内尔·卡松，《古代世界的图书馆》（New Haven：Yale University Press，2002）。

17. 其中有：雅典、塞浦路斯、科莫、米兰、士麦那、帕特雷、提布尔——从这些图书馆甚至可以借阅图书。但请看在雅典集市上发现的告示，那是潘泰诺斯图书馆（公元 200 年）墙上的文字："既然我们已经这样发誓，任何书籍都不应该被带走。开放时间为上午六点到中午"（引自塞德尔，《赫库兰尼姆莎草纸别墅图书馆》，p. 43）。

18. 克拉伦斯·E. 博伊德，《古罗马公共图书馆和文化艺术》（Chicago：University of Chicago Press，1915），pp. 23 – 24。

19. 对比阿纳尔多·莫米格利亚诺《异类智慧：希腊化的局限》（Cambridge：Cambridge University Press，1975）。

20. 埃里希·奥尔巴赫，《拉丁古代晚期及中古时期的文学语言及其公众》，trans. Ralph Manheim（Princeton：Princeton University Press, 1996），p. 237。

21. 克努特·克莱沃，"卢克莱修在赫库兰尼姆"，见《赫库兰尼姆编年史》（*Cronache Ercolanesi*）19（1989），p. 5。

22. 《反对庇索》（*In Pisonem*），见西塞罗《演说集》（*Orations*），trans. N. H. Watts，Loeb Classical Library，vol. 252（Cambridge，MA：Harvard University Press，1931），p. 167（"in suorum Gaecorum foetore atque vino"）。

23. 《菲洛德穆箴言集》，ed. and trans. David Sider（New York：Oxford University Press，1997），p. 152。

24. 虽然最近发生了一场严重的地震，但上一次大爆发发生在公元前1200 年左右，所以如果有危险的话，那么危险的源头并不是火山。

25. 西塞罗《论神性》（*De natura deorum*），trans. H. Rackham，Loeb Classical Library，268（Cambridge，MA：Harvard University Press，1933），1. 6，pp. 17 – 19。

26. 同上书，p. 383,

27. 西塞罗《论责任》（*De officiis*），trans. Walter Miller，Loeb Classical Library，30（Cambridge，MA：Harvard University Press，1913），1. 37，p. 137。

28. 第欧根尼·拉尔修，《名哲言行录》，2vols. ，Loeb Classical Library，184 – 188（Cambridge，MA：Harvard University Press，1925），2：531 – 533。

29. 正如我将在下面讨论的，在此译为"迷信"的这个词在拉丁文里是 *religio*，即"宗教"。

30. 伊壁鸠鲁的 *epilogismos* 这一术语常用来表示"基于经验数据的推理"，但根据迈克尔·斯科菲尔德，"它传达我们日常评估和鉴定的程序"——斯科菲尔德，见《希腊思想的合理性》，ed. Michael Frede and Gisele Striker（Oxford：Clarendon Press，1996）。斯科菲尔德认为，这些程序都与伊壁鸠鲁的一个著名段落有关："我们不能为此采用特殊的表达方式，假设这会是一种改进；我们必须只使用现有的表达方式，" p. 22。伊壁鸠鲁向他的追随者们灌输的这一思想是所有人都能接受的"一种非常普通的活动，而不局限于一种特殊的智力成就，如数学或辩证法"，p. 235。

31. 西塞罗，《图斯库卢姆论争》（*Tusculanae disputationes*），trans. J. E. King. Loeb Classical Library, 141（Cambridge, MA：Harvard University Press, 1927），1.6.10。

32. 同上书，1.21.48-89。

33. 提出这项指控的是"提莫克拉底，梅特罗多洛的兄弟，伊壁鸠鲁的弟子，后脱离了该学派"。见第欧根尼·拉尔修，《名哲言行录》，trans. R. D. Hicks, 2vols., Loeb Classical Library, 185（Cambridge, MA：Harvard University Press, 1925），2:535。

34. 塞内加《训诫书信》（*Ad Lucilium Epistulae Morales*），trans. Richard Gummere, 3vols.（Cambridge：Cambridge University Press, 1917），1:146。

35. 给墨诺叩斯的信，见拉尔修《名哲言行录》，2:657。

36. 菲洛迪默斯，见《论选择与回避》，trans. Giovanni Indelli and Voula McKirahan, La Scuola de Epicuro, 15（Naples：Bibliopolis, 1995），pp. 104-106。

37. 本·琼森，《炼金术士》（*The Alchemist*），ed. Alvin B. Kernan, 2vols.（New York University Press, 1974），11.ii.41-42；72-87。琼森介入这样一个传统，将伊壁鸠鲁描绘成客栈和妓院的守护神，此传统包括乔叟笔下衣食无忧的小地主，这一人物在《坎特伯雷故事集》中被描绘成"伊壁鸠鲁的信徒"。

38. 格言#7，见第欧根尼·拉尔修，《名哲言行录》，trans. R. D. Hicks, 2vols., Loeb Classical Library, 185（Cambridge, MA：Harvard University Press, 1925；rev. ed. 1931），1:665。

39. 梵蒂冈语录31，见 A. A. 朗和 D. N. 塞德利《希腊化哲学家》，两卷本，(Cambridge：Cambridge University Press，1987)，1∶150。

第四章　时间的利齿

1. 参照莫里茨·W. 施密特《狄狄摩·夏勒森特》(*De Didymo Chalcentero*，Oels：A. Ludwig，1851)，及《狄狄摩·夏勒森特残篇》(*Didymi Chalcenteri fragmanta*，Leipzig：Teubner，1854)。

2. 参照大卫·迪林格《印刷之前的书籍》(New York：Dover Books，1982)，pp. 241ff。

3. 第欧根尼·拉尔修："伊壁鸠鲁是一位最多产的作家，让在他之前的所有作家黯然失色：因为他的作品总共约有三百卷，而且没有一篇来自其他作者的引文；这是伊壁鸠鲁自己说的"——《名哲言行录》，2∶555。第欧根尼·拉尔修列举了伊壁鸠鲁的三十七本书的书名，但这些书都遗失了。

4. 参照安德鲁·M. T. 莫尔，"第欧根尼在奥诺安达发现的题字"，见戴恩·R. 戈登和大卫·B. 休茨编《伊壁鸠鲁：其持续影响和当代意义》(Rochester，NY：Rochester Institute of Technology Cary Graphic Arts Press，2003)，pp. 209 – 214。见《伊壁鸠鲁题字（第欧根尼在奥诺安达的发现）》，ed. and trans. Martin Ferguson Smith (Naples：Bibliopolis，1992)。

5. 亚里士多德《动物志》(*Historia animalium*)，A. L. Peck，Loeb Classical Library，438 (Cambridge，MA：Harvard University Press，1965 – 1991)，5∶32。

6. 引自威廉·布莱德斯，《书的敌人》(London：Elliot Stock，1986)，pp. 66 – 67。

7. 奥维德，《书简》(*Ex ponto*)，trans. A. L. Wheeler，rev. G. P. Goold，2nd edn. (Cambridge，MA：Harvard University Press，1924)，1. 1. 73。

8. 贺拉斯，《讽刺诗·书信集·诗艺》(*Satires*，*Epistles*，*The Art of*

Poetry）， trans. H. Rushton Fairclough， Leob Classical Library， 194
（Cambridge，MA：Harvard University Press，1926），Epistle1. 1. 20. 12。

9. 引自《希腊文集》（*Greek Anthology*），trans. W. R. Paton, Loeb Classical
Library，84（Cambridge，MA：Harvard University Press，1917），9：
251，（Evenus of Ascalon, fl. between 50 BCE and 50 CE）。

10. 金·海恩斯－艾特森，《文字守护者：读写能力、权力和早期基督教
文学的传送者》（Oxford：Oxford University Press，2000），p. 4。

11. 引自莱昂内尔·卡松，《古代世界的图书馆》（New Haven：Yale
University Press，2001），p. 77。

12. 莱拉·阿夫兰，《抄写、书写和书籍：从古代到文艺复兴时期的书籍
艺术》（Chicago and London：American Library Association and the
British Library：1991），p. 171。另见 pp. 149 – 153。

13. 有关女性抄写员，见海恩斯－艾特森。

14. 据估计，在 1450 年以前，世界历史上累计产生的书籍数量，与 1450
年到 1500 年之间产生的数量相等；这一数量相当于 1500 年至 1510
年的数量；下一个十年生产的书是这一数量的两倍。

15. 关于抄写员，见 L. D. 雷诺和 N. G. 威尔逊《抄写员和学者：希腊拉
丁文学传播指南》，第二版（London：Oxford University Press，1974）；
阿夫兰，《抄写、书写和书籍》；罗莎蒙德·麦基特里克《法兰克王
国（6～9 世纪）的书籍、抄写和学问》（Aldershot，UK：Variorum，
1994）；M. B. 帕克斯《抄写、书法和读者》（London：Hambledon
Press，1991）。论抄写的象征意义，参照乔吉奥·阿甘本《可能性：
哲学文集》，ed. Daniel Heller – Roazen（Stanford：Stanford University
Press，2000），pp. 246ff。阿维森纳的"充满可能性"的人物是不抄
写时的抄写员。

16. 亚历山大港是南部的巨大粮仓，从富饶的泛河平原上收获无尽的谷
物。这些谷物都经过了眼光敏锐的官员的仔细检查，这些官员的职
责是确保谷物"没有掺杂任何泥土或大麦，未经践踏和过筛"——

克里斯托弗·哈斯，《古代晚期的亚历山大港：地形和社会冲突》
（Baltimore：Johns Hopkins University Press，1997），p.42。成千上万
麻袋谷物随后通过运河被运到港口，粮食船队在那里等待着它们。
从那里，满载着沉重货物的船只呈扇形向城市散开，城市迅速增长
的人口远远超过了周围乡村的支撑能力。亚历山大港是古代世界供
应食物的关键控制点之一，因此也是稳定和权力的中心。谷物并不
是亚历山大港所控制的唯一商品，商人们以买卖葡萄酒、亚麻布、
挂毯、玻璃和其他物品而闻名——我们最感兴趣的是——莎草纸交
易。城市附近的巨大沼泽地特别适合用来种植芦苇，而芦苇则可以
用来制作上等纸张。整个古代世界，从恺撒时代到法兰克国王统治
时期，"亚历山大港莎草纸"是官员、哲学家、诗人、牧师、商人、
皇帝和学者偏爱的一种媒介，他们用这种媒介发号施令、记录债务、
记录思想。

17. 托勒密三世（公元前246～前221）据说向所有已知世界的统治者发
送信息，要求他们复制书籍。官员们接到命令，没收过往船只上所
有的书籍。这些书被复制，副本归还，但原本被送进大图书馆（目录
上，这些书标记为"来自船上"）。皇室代理人在地中海四处奔走，购
买或借阅越来越多的书籍。出借人变得越来越谨慎——书常常有借无
还——要求更多的担保。在反复哄骗之后，雅典同意借给亚历山大港
其珍贵的著名作家的文本：埃斯库罗斯、索福克勒斯和欧里庇得
斯——这些文本在城里的文献室受到严密保护——雅典坚持要12塔
兰特黄金的巨额抵押金。托勒密交付了这笔抵押金，接受了这些书
籍，他放弃了抵押金，将副本送还雅典，将原本存入博物馆。

18. 阿米阿努斯·马尔切利努斯，《历史》（*History*），Loeb Classical
Library，315（Cambridge，MA：Harvard University Press，1940），2：
303。参照鲁菲诺："整个建筑是由拱形结构建造的，每个拱形结构
上方都有巨大的窗户。隐藏的内室彼此分开，提供各种仪式和秘密
活动。坐人的庭院和带有神像的小礼拜堂占据了最高一层的边缘。

那里有宽畅的房屋，牧师……通常住在那里。在这些建筑的后面，是一个独立的门廊，由柱子支撑，由周边向内延伸。中间矗立着神庙，规模巨大而宏伟，外部是大理石和珍贵的圆柱。内部有一尊塞拉皮斯的雕像，它是如此巨大，以致它的右手摸着一面墙壁，左手摸着另一面墙壁"——引自哈斯《古代晚期的亚历山大港》，p. 148。

19. 如我们所见，亚历山大港是一座具有重要战略意义的城市，它无法逃脱不断撕裂罗马社会结构的冲突。公元前48年，尤利乌斯·恺撒追击他的对手，亚历山大港的庞培。应埃及国王的请求，庞培很快被刺杀——他的头颅被送给恺撒，他自称极度悲伤。但虽然他兵力可能不足四千，恺撒决定留下来，确保对这座城市的控制。在随后的九个月的战斗中，数量严重不足的罗马人一度发现自己受到了一支驶进港口的皇家舰队的威胁。恺撒的军队给松木火把涂了树脂，内部涂上一层硫黄，设法烧毁这支舰队。大火很猛，因为船身是用高度易燃的沥青密封的，甲板上涂着蜡。（火烧古代船只的细节来自卢肯，《内战纪》（*Pharsalia*），trans. Robert Graves（Baltimore：Penguin, 1957），p. 84, 111：656 – 700）。火苗从船上窜到存放货物的岸上房屋，再经由码头蔓延到图书馆，或至少殃及藏书的仓库。书籍本身不是攻击的目标；它们只是方便的可燃材料。但烧书并不是纵火者的意图。恺撒将这座被征服的城市交给了被废黜的国王那迷人而富有同情心的妹妹克利奥帕特拉。图书馆的部分损失可能很快就被弥补了——几年后，痴迷的马克·安东尼说给了克利奥帕特拉二十万本书。这是他从佩加莫掠夺来的书。（在位于土耳其地中海沿岸这座古城令人印象深刻的废墟中，仍然可以看到佩加莫图书馆的圆柱。）然而，从一个图书馆随意偷来的书被扔进另一个图书馆，并不能弥补那些精心收集起来的藏书的损失。无疑，图书馆工作人员狂热地工作以弥补损失，这一机构，连同它的学者和巨大的资源，仍然世界闻名。但有一点必定非常清楚：战神是书籍的敌人。

20. 直到407年，罗马帝国的主教们才获得了关闭或拆除寺庙的法定权威——哈斯,《古代晚期的亚历山大港》, p. 160。

21. 鲁菲诺, 引自上书, pp. 161 – 162。

22. 《希腊文集》(*Greek Anthology*), p. 172。

23. 《书信集》(*Letters of Synesius of Cyrene*), trans. Augustine Fitzgerald
(Oxford University Press, 1926), p. 253。在海巴夏生前, 显然有什
么事引起了人们对她深切的尊敬, 这种尊敬不仅来自学者, 也来自
她众多的同胞。一位来自大马士革的年轻人到亚历山大港学习哲学,
两代人之后, 他仍然听到了她引起人们钦佩的故事。"城里所有的人
自然都爱她, 非常尊敬她, 而那些有权有势的人首先向她表示敬
意"——达默斯修斯,《哲学史》, trans. Polymnia Athanassiadi
(Athens: Apamea Cultual Association, 1999), p. 131。参照诗人达默
斯修斯对海巴夏的赞美:

> 寻觅黄道十二宫, 凝视处女座,
> 知道你的所在就是天堂,
> 所到之处都能发现你的才华,
> 向你致敬, 可敬的海巴夏,
> 教导的明亮之星, 无瑕疵, 不暗淡……

《诗集》, trans. Tony Harrison (London: Anvil Press Poetry, 1975),
no. 67。

24. 苏格拉底·斯科拉斯蒂克斯,《教会史》(London: Samuel Bagster &
Sons, 1844), p. 482。

25. 见《尼库主教约翰编年史》(C. CE 690), trans. R. H. Charles
(London: Text and Translation Society, 1916): "她一直致力于魔法、星
盘和乐器的研究, 并通过(她的)邪恶诡计欺骗了许多人。而城里的
总督分外尊敬她; 因为她用魔法迷惑了他。"(84:87 – 88), p. 100。

26. 两百多年后, 当阿拉伯人征服亚历山大港时, 他们显然在书架上找

到了书籍，但大部分是基督教神学著作，而非异教徒哲学、数学和天文学著作。当哈里发奥马尔被问及如何处理这些残留物时，据说他给出了一个令人心寒的答复："如果这些书的内容符合真主的旨意，我们可以不要它们，因为在这种情况下，真主的旨意就足够了。另一方面，如果它们包含的内容不符合真主的旨意，就没有必要保存它们。继续清理并毁掉吧。"引自罗伊·麦克劳德编，《亚历山大港图书馆：古代世界的知识中心》（London：I. B. Tauris，2004），p. 10。如果此事可信，那莎草纸卷、羊皮纸抄本被送到公共浴池，放进炉子里用来烧水。据传说，这种燃料供应持续了大约六个月。另见卢西亚诺·坎福拉，《消失的图书馆：古代世界的一个奇迹》，trans. Martin Ryle（Berkeley：University of California Press，1989），另见卡松，《古代图书馆》。有关海巴夏，见玛丽亚·齐尔斯卡《亚历山大港的海巴夏》（Cambridge，MA：Harvard University Press，1995）。

27. 阿米阿努斯·马尔切利努斯，《历史》，trans. Rolfe，1：47（xiv. 6. 18）。

28. 杰罗姆，《圣杰罗姆书信选》，Loeb Classical Library，2362（Cambridge，MA：Harvard University Press，1938），Letter XXII（to Eustochium），p. 125。

29. "我年轻时，虽然被孤独的沙漠壁垒保护着，但我无法忍受罪恶的驱使和天性的炽热。我试图通过频繁的斋戒来粉碎它们，但我的头脑总是处在混乱的想象中。为了制服它，我把自己交到一个在皈依之前是希伯来教徒的弟兄手中，并请他教我他的语言。这样，在学习了昆体良的尖锐风格、西塞罗的流畅、弗龙托的沉重和普林尼的温柔之后，我又开始学习字母系统，练习一些刺耳的喉音"——杰罗姆，《书信选》，p. 419。在同一封信中，杰罗姆建议一个修道士，"要放线钓鱼，抄写稿子，这样，你的手就可以赚得食物，你的心灵就可以因阅读而满足"，p. 419。如我们所见，在修道院抄写手稿，这对卢克莱修和其他异教徒文本的保存至关重要。

30. 《书信选》，p. 127。

31. 同上书，p. 129。

32. "一个出身高贵的人，一个口齿伶俐的人，一个富有的人，避开大街上有权有势的人的陪伴，与民众打成一片，与穷人在一起，与农民交往，都不是一件小事。" EP. 66. 6。称赞帕马奇斯的内容引自罗伯特·A. 卡斯特，《语言的守护者：古代晚期的语法学家和社会》（Berkeley：University of California Press，1988），p. 81。

33. 杰罗姆《书信选》，Letter XXII（to Eustochium），p. 125。

34. 教皇额我略一世，《对话集》（*Dialogues*），trans. Odo John Zimmerman（Washington，DC：Catholic University of America Press，1959），2：55 – 56。

35. 不是所有人都同意柏拉图和亚里士多德能被接纳。参照德尔图良，《反对异教》，ch. 7：

　　　　因为哲学是世俗智慧的材料，是上帝本性和天命的轻率解释者。事实上，异端邪说本身就是哲学的煽动者……雅典与耶路撒冷到底有什么关系呢？学院和教会有什么关系呢？异教徒与基督徒有什么关系呢？我们的训诲是从所罗门神殿来的，他曾教导我们说，当存清洁的心寻求主。摒弃一切试图产生斯多葛主义、柏拉图主义和辩证主义基督教的尝试！我们拥有了基督耶稣，不需要好奇的争论，接受了福音就不需要探究！当我们相信，我们便不再渴望更多的信念。因为这是我们的第一信条，除此之外我们不应该相信任何事情。

　　见《尼西亚前期教父》（*Ante – Nicene Fathers*），亚历山大·罗伯茨和詹姆斯·唐纳森编，十卷本（Grand Rapids：Wm，B. Eerdmans Publishing Co.，1951），3：246。我们会看到，与此相反，在 15 世纪

及之后，人们做出努力在基督教与改良版的伊壁鸠鲁主义之间达成妥协。

36. 米诺西乌·费利克斯，《屋大维》（*Octavius*），trans. T. R. Glover and Gerald h. Rendall, Loeb Classical Library, 250（Cambridge, MA：Harvard University Press, 1931），p. 345（嘲弄基督徒），p. 385（嘲弄异教徒）。国见同卷，德尔图良《护教篇》（*Apologeticus*），"我接触到你们的文学作品，你们通过这些作品接受了智慧和人文科学的训练；我发现了多么荒谬的事！我读到特洛伊人和亚该亚人的神灵是如何堕落到这种地步，竟然像许多角斗士一样捉对厮杀……"，p. 75。

37. 德尔图良，《论肉体复活》（*Concerning the Resurrection of the Flesh*），trans. A. Souter（London：SPCK，1922），pp. 153 – 154。

38. 同上书，p. 91。

39. 见詹姆斯·坎贝尔，"愤怒的上帝：伊壁鸠鲁、拉克坦提乌斯和战争"，收入戈登和休茨编《伊壁鸠鲁：其持续影响和当代意义》。坎贝尔认为，基督教向愤怒的上帝的转变是在公元4世纪，伴随着其在罗马世界权力和声望的增长。之前，基督教接近伊壁鸠鲁式态度，对其思想更为同情。"确实，德尔图良、亚历山大港的克雷芒和雅典那哥拉在伊壁鸠鲁主义中发现了很多值得钦佩的东西，理查德·容昆茨曾警告称，'任何关于基督教教父对伊壁鸠鲁主义的反感的概括都需要仔细的鉴定才有效。'伊壁鸠鲁式关于社会美德的实践，强调宽恕和互相帮助，以及对世俗价值的怀疑与基督教的相关态度非常相似……德威特认为，'对伊壁鸠鲁分子来说，成为一个基督徒是非常容易的'——有人会认为，基督徒也同样可以成为一个伊壁鸠鲁信徒。"p. 47.

40. 随后他又说，"虽然事实上，神灵已经在他们的智慧中摧毁了他们的作品，以至于他们的大部分书籍不再存在"——弗洛里迪论塞克图斯，p. 13。除了伊壁鸠鲁派，朱利安还希望排除皮浪主义者

（Pyrrhonians），那就是哲学怀疑论者。

41. 严格来说，这一词语并非指无神论者。迈蒙尼德解释，*apikoros* 是一个拒绝启示并坚持认为上帝对人类事务没有认知或兴趣的人。

42. 德尔图良，《护教篇》，45：7（Loeb, p. 197）。

43. 见拉克坦提乌斯，《论愤怒》（*De ira*），收入《尼西亚前期教父》，亚历山大·罗伯茨和詹姆斯·唐纳森编，vol. 7, ch. 8。

44. 见拉克坦提乌斯《神学机构》（*Divine Institutes*），3 - 1。

45. 教皇额我略一世，《对话集》，2：60。

46. 鞭刑在古代被广泛使用，不限于罗马："如果有罪的人被判鞭刑，"《申命记》（25：2）宣称，"法官让他躺下。当众鞭打。"有关鞭刑历史，见尼克劳斯·拉尔吉耶，《鞭子礼赞：兴奋的文化史》，trans. Graham Harman（New York：Zone Books，2007）。

47. 当众惩罚并没有随异教结束或在古代消亡。莫利内记载道，蒙斯市民花高价买了个匪徒，以便看他被处死而享受一种快乐，"对此场景，人们比看到一个新圣徒复活更要开心。"——莫利内，见让·德鲁莫，《罪与恐惧：13~18世纪西方罪感文化的兴盛》，trans. Eric Nicholson（New York：St. Martin's Press，1990；orig. 1983），p. 107。瑞士日记作者费利克斯·普拉特终其一生，始终记得他儿时看到的一些事情：

> 　　一个强奸了七十岁老妇人的罪犯，被用火钳活活剥皮。我亲眼看见他身上的肉被火钳夹住，浓烟冒出来。他被伯尔尼的刽子手尼古拉斯处死，尼古拉斯是专门为这件事来的。囚犯是一个身强力壮的人。就在附近的莱恩河桥上，他们撕开他的胸口；随后他被带到断头台。此刻，他非常虚弱，血从他双手涌出。他已经站不住了，他慢慢倒下。最后，他被砍了头。他们用棍子捅穿他的身体，之后他的尸体被扔进了沟里。我目睹了他的酷刑，我父亲牵着我的手。

48. 一个例外是圣安乐尼，根据他的圣徒传作者所述，他"极度清心寡欲（严格的自我控制，远离激情）摆脱了一切情感的弱点和错误的基督，就是他的榜样"——亚塔那修（attr.），《安东尼传》，第67章，引自彼得·布朗《禁欲主义：异教徒和基督徒》，见艾弗尔·卡梅伦和彼得·加恩西编《剑桥古代史：帝国晚期（公元337～425）》（Cambridge：Cambridge University Press，2008），13：616。

49. 见彼得·布朗，《西方基督教王国的兴起：胜利及多样性（公元200～1000）》（Oxford：Blackwell，1996），p. 221；R. A. 马库斯，《古代基督教的终结》（Cambridge：Cambridge University Press，1990）；及玛丽莲·邓恩，《修道院的出现：从沙漠教父到中古早期》（Oxford：Oxford University Press，2000）。

50. 天下无新事。在仿效或模仿神的痛苦中积极追求痛苦的行为在伊希斯、阿提斯和其他的偶像崇拜中均有先例。

51. 更多的事例见拉尔吉耶，《鞭子礼赞：兴奋的文化史》，pp. 90，188。

52. 同上书，p. 36。拉尔吉耶还复述了接下来的故事，其中一些至少应该以怀疑的态度来对待。

第五章　出生与再生

1. 恩斯特·瓦尔泽，《波焦在佛罗伦萨：生活与工作》（Hildesheim：George Olms，1974）。

2. 艾莉丝·欧瑞果，《普拉托商人：弗朗西斯科·迪·马尔科·塔提尼，1390～1460》（Boston：David Godine，1986，orig. 1957）。

3. 劳罗·马丁内斯，《佛罗伦萨人文主义者的社交界，1390～1460》（Princeton University Press，1996），p. 22。

4. "到14世纪末，托斯卡纳几乎所有富裕的家庭至少有一个奴隶：新娘们把他们带来，作为嫁妆的一部分；医生们从病人那里收下他们代替诊疗费用；即使牧师提供服务的时候，也不难发现他们。"欧瑞果，《普拉托商人》，pp. 90－91。

5. 同上书，p. 109。

6. 细羊毛是从马略卡岛、加泰罗尼亚、普罗旺斯和科茨沃尔（此地羊毛价格最贵，质量最好）购买的，通过各种各样贪婪的税务机构，再用船运到国外。印染需要其他进口物品：来自黑海的明矾（制作用于固定染料的媒染剂），来自伦巴第的橡果（制作最优质的紫黑色墨水）、靛蓝（作为深蓝色染料和其他颜色的基础）；来自低地国家的茜草（用于鲜红色染料，或与靛蓝结合使用，用于暗红色和紫色）。而这些只是常规进口。稀有染料在那个时代贵族们骄傲地穿着的昂贵衣服上都能看到，包括来自地中海东部的墨蕾斯贝壳的深红色，来自小胭脂虫的胭脂红，来自红海岸边的一种晶体物质的橙红色，以及从东方虱子的粉末残留物中提取出的昂贵的，因此备受珍视的角质红。

7. 马丁·戴维斯，《书写和印刷中的人文主义》，见《文艺复兴时期人文主义剑桥指南》，吉尔·卡雷耶编，（Cambridge：Cambridge University Press，1996），p. 48。彼特拉克认为，这种经历更像是看一幅画而不是读一本书。

8. 虔诚的基督徒被要求抑制好奇的冲动，摒弃它被污染的果实。虽然但丁的诗歌赋予尤利西斯崇高的尊严，让他决心在大力神的石柱之外航行，但《炼狱》清楚地表明，这种决心是一个堕落灵魂的表现，注定永远处于地狱最深处的圈层附近。

9. 参见查尔斯·特林考斯，《"以我们的形象和样式"：意大利人文主义思想中的人性与神性》，两卷本（Chicago：University of Chicago Press，1970）。

10. "*aurum*, *argentum*, *gemmae*, *purpurea vestis*, *marmorea domus*, *cultus ager*, *pietae tabulae*, *phaleratus sonipes*, *carteraque id genus mutam habent et superficiariam voluptatem*: *libri medullitus delecyant*, *colloquunyur*, *consulunt*, *et viva quadam nobis atque arguta familiaritate junguntur*." ①

---

① 中译参见正文。——译者注

引自约翰·阿丁顿·西蒙兹，《意大利文艺复兴》，七卷本。（New York：Georg Olms，1971；orig. 1875 – 86），2：53（translated by SG）。

11. "在许多题材中，我对古代特别感兴趣，因为我一直不喜欢自己的时代，所以，如果没有对亲人的爱的约束，我总是想在其他任何时代出生。为了忘记自己的时代，我总是试图在精神层面把自己放在其他时代。"《后人》（*Posteritati*），P. G. 里奇编，见彼特拉克《散文》，第7页，引自罗纳德·G. 威特，《"追随古人脚步"：人文主义之起源，从洛瓦托到布鲁尼》，ed. Heiko A. Oberman，vol. 74（Leiden：Brill, 2000），p. 276。

12. 民法及教会法博士学位（DUJ）需花十年时间获得。

13. 威特《追随古人脚步》，p. 265。

14. *Rerum fam.* XXII. 2，见《家庭》（*Familiari*），4：106，引自威特《追随古人脚步》，p. 62。此信可能写于1359年。

15. 引自马丁内斯《佛罗伦萨人文主义者的社交界》，p. 25。

16. 对彼特拉克来说，有些价值超越了单纯的风格："如果你把自己完全沉浸在西塞罗的泉水中，通晓希腊人或罗马人的著作，那又有什么好处呢？你确实能讲出优美、迷人、甜美和崇高的话来；但你肯定不能严肃、简朴、明智地说话，更重要的是，不能始终如一地说话。"——*Rerum fam.* 1. 9，见威特《追随古人脚步》，p. 242。

17. 萨卢塔蒂比这段简短的叙述更复杂：1380年代早期，在朋友的催促下，他为修道院生活写了大量的辩护文章，他也准备承认，即使是在赞扬积极参与的过程中，至少在原则上，冥想式隐居生活有其优越性。

18. 见萨卢塔蒂1377年11月17日写给维罗纳的加斯帕雷·斯卡罗·德·布罗斯皮尼的信："在这座高贵的城市，托斯卡纳之花和意大利明镜，在为拯救意大利和所有人的自由而斗争的过程中，这是一场最辉煌的和罗马的较量，它从罗马的脚下降临，它的古老的影子也随之出现，在佛罗伦萨这儿，我承担了一份工作，这份工作很慷慨，但我非常感激。"见欧亨尼奥·加林，《意大利文艺复兴时期的哲学与文化：研究文集》（Florence：Sansuni，1979），esp. pp. 3 – 27。

19. 威特《追随古人脚步》，p. 308。

20. 西蒙兹《意大利文艺复兴》，pp. 80 – 81。

21. "想象一下，"尼科利晚年写信给财政官员，"我可怜的货物，连同我所有的债务和紧迫的开支，要付多少税。这就是为什么，我恳求你的天良和仁慈，我祈祷你能以这样一种方式来对待我，这样在我年老的时候，现行的税收不会迫使我在远离我出生地的地方死去，我已经把我所有的钱都花在那里了。"引自马丁内斯《佛罗伦萨人文主义者的社交界》，p. 116。

22. 阿尔贝蒂，《文艺复兴时期佛罗伦萨的家庭》，trans. Renée Neu Watkins（Columbia：University of South Carolina Press，1969），2：98。人们有时会说，这种伙伴婚姻的观点只是新教传入的，但有相当多的证据表明，它的存在要早得多。

23. 欧瑞果，《普拉托商人》，p. 179。

24. 韦斯帕夏诺·达·比斯蒂奇，《韦斯帕夏诺回忆录：15世纪名人传》，trans. William George and Emily Waters（London：Routledge，1926），p. 402。

25. "有一天，尼科洛离开他的家，看见一个男孩脖子上挂着一块玉髓，上面刻着波利克利佗的一幅人物肖像，是一件精美的首饰。他问孩子父亲的姓名，听说之后，就打发人去问他能不能卖这块宝石；那父亲欣然同意，就像一个既不知道它是什么也不珍惜它的人。尼科洛给他五弗罗林作为交换，对这个拥有宝石的好男人来说，他付的价钱是宝石价值的两倍了"——同上书，p. 399。至少在这件事上，这笔支出是一项非常好的投资："在教皇安日纳在任时的佛罗伦萨，有一位叫路易吉的大人物，他是一位宗主教，对这类物品极有兴趣，他让人带话给尼科洛，问他能否看一下这块玉髓。尼科洛派人将宝石送给他，他如此高兴并留下宝石，让人送给尼科洛两百金杜卡特，他百般劝说后者收下，尼科洛不是一个有钱人，也就成交了。这位宗主教死后，宝石落到教皇保禄手里，后来又落到洛伦佐·达·美第奇手里。"同上书，p. 399。通过一件古老的浮雕进行引人注目的追踪，见卢卡·朱利安尼，《送给皇帝的礼物：大宝石的秘密》（*Ein Geschenk für den Kaiser：Das Geheimnis des grossen Kameo*，Munich：Beck，2010）。

26. 事实上，尼科利的远见超出了他的能力：他死时负债累累。但他的朋友柯西莫·德·美第奇取消了这笔债务，作为交换，他有权处置尼科利的藏书。一半数量的手稿送去新建的圣马可图书馆，放置在米开罗佐宏伟的建筑里；另一半成为城里劳伦森图书馆的主要藏书。虽然他是公共图书馆的始作俑者，但有此想法的也不是尼科利一人。萨卢塔蒂就呼吁建立过。参见贝特霍尔德·L. 乌尔曼和菲利普·A. 施塔特，《文艺复兴时期佛罗伦萨的公共图书馆：尼科洛·尼科利、柯西莫·德·美第奇和圣马可图书馆》（Padua：Antenore，1972），p. 6。

27. 奇诺·里努奇尼，*Invettiva contro a cierti calunniayori di Dante e di messer Francesco Petrarcha and di messer Giovanni Boccaccio*，引自威特《追随古人脚步》，p. 270。见罗纳德·威特，"*Cino Rinuccini's Risponsiva alla Invetirra di Messer Aantonio Lusco*"，《文艺复兴季刊》23（1970），pp. 133–149。

28. 布鲁尼，《对话集》卷一，见马丁内斯《佛罗伦萨人文主义者的社交界》，p. 235。

29. 同上。

30. 同上书，p. 241。

31. 《韦斯帕夏诺回忆录》，p. 353。

32. 马丁内斯《佛罗伦萨人文主义者的社交界》，p. 265。

第六章　谎言工厂

1. 见 1421 年 2 月 12 日波焦写给尼科利的信："因为我不是他们那种完人，他们会奉命抛弃父母，变卖一切，周济穷人；这种权力只属于少数人，而且只是在很久以前，更早的时候。"——戈尔丹，《文艺复兴时期两位猎书人》，p. 49。

2. 威廉·谢波德，《波焦·布拉乔利尼传》（Liverpool：Longman et al.，1837），p. 185。

3. 戈尔丹，《文艺复兴时期两位猎书人》，p. 58。

4. 彼得·帕特纳，《教皇随从：文艺复兴时期的教廷行政事务》（Oxford：Clarendon Press，1990），p. 115。

5. 拉波·达·卡斯特格莱奇诺，《论罗马教廷的卓越和尊严》，见克里斯托弗·切伦扎，《文艺复兴时期人文主义与罗马教廷：小拉波·达·卡斯特格莱奇诺的 De curiae commodis》（Ann Arbor：University of Michigan Press，1999），p. 111。

6. 同上书，p. 127。

7. 同上书，p. 155。

8. 同上书，p. 205。

9. 见切伦扎，《文艺复兴时期人文主义与罗马教廷》，pp. 25 – 26。

10. 同上书，p. 177。

11. 波焦，《谐语或波焦的诙谐故事》，两卷本，（Paris：Isidore Liseux，1879），结语，p. 231。（巴黎版的卷和故事的编号可参考。）《谐语》的手稿直到 1457 年才露面，比波焦去世早了两年，但波焦许多年前就讲过那些在抄写员和秘书之间流传的故事。参见廖内洛·索齐，《笑话及其欧洲来源》，见《波焦·布拉乔利尼诞辰六百周年：1380 ~ 1980》（Florence：Sanasoni，1982），pp. 235 – 259。

12. 同上书，1：16。

13. 同上书，1：50。

14. 同上书，1：5，1：45，1：123，1：133。

15. 同上书，2：161。

16. 杰西·马丁内斯·德·布汉达，　《禁书索引》，第十一卷，(Sherbooke, Quebec：Centre d'etudes de la Renaissance；Geneva；Droz；Montreal：Mediaspaul, 1984－2002)，11（Rome）：33。

17. 波焦，《谐语》，1：23。

18. 同上书，1：113。

19. 同上书，2：187。

20. 约翰·蒙法萨尼，《特里比赞的乔治传及其修辞和逻辑研究》(Leiden：Bill, 1976)，p. 110。

21. 西蒙兹《学识的复兴》(New York：C. P. Putnam's Sons, 1996)，p. 176。《15 世纪学术的陶醉》，p. 177。

22. "Aspira ad virtutem recta, non hac tortuosa ac fallaci via；fac, ut mens conveniat verbis, opera sint ostentationi similia；enitere ut spiritus paupertas vestium paupertatem excedat, tunc fugies simulatoris crimen；tunc tibi et reliquis proderis vera virtute. Sed dum te quantunvis hominem humilem et abiectum vif = dero Curiam frequentatem, non solum hypocritam, sed pessmum hypocritam iudicabo."（17：p. 97）波焦·布拉乔利尼，《全集》(*Opera omnia*)，四卷本（Turin：Erasmo, 1964－1969）。

23. 戈尔丹，《文艺复兴时期两位猎书人》，pp. 156，158。

24. 同上书，p. 54。

25. 同上书，p. 75。

26. 同上书，p. 66。

27. 同上书，p. 68。

28. 同上书，pp. 22－24。

29. 同上书，p. 146。

30. 同上。

31. 同上书，p. 148。

32. 同上书，p. 164。

33. 同上书，p. 166。

34. 同上书，p. 173。

35. 同上书，p. 150。

36. 波焦被任命为若望二十三世的使徒秘书的确切日期不清楚。1411 年，他被选为教皇的抄写员和身边随从。但 1412 年 6 月 1 日的一份教皇诏书则由作为秘书的波焦签字（如同随后日期在康斯坦茨宗教大会时期的一份诏书），波焦在此期间称自己为使徒秘书。参见瓦尔泽，《波焦在佛罗伦萨：生活与工作》，p. 25，n4。

第七章　捕狐陷阱

1. 在 14 世纪的大部分时间里，教皇居住在阿维尼翁；只在 1377 年，额我略十一世据说受了锡耶纳圣凯瑟琳一番激动人心的话的启发，将教廷搬回了罗马。当次年额我略去世，罗马民众担心一个新的法国教皇几乎肯定会回到阿维尼翁享受文明和安全，便包围了红衣主教的秘密会议并大声要求选举一个意大利人。那不勒斯的巴尔多禄茂·普里尼亚诺当选并称乌尔巴诺六世。五个月后，法国红衣主教使团声称他们受到一群暴民的胁迫，因此选举无效，并举行新的秘密会议，选举日内瓦的罗伯特为教皇，他定居阿维尼翁并自称克雷芒七世。于是就有了两个对立的教皇。

　　法国使团在一个艰难的时期选择了一个强硬的人；日内瓦的罗伯特前一年就出了名，那时作为掌管一群布列塔尼士兵的教皇公使，他承诺，如果叛乱的切塞纳公民向他敞开大门，他将完全赦免他们。当城门打开，他下令进行大屠杀。"把他们都杀死，"人们听见他大声喊叫。乌尔巴诺六世则募集资金招募雇佣兵，忙于意大利政治中错综复杂的联盟和背叛，使他的家人富裕起来。他侥幸逃脱为他设下的陷阱，下令拷打和处决他的敌人，多次逃离并重新进入罗马。乌尔巴诺宣布他的法国对手是伪教皇；罗伯特则宣布乌尔巴诺是反基督者。这些肮脏的细节我们并不特别关注——当波焦出场的时候，日内瓦的罗伯特和乌尔巴诺六世都已死去，取而代之的是其他同样有问题的教皇宝座的竞争者。

2. 见波焦在《论命运的变迁》中忧郁的观察："俯瞰……城中山丘，空旷的城郭只被废墟和花园隔开"——爱德华·吉本，《罗马帝国衰亡史》，六卷本，（New York：Knopf，1910），6：617。

3. 同上书，6：302。吉本将此段用作他那部"巨著"的高潮，是降临罗马的那场灾难的简要说明。

4. 尤斯塔斯·J. 基茨，《在宗教大会期间：关于巴尔达萨雷·科萨（之后的教皇若望二十三世）的生活和时代的简况》（London：Archibald Constable & Co.，1908），p. 152。

5. 同上书，pp. 163 - 164。

6. 乌尔里希·里希恩坦尔，《康斯坦茨宗教大会编年史，1414～1418》（Chronik des Konstanzer Konzils 1414 - 1418），见《康斯坦茨宗教大会：教会的统一》，ed. John Hine Mundy and M. Woody，trans. Louise Ropes Loomis（New York：Columbia University Press，1961），pp. 84 - 199。

7. 如雷米希奥·萨巴迪尼，《14 和 15 世纪拉丁语和希腊语代码的发现》（Le Scoperte dei Codici Latini e Greci ne Secoli XIV E XV）（Florence：Sansoni，1905），1：76 - 77。

8. 《里希恩坦尔编年史》，p. 190。

9. "有人说，很多人因为抢劫、谋杀和其他罪行而被处决，但事实并非如此。我从康斯坦茨地方法官那里无法得知，有二十二人以上因为任何这样的原因而被处死"——《里希恩坦尔编年史》，p. 157。

10. 同上书，pp. 91，100。

11. 引自戈登·莱夫，《中古西方的异教、哲学和宗教》（Aldershot UK：Ashgate，2002），p. 122。

12. 基茨，《在宗教大会期间》p. 335。

13. 《里希恩坦尔编年史》，p. 114。

14. 同上书，p. 116。

15. 这是里希恩坦尔的叙述。另一个同时代目击者，纪尧姆·菲拉特对此事件有不同的看法："教皇意识到他的处境，星期三至星期四（3月21日）之间，午夜过后，在奥地利公爵弗雷德里克的护送下，夜里乘船离开了这座城市"——《康斯坦茨宗教大会》，p. 222。

16. 菲拉特，见《康斯坦茨宗教大会》，p. 236。

17. E. H. 吉列特，《约翰·胡斯的生活与时代》，两卷本，（Boston：Gould & Lincoln，1863），1：508。

18. 基茨，《在宗教大会期间》，pp. 199 – 200。

19. 波焦的长信有关杰罗姆和布鲁尼惊恐的答复引自威廉·谢波德，《波焦·布拉乔利尼传》（Liverpool：Longman et al.，1837），pp. 78 – 90。

20. "里希恩坦尔编年史"，p：135. 然而，波焦声称"是他生命终结的目击者，看到了整个过程，"他告诉布鲁尼，"穆提乌斯耐心地让他的手被烧，就如杰罗姆忍受全身的灼烧那样痛苦；同样，苏格拉底喝下毒药也没有像杰罗姆那样欣然承受火刑"（谢波德，p. 88）。波焦提及的是穆奇乌斯·斯凯沃拉，传说中的罗马英雄，他坚韧地将手伸进火焰中，从而给罗马的敌人（伊特鲁里亚·波尔塞纳）留下了深刻的印象。

21. 此处及以下引述来自1416年5月18日给尼科利的信，见戈尔丹，《文艺复兴时期两位猎书人》，pp. 26 – 30。

22. L. D. 雷诺，《文本和传播：拉丁经典调查》（Oxford：Clarendon Press，1983），p. 158。评论作者是4世纪的罗马语法学家多纳图斯。

23. 波焦发现的西塞罗演讲的抄本，1948年由A. 坎帕纳在梵蒂冈图书馆确认［Vatican. lat. 11458（x）］，抄本上还有以下说明文字：*Has septem M. Tulii orationes, que antea culpa temporum apud Italos deperdite erant, Poggius Florentinus, perquisitis plurimis Gallie Germanieque summo cum studio ac diligentia bibyothecis, cum latenetes comperisset in squalore et*

sordibus, *in lucem solus extulit ac in pristinam dignitatem decoremque restituens latinis musis dicavit* ①(p. 91)。

24. 在持续描述烂不堪的手稿时，波焦幻想昆体良的《演说原理》（*Inastitutes*）在拯救罗马共和国方面发挥了重要作用。因此，他想象"被囚禁"的昆体良"感到耻辱，他曾经用他的影响和口才保护了全体民众的安全，现在却找不到一个支持者来同情他的不幸，为他的幸福操心，防止他被拖去受不应得的惩罚"——1425 年 12 月 15 日给尼科利的信，见戈尔丹，《文艺复兴时期两位猎书人》，p. 105。在这些话里，人们也许可以瞥见波焦在目睹杰罗姆被定罪和处死时的罪恶感。或者更确切地说，抢救手稿意味着一次失败的救援：可以从修道士手中抢救经典文本，但波焦不可能为雄辩的、注定要灭亡的杰罗姆带来解放。

25. 同上书，书信 IV，p. 194。

26. 同上书，书信 IV，p. 197。

第八章　事物的存在方式

1. 卢克莱修在早期现代哲学和自然科学中所扮演的关键角色被凯瑟琳·威尔逊深入探索过，《现代起源中的伊壁鸠鲁主义》（Oxford：Clarendon Press，2008）；亦见 W. R. 约翰逊，《卢克莱修和现代》（London：Duckworth，2000）；戴恩·R. 戈登的大卫·B. 休茨，《伊壁鸠鲁：其持续影响和当代意义》（Rochester，NY：RIT Cary Graphic Arts Press，2003）；及斯图尔特·吉莱斯皮和唐纳德·麦肯齐，"卢克莱修与现代"，见《卢克莱修剑桥指南》，ed. Stuart Gillespie and Philip Hardie（Cambridge：Cambridge University Press，2007），pp. 306 – 324。

2. 乔治·桑塔亚纳，《三位哲学诗人：卢克莱修、但丁和歌德》（Cambridge，MA：Harvard University Press，1947），p. 23。

---

① 中译参见正文。——译者注

3. 这是卢克莱修那令人眼花缭乱的语言技巧不可避免地在翻译中丢失的许多时刻之一。在此处描述无数的组合时，他用相似的词互相碰撞："sed quia multa modis multis mutata per omne"。

4. 《感觉的逻辑》（trans. Mark Lester with Charles Stivale，ed. Constantin V. Boundas，New York：Columbia University Press，1990），吉尔斯·德勒兹探讨了原子这种最小的不确定运动与现代物理学之间的关系。

5. "如果所有运动总是相互联系的，如果新的运动是由旧的运动在不可改变的连续中产生的，如果没有原子的转向来开始运动，就可以取消命运的法令，并防止无穷无尽的因果链的存在，那地球上所有生物都拥有的这种自由意志的源泉是什么呢？我要问的是，这种从命运中获得的意志力的源泉是什么，它使我们每个人都能在快乐的引导下前进？……"（2.251-258）。

6. 无论自己愿不愿意前进，还是愿意保持静止，都是可能的，因为一切都不是严格确定的，也就是说，因为物质那微妙、不可预测的自由运动。防止心灵被内在需要所粉碎的，是"原子在不可预知的时间和地点的细微变化（*clinamen principiorum*）"（2.193-194）。

7. 正如在这错综复杂的发展历史中没有任何神的恩典一样，也没有完美或最终的形式。即使繁盛的生物也被瑕疵所困扰，这些瑕疵证明了它们的设计并不是某种高级智慧的产物，而是一种偶然。实际上，卢克莱修阐述了可能令人类男性懊恼的前列腺的原理。

8. 参见德莱顿翻译的诗句：

> 就像水手在暴风雨中被抛向
> 岸上，婴儿在世上遭了海难：
> 他一丝不挂地躺着，就要断气；
> 人类所需要的一切都能为力：
> 暴露在冷漠的地球上，
> 从他不幸出生的那一刻。

约翰·德莱顿，《诗歌全集》，詹姆斯·金斯利编，四卷本（Oxford：Clarendon Press，1958），1：421. 此处及其他地方，我已将他的拼写和标点现代化了。

9. "比如，常常在装饰得很优雅的神殿前，一头小牛作为受害者倒在冒着浓烟的祭坛旁，最后的气息随着一股热血从它的胸口喷出。与此同时，失去幼崽的母牛穿过绿色的林间空地，在地上寻找那些偶蹄留下的痕迹。她睁眼探索每一个地方，希望能在某个地方发现她失去的孩子。现在她停下来，哀怨的叫声充满了郁郁葱葱的树林。她一次次回到牛棚，她的心因渴望她的小牛而茫然。"（2：352 – 360）当然，这个段落不仅仅是说一头特定的母牛可以辨认她的特定的小牛：它再次指出了宗教的破坏性、谋杀性，这一次采取了动物受害者的角度。整个祭祀仪式，既不必要又残忍，且与一种极其自然的东西对立起来，这儿不仅是母亲识别后代的能力，还有这种识别背后深深的爱。动物不是物质机器——他们不像我们说的那样，只是本能地照顾他们的孩子，他们会有情感。而且物种中的一个成员不能简单地替代另一个成员，就好像个体生物可以互换一样。

10. "当灼热的大地在雷电的可怕打击下颤抖，隆隆雷声在浩瀚的天空中奔腾，谁的心不因敬畏神灵然而恐惧、畏缩？"（5：1218 – 1221）

11. 汉斯·布鲁门伯格在他论此段文字的优美的小书《沉船与旁观者：存在的隐喻范式》（trans. Steven Rendall，Cambridge，MA：MIT Press，1997）中表明，在对此段文字进行沉思和评论的几个世纪中，读者往往失去了距离上的特权地位：我们就在船上。

12. A. 诺曼·杰弗斯，《W. B. 叶芝：其人其诗》，第二版（London：Routledge & Kegan Paul，1996），p. 267，引自大卫·霍普金斯，《英语中的卢克莱修：从露西·哈钦森到约翰·梅森·古德》，见《卢克莱修剑桥指南》，p. 266。以下是德莱顿翻译的诗句：

当爱情的力量发挥到极致，

> 也不过是一种永不停歇的流浪乐趣：
>
> 也不认识那放纵的情人，
>
> 手或眼睛，他先拥有什么：
>
> 但要抓紧，在他抓紧的地方压紧，
>
> 因疯狂的紧压而疼痛；
>
> 亲吻咬伤了缠绕的一对，
>
> 这显示他的欢乐不真诚，不完美。（1：414）

在现代读者看来，"不真诚"一说怪怪的，但这是一种拉丁语表达法。拉丁语中的 *sincerus* 能够理解为"纯粹"，卢克莱修认为，暴风骤雨般的暴力起因于恋人的快乐并不纯粹这一事实：不是纯粹的快乐（*quia non est pura voluptas*）。（4：1081）

13. "就像口渴的人在梦中渴望喝水，虽然他们在激流中畅饮，但他们不是去取水来扑灭消耗四肢的火，而是徒劳地去追求水的形象而持续口渴，所以，在爱情中，情侣们被维纳斯的形象所迷惑：无论他们多么专注地注视着爱人的身体，都无法满足他们的眼睛；他们也不能从柔软的四肢上取下什么来，尽管他们用粗糙且不确定的手四处摸索。"（4：1097 – 1104）

14. 以下是史密斯更出色的散文翻译：

最终，他们四肢缠绕，享受着青春之花绽开：身体有一种狂喜的预感，爱神正准备播种女人的田地；他们贪婪地将身体互相挤压，嘴里的唾液混合在一起，呼吸急促，牙齿咬破了嘴唇。但这一切终是徒劳，因为他们不能从恋人的身体拿走任何东西，也不能完全渗透到恋人的身体里去。有时他们确实很努力，极力想做到这一点：他们如此渴望被爱神完全束缚，而他们的四肢却因狂喜的力量而松软，大汗淋漓。

15. 史密斯对开场诗句的翻译如下：

> 埃涅阿斯臣民之母，人类和众神的喜悦，维纳斯，生命的力量，是你，在天空闪耀的星星的照耀下，激励着承载着船只的大海，激励着富饶多产的土地。是你，让每一种生物开始了孕育和初次看到了太阳的光芒。女神啊，在你降临时，风寂静，云消散，富于创造力的大地为你绽开芬芳的花朵，为了你，海洋微笑着平滑地伸展，天空，此刻平静下来，充满了灿烂的光芒。
>
> 一旦春天的大门打开，法沃尼乌斯（风神）肥沃的微风，从囚禁中释放出活力，一马当先的是女神，是空中的鸟儿，用你强有力的矛刺入天穹，发出你到来的信号。接下来是野生动物，牛群跑过茂盛的牧场，游过湍急的河流；所以，它们一定被你的魅力迷住了，热切地追随你的脚步。然后，你将诱人的爱注入每一种生活在海洋、山脉、河流、鸟类出没的灌木丛和青翠的平原上的生物的心中，并植入生育同类的激情冲动。

第九章 回归

1. 写给弗朗西斯科·巴巴罗的信，见戈尔丹，《文艺复兴时期两位猎书人》附录，Letter VIII，p. 213。

2. 卢克莱修文本的历史引起了好几代学者的兴趣，是所有文献学中最著名的重建对象，如伟大的德国古典学家卡尔·拉赫曼（1793~1851）。给波焦抄写的那个抄本已丢失，考据学者们称之为"波焦抄本"（poggianus）。D. J. 巴特菲尔德极大地帮助我理解了文本问题的复杂性，我对他表示谢意。

3. 同上书，pp. 38，46。

4. 同上书，p. 46，48。

5. 同上书，p. 74。

6. 同上书，p. 65。

7. 同上书，pp. 89，92。

8. 此处及以下引文：同上书，pp. 110，154，160。

9. 尼科利收藏的大量古代文献抄本保存下来，现成为圣马可图书馆藏书，他遗嘱将此作为他的图书馆。他收藏的文本除了卢克莱修之外，还有普劳图斯、西塞罗、弗莱里乌斯·弗拉库斯、塞尔苏斯、奥留斯·格里乌斯、德尔图良、普鲁塔克和克里索斯托姆等人的作品。包括波焦提到的阿斯柯尼乌斯·佩狄亚努斯的抄本和其他作品都丢失了。见 B. L. 乌尔曼和菲利普·A. 施塔特，《文艺复兴时期佛罗伦萨的公共图书馆：尼科洛·尼科利、柯西莫·德·美第奇和圣马可图书馆》（Padua：Antenore，1972），p. 88。

10. 戈尔丹，《文艺复兴时期两位猎书人》，pp. 147，166 – 167。

11. 如劳罗·马丁内斯指出的，在 13 世纪，权力和财富从古老的封建贵族转移到商人阶层，转移到像阿尔比齐、美第奇、鲁切拉和斯特罗齐这样的家族。虽然不再很富裕，但新娘的父亲却相当有钱。"1427 年，瓦吉娅的父亲吉诺声称有一座带院子的大房子和商铺、两幢别墅、四个农庄、几块地和一些牲畜。他的其他资产还包括 858 弗罗林的未偿贷款和市值 118 弗罗林的政府债券。他的总资产达到 2424 弗罗林。该遗产的债务达 500 弗罗林，租金和生活津贴扣减使吉诺的应纳税资本减至 336 弗罗林。这样，波焦和瓦吉娅的婚姻（就他而言）很难说是与一个有钱的家庭联盟。然而，她给他带来了一份价值 600 弗罗林的嫁妆，这和中等收入的政治家族，或者有些显赫的家族（已经衰落）通常给他的嫁妆是一致的，他们的主要社会美德是他们的血统"——劳罗·马丁内斯，《佛罗伦萨人文主义者的社交界，1390 ～ 1460》（Princeton University Press，1996），pp. 211 – 222。

12. 威廉·谢泼德，《波焦·布拉乔利尼传》（Liverpool：Longman et al.，1837），p. 394。

13. 引自查尔斯·特林考斯，《"以我们的形象和样式"：意大利人文主义思想中的人性与神性》，两卷本（Chicago：University of Chicago Press，1970），1：394。

第十章　转向

1. 引自艾利森·布朗，《卢克莱修回到文艺复兴时期的佛罗伦萨》（Cambridge，MA：Harvard University Press，2010），p. 49。参见吉罗拉莫·沃纳罗拉，《关于阿莫斯和扎卡利亚的布道》（*Prediche sopra Amos e Zacaria*），ed. Paolo Ghiglieri（Rome：A. Belardetti，1971），1：79 - 81。另见彼得·戈德曼，《从波利齐亚诺到马基雅维利：文艺复兴盛期的佛罗伦萨人文主义》（Princeton：Princeton University Press，1998），p. 140，及吉尔·克拉耶，"希腊化哲学的复兴"，收入《文艺复兴时期哲学剑桥指南》，ed. James Hankins（Cambridge：Cambridge University Press，2007），esp. pp. 102 - 106。

2. 论马基雅维利的莱克莱修手稿，见布朗，《卢克莱修回到佛罗伦萨》，pp. 68 - 87，以及附录，pp. 113 - 122。

3. 见詹姆斯·汉金斯，《费奇诺的神学和卢克莱修批评》，即将在"柏拉图神学：古代、中古和文艺复兴时期"会议上宣读，会议于塔蒂别墅国家文艺复兴研究所举办，2007 年 4 月 26 ~ 27 日。

4. 有关这场争执，见塞尔瓦托·I. 坎波雷亚莱，"波焦·波尔乔利尼对洛伦佐·瓦拉：'L. 瓦拉之祈祷'"，收入《波焦·波尔乔利尼：1380 ~ 1980》（Florence：Sansoni，1982），PP. 137 - 161。关于瓦拉（及费奇诺）正统思想的整体评论，见克里斯托弗·S. 切伦扎有启发性的《失落的意大利文艺复兴：人文主义者、历史学家和拉丁遗产》（Baltimore：Johns Hopkins University Press，2006），pp. 80 - 114。

5. "Nunc sane video, cur in quodam tuo opusculo, in quo Epicureorum causam quantam datur tutaris, vinum tantopere laudasti. . . Bacchum compotatoresque adeo profuse laudans, ut epicureolum quendam ebrietatis

assertorem te esse profitearis... Quid contra virginitatem insurgis, quod numquam fecit Epicurus? Tu prostitutas et prostibula laudas, quod ne gentiles quidem unquam fecerunt. Non verbis oris tui sacrilegi labes, sed igne est expurganda, quem spero te non evasurum." 引自 Don Cameron Allen，《文艺复兴早期的伊壁鸠鲁复原和他的快乐理论》，《哲学研究》第 41 期（1944），pp. 1 - 15。

6. 瓦拉直接引用卢克莱修，但只是在卢克莱修和其他基督徒文本中发现的段落。

7. 确实，这个代言人不是虚构性人物，而正是同时代的马费奥·韦奇奥，他清楚地表明，即使是他也不是一个真正的伊壁鸠鲁信徒，但他愿意扮演快乐的捍卫者角色，以反驳美德的斯多葛派观点，认为美德是最高的善，在他看来，这是对基督教正统观念的更严重威胁。

8. 洛伦佐·瓦拉，《论真善与伪善》（De vero falsoque bono），trans. A. Kent Hieatt and Maristella Lorch（New York：Abrais Books，1977），p. 319。我将采用更为人熟知的书名《论快乐》（De voluptate）。

瓦拉讨论的文本除了对话式的否认之外，实际上还运用了几种不同的策略来保护作者免受伊壁鸠鲁主义的指责。瓦拉有充分的理由愤怒地拒绝波焦对他进行伊壁鸠鲁主义的指责。伊壁鸠鲁式的论点占据了《论快乐》第二卷和第一卷的大部分，这些论点都被正当的基督教教义精心构架，这些教义叙述者和其他对话者一致宣称赢得了胜利。

9. 瓦拉，《论快乐》，pp. 219 - 221。

10. 同上书，p. 221。

11. 同上书，p. 295。

12. 参见格林布拉特，《无形的子弹：文艺复兴权威及其颠覆》，收入《图像字符》（Glyph）（1981），pp. 40 - 61。

13. 见米凯莱·马鲁洛，《自然赞美诗》（Inni Nturali），（Florence：Casa

Editrice le Lettere，1999）；有关布鲁尼和伊壁鸠鲁主义，另见汉斯·布鲁门伯格的《现代的合法性》，trans. Robert M. Wallace（Cambridge，MA：MIT Press，1983；orig. *Die Legitimat der neuzeit*. 1966）。

14. "L'anima e sol. . . in un pan bianco caldo un pinocchiato"（"灵魂……仅仅是热的白面包里的一颗松子"）——布朗，《卢克莱修回到佛罗伦萨》，p. 11。

15. 伊拉斯谟，"伊壁鸠鲁派"，收入《伊拉斯谟对话录》，trans. Craig R. Thompson（Chicago：University of Chicago Press，1965），pp. 538，542。关于伊斯拉诺的马鲁诺批评，见 P. S. 艾伦，《伊斯拉诺书信集》（*Opus Epistolarum des. Erasmi Roterodami*），十二卷，（Oxford：Oxford University Press，1906 – 1958），2∶187；5∶519，译文收入《伊斯拉谟文集》（Toronto：University of Toronto Press，1974 – ），3∶225；10∶344。《伊斯拉谟的同时代人：文艺复兴和宗教改革时期人物传略》，ed. P. G. Bietenholz and Thomas B. Deutscher（Toronto：University of Toronto Press，2003），2∶398 – 399。

16. 引自莫尔《乌托邦》，ed. George M. Logan and Robert M. Adams（Cambridge：Cambridge University Press；rev. edn. 2002），p. 68。

17. 在《乌托邦》中，莫尔设计了一个特色鲜明、具有自我意识的游戏，复杂因素导致了古代文本的生存或消亡，包括事故中的角色："当准备第四次航行时，"希斯拉德说，"我带了一大包书，代替要卖的货物，下决心不再回来，而不是马上回来。他们从我这里得到了柏拉图的大部分作品，亚里士多德的几部作品，还有泰奥弗拉斯特斯关于植物的作品，我很遗憾地说，最后一部作品残缺不全了。在航行中，一只猿猴发现了这本被随意扔在地上的书，在一次恣意的打闹中撕碎了不同章节中的好几页"，p. 181。

18. 我撰写此文的时候，在美国，每九个二十至三十五岁之间的非裔美国人中便有一个入狱，而美国在过去一个世纪里，财富差距达到了前所未有的程度。

19. 英格丽德·D. 罗兰,《焦尔达诺·布鲁诺: 哲学家/异端分子》（New York: Farrar, Straus & Giroux, 2008), pp. 17 - 18, 译自《驱逐生猛的野兽》(*Spaccio de la Bestia Trionfante*), 1, part 3, 收入《意大利对话》(*Dialoghi Italiani*), ed. Giovanni Gentile (Florence: Sansoni, 1958), pp. 633 - 637。

20. 沃尔特·L. 韦克菲尔德,《13 世纪一些非正统的流行观点》, 见《中世纪和人文义》(*Medievalia et Humanistica*), p. 28。

21. 约翰·爱德华兹,《中世纪晚期西班牙宗教信仰和怀疑: 索里亚（约 1450～1500)》, 见《过去与现在》120（1988）, p. 8。

22. 焦尔达诺·布鲁诺,《圣灰星期三晚餐》, ed. and trans. Edward A. Gosselin and Lawrence S. Lerner (Hamden, CT: Archon Books, 1977), p. 91。

23. 雅各布·柯布内利, 凯瑟琳·德·美第奇王后的佛罗伦萨秘书, 引自罗兰《焦尔达诺·布鲁诺: 哲学家/异端分子》, p. 193。

24. 《圣灰星期三晚餐》, p. 87。

25. 《论宇宙和世界的无限性》(*De l1nfinito, Universo e Mondi*),《第五对话》, 见《意大利对话》, pp. 532 - 533, 引自《物性论》(*De rerum natura*), 2: 1067 - 1076.

26. 见 J. W. 雪莉编,《托马斯·哈里奥特: 文艺复兴时期科学家》（Oxford: Clarendon Press, 1974) 及雪莉,《托马斯·哈里奥特传》（Oxford: Clarendon Press, 1983); J. 杰奎特,《托马斯·哈里奥特的无信仰名声》,《皇家学会会议记录》9（1951～1952）, pp. 164 - 187。

27. 《圣灰星期三晚餐》, p. 90。

第十一章　来世

1. 一个著名的例外是 1573 年, 宗教裁判所对保罗·维罗内塞有关《最后的晚餐》描述的调查，维罗内塞认为《最后的晚餐》的物质性很强——生活纷乱，桌上的食物，狗抓挠残羹剩饭等——这引起了对他言行不敬甚至异端的指控。维罗内塞将其作品更名为《利未家的宴会》（The Feast in the House of Levi）以避免产生不愉快的后果。

2. 琼森将他的名字写在书名页上，尽管此书开本很小——只有 11 厘米×6 厘米——他在书页空白处做了许多记号和笔记，证明他专心而细致地阅读。他似乎对第二卷的一段文字特别感兴趣，在这一段落中，卢克莱修否认神灵对人类行为有任何兴趣。在这一页的下边，他对其中两行诗做了翻译：

超越悲伤和危险，那些幸福的神灵，
他们物品丰富，不需要我们的奉献。

参考 2：649 - 650：

Nam privata dolore omni, privata periclis,
ipsa suis pollens opibus, nil indiga nostri.

露西·哈钦森翻译如下：

神性自我拥有了
永远的宁静，
凡人之事无关紧要，
完全免除危险、忧虑和烦恼，
神本身富有，无须我们来讨好。

3. 《蒙田散文集》，trans. Donald M. Frame（Stanford：Stanford University

Press，1957），pp. 846。

4. 同上书，p. 318。

5. 同上书，p. 397。

6. 同上书，p，310。

7. 此处及后文引文来源同上书，pp. 464，634，664。

8. 同上书，p. 62。

9. 同上书，p. 65。

10. M. A. 史克里奇，《蒙田的卢克莱修注释本：手稿、笔记和笔迹的转抄和研究》（Geneva：Droz，1998）。

11. "*Ut sunt diuersi atomorum motus nom incredibile est sic conuenisse olim atomos aut conuenturas ut alius nascatur montanus.*" ——同上书，p. 11。我修改了史克里奇的译文："既然原子变化多端，所以原子一旦结合在一起，或者在将来再结合在一起，使另一个蒙田问世，就不足为奇了。"

12. 特雷弗·达森，《贵族图书馆：1625 年的书铺与书商》（*Las bibliotecas da la nobleza：Dos inventarios y un librero，ano de 1625*），见奥罗拉·埃希多和何塞·恩里克·拉普拉纳编，《萨里涅纳时代的赞助和人文学科》（*Mecenazgo y Humanidades en tiempos de Lastanosa. Homenaje a la memoria de Gomingo Yndurain*，Zaragoza：Institucion Fernando el Catolico，2008），p. 270。我非常感谢达森教授对西班牙图书馆目录的研究，让我有机会看到卢克莱修在特伦托主教会议之后的西班牙的情况。

13. 彼得罗·雷东迪，《异端伽利略》，trans. Raymond Rosenthal（Princeton：Princeton University Press，1987）；orig. Italian edn. 1983），《文件》，p. 340——《实体形式和物理性质的研究》（*Exercitatio de formis substantialibus et de qualitatibus physicis*，佚名）。

14. 同上书，p. 132。

15. 雷东迪的核心论点——对伽利略日心说的攻击是对他原子论进行潜

在攻击的一种掩饰——受到许多科学史学家的批评。但没有理由认为，教会的动机可能只是或此或彼的关注，而不是两者兼而有之。

16. "at Lucretius animorum immortalitatem oppugnat, deorum providentiam negat, religiones omneis tollit, summum bonum in voluptate point. Sed haec Epicuri, quem sequitur Lucretius, non Lucretti culpa est. Poema quidem ipsum propter sententias a religione nostra alirnas, nihilominus poema est. Tantumne? Immovero poema venustum, poema praeclarum, poema omnibus ingenii luminibus distinctum, insignitum, atque illustratum. Hasce autem Epicuri rationes insanas, ac furiosas, ut & illas absurdas de actomorum concursione fortuita, de mundis innumerabilibus, & ceteras, neque difficile nobis esr refutare, neque vero necesse est: quippe cum ab ipse veritatis voce vel tacentibus omnibus facillime refellantur"（Paris, 1563）f. ā3. 我采用了阿达·帕尔默的译文①，我参考了他未发表的论文《解读文艺复兴时期的原子论》。

17. 《露西·哈钦森的译文》, ed. Hugh de Quehen（Ann Aebor: University of Michigan Press, 196）, p. 139。

18. 相反，哈钦森回顾了一下约翰·伊夫林，发现了一种"男性化的智慧"，只向公众展示了这首难解的诗作中的一卷，"不过印刷时值得给他戴上桂冠。"

19. 《露西·哈钦森的译文》, pp. 24 – 25。

20. 同上书, p. 23。

21. 同上书, p. 26。

22. 同上。

23. 同上书, p. 24。

24. 弗朗西斯·培根，《新工具》（*Novum Organum*），II. ii。

25. 这种观点最有力的哲学表达是法国牧师、天文学家和数学家皮埃

---

① 中译参见正文。——译者注

尔·伽桑狄（1592～1655）的著作。

26. 艾萨克·牛顿，《光学》，Query 32（London，1718），引自蒙特·约翰逊和凯瑟琳·威尔逊，"卢克莱修和科学史"，见《卢克莱修剑桥指南》，pp. 141 – 142。

27. 1819 年 10 月 31 日给威廉·肖特的信："我认为伊壁鸠鲁真正（而非推测）的教义包含了希腊和罗马留给我们的道德哲学中所有理性的东西。"引自查尔斯·A. 米勒，《杰斐逊和自然：一种阐释》（Baltimore and London：Johns Hopkins University Press，1988），p. 24。约翰·昆西·亚当斯，"和杰斐逊共进晚餐"，引自《约翰·昆西·亚当斯回忆录及 1795～1848 年日记》，ed. Charles Francis Adams（Philadelphia，1874）：1807 年 11 月 3 日："杰斐逊先生说，伊壁鸠鲁哲学，在他看来，在古代所有哲学体系中是最接近真理的。他希望伽桑狄的相关作品能得以翻译。这是现存的对它唯一正确的说明。我提到卢克莱修。他说那只是部分——只是自然哲学的部分，但道德哲学只能在伽桑狄那里找到。"

28. 米勒，《杰斐逊和自然》，p. 24。

参考文献

Adams, H. P. *Karl Marx in His Earlier Writings*. London: G. Allen & Unwin, 1940.

Adams, John Quincy. "Dinner with President Jefferson," *Memoirs of John Quincy Adams, Comprising Portions of his Diary from 1795 to 1848*, ed. Charles Francis Adams. Philadelphia: J. B. Lippincott, 1874–77, pp. 60–61.

Alberti, Leon Battista. *The Family in Renaissance Florence*, trans. Renée Neu Watkins. Columbia, SC: University of South Carolina Press, 1969, pp. 92–245.

———. *Dinner Pieces*, trans. David Marsh. Binghamton, NY: Medieval and Renaissance Texts and Studies in Conjunction with the Renaissance Society of America, 1987.

———. *Intercenales*, ed. Franco Bacchelli and Luca D'Ascia. Bologna: Pendragon, 2003.

Albury, W. R. "Halley's Ode on the Principia of Newton and the Epicurean Revival in England," *Journal of the History of Ideas* 39 (1978), pp. 24–43.

Allen, Don Cameron. "The Rehabilitation of Epicurus and His Theory of Pleasure in the Early Renaissance," *Studies in Philology* 41 (1944), pp. 1–15.

Anon. "The Land of Cokaygne," in Angela M. Lucas, ed., *Anglo-Irish Poems of the Middle Ages: The Kildare Poems*. Dublin: Columbia Press, 1995.

Aquilecchia, Giovanni. "In Facie Prudentis Relucet Sapientia: Appunti Sulla Letteratura Metoposcopica tra Cinque e Seicento," *Giovan Battista della Porta nell'Europa del Suo Tempo*. Naples: Guida, 1990, pp. 199–228.

The Atomists: Leucippus and Democritus: Fragments, trans. and ed. C. C. W. Taylor. Toronto: University of Toronto Press, 1999.

Avrin, Leila. *Scribes, Script and Books: The Book Arts from Antiquity to the Renais-*

sance. Chicago and London: American Library Association and the British Library, 1991.

Bacci, P. *Cenni Biografici e Religiosita di Poggi Bracciolini*. Florence: Enrico Ariani e l'arte della Stampa, 1963.

Bailey, Cyril. *The Greek Atomists and Epicurus: A Study*. Oxford: Clarendon Press, 1928.

Baker, Eric. *Atomism and the Sublime: On the Reception of Epicurus and Lucretius in the Aesthetics of Edmund Burke, Kant, and Schiller*. Baltimore: Johns Hopkins University Press, 2001.

Baldini, Umberto. *Primavera: The Restoration of Botticelli's Masterpiece*, trans. Mary Fitton. New York: H. N. Abrams, 1986.

Barba, Eugenio. "A Chosen Diaspora in the Guts of the Monster," *Tulane Drama Review* 46 (2002), pp. 147–53.

Barbour, Reid. *English Epicures and Stoics: Ancient Legacies in Early Stuart Culture*. Amherst, MA: University of Massachusetts Press, 1998.

Baron, Hans. *The Crisis of the Early Italian Renaissance: Civic Humanism and Republican Liberty in the Age of Classicism and Tyranny*. Princeton: Princeton University Press, 1955.

Bartsch, Shadi, and Thomas Bartscherer, eds. *Erotikon: Essays on Eros, Ancient and Modern*. Chicago: University of Chicago Press, 2005.

Beddie, James Stuart. *Libraries in the Twelfth Century: Their Catalogues and Contents*. Cambridge, MA: Houghton Mifflin, 1929.

———. "The Ancient Classics in the Medieval Libraries," *Speculum* 5 (1930), pp. 1–20.

Beer, Sir Gavin de. *Charles Darwin: Evolution by Natural Selection*. New York: Doubleday, 1964.

Benedict, St. *The Rule of Benedict*, trans. Monks of Glenstal Abbey. Dublin: Four Courts Press, 1994.

Bernard of Cluny. "De Notitia Signorum," in l'abbé Marquard Herrgott, ed., *Vetus Disciplina Monastica, Seu Collection Auctorum Ordinis S. Benedicti*. Paris: C. Osmont, 1726, pp. 169–73.

Bernhard, Marianne. *Stifts-und Klosterbibliotheken*. Munich: Keyser, 1983.

Bernstein, John. *Shaftesbury, Rousseau, and Kant*. Rutherford, NJ: Fairleigh Dickinson University Press, 1980.

Berry, Jessica. "The Pyrrhonian Revival in Montaigne and Nietzsche," *Journal of the History of Ideas* 65 (2005), pp. 497–514.

Bertelli, Sergio. "Noterelle Machiavelliane," *Rivista Storica Italiana* 73 (1961), pp. 544–57.

Billanovich, Guido. "Veterum Vestigia Vatum: Nei Carmi dei Preumanisti Padovani," in Giuseppe Billanovich et al., eds., *Italia Medioevale e Umanistica*. Padua: Antenore, 1958.

Biow, Douglas. *Doctors, Ambassadors, Secretaries: Humanism and Professions in Renaissance Italy.* Chicago: University of Chicago Press, 2002.

Bischhoff, Bernhard. *Manuscripts and Libraries in the Age of Charlemagne,* trans. Michael M. Gorman. Cambridge: Cambridge University Press, 1994.

Bishop, Paul, ed. *Nietzsche and Antiquity: His Reaction and Response to the Classical Tradition.* Rochester, NY: Camden House, 2004.

Black, Robert. "The Renaissance and Humanism: Definitions and Origins," in Jonathan Woolfson, ed., *Palgrave Advances in Renaissance Historiography.* Houndmills, Basingstoke, UK, and New York: Palgrave Macmillan, 2005, pp. 97–117.

Blades, William. *The Enemies of Books.* London: Elliot Stock, 1896.

Blondel, Eric. *Nietzsche: The Body and Culture,* trans. Seán Hand. Stanford: Stanford University Press, 1991.

Boitani, Piero, and Anna Torti, eds. *Intellectuals and Writers in Fourteenth-Century Europe. The J. A. W. Benett Memorial Lectures, Perugia, 1984.* Tübingen: Gunter Narr, 1986.

Bolgar, R. R., ed. *Classical Influences on European Culture, A.D. 1500–1700.* Cambridge: Cambridge University Press, 1976.

Bollack, Mayotte. *Le Jardin Romain: Epicurisme et Poésie à Rome,* ed. Annick Monet. Villeneuve d'Asq: Presses de l'Université Charles-de-Gaulle-Lille 3, 2003.

Benoît de Port-Valais, Saint. *Colophons de Manuscrits Occidentaux des Origines au XVIe Siècle/Benedictins du Bouveret.* Fribourg: Editions Universitaires, 1965.

Boyd, Clarence Eugene. *Public Libraries and Literary Culture in Ancient Rome.* Chicago: University of Chicago Press, 1915.

Bracciolini, Poggio. *The Facetiae, or Jocose Tales of Poggio.* Paris: Isidore Liseux, 1879.

———. "Epistolae—Liber Primus" in *Opera Omnia,* ed. Thomas de Tonelli. Turin: Bottega d'Erasmo, 1964.

———. *Two Renaissance Book Hunters: The Letters of Poggius Bracciolini to Nicolaus de Nicolis,* trans. Phyllis Walter Goodhart Gordan. New York: Columbia University Press, 1974.

———. *Lettere,* ed. Helene Harth. Florence: Leo S. Olschki, 1984.

———. *Un Vieux Doît-Il Se Marier?* trans. Véronique Bruez. Paris: Les Belles Lettres, 1998.

———. *La Vera Nobilita.* Rome: Salerno Editrice, 1999.

Brady, Thomas, Heiko A. Oberman, and James D. Tracy, eds. *Handbook of European History, 1400–1600: Late Middle Ages, Renaissance and Reformation.* Leiden: E. J. Brill, 1995.

Brant, Frithiof. *Thomas Hobbes' Mechanical Conception of Nature,* trans. Vaughan Maxwell and Anne I. Fansboll. Copenhagen: Levin & Munksgaard, 1928.

Bredekamp, Horst. *Botticelli: Primavera. Florenz als Garten der Venus*. Frankfurt am Main: Fischer Taschenbuch, 1988.

———. "Gazing Hands and Blind Spots: Galileo as Draftsman," in Jürgen Renn, ed., *Galileo in Context*. Cambridge: Cambridge University Press, 2001, pp. 153–92.

Bredvold, Louis. "Dryden, Hobbes, and the Royal Society," *Modern Philology* 25 (1928), pp. 417–38.

Brien, Kevin M. *Marx, Reason, and the Art of Freedom*. Philadelphia: Temple University Press, 1987.

Brody, Selma B. "Physics in Middlemarch: Gas Molecules and Ethereal Atoms," *Modern Philology* 85 (1987), pp. 42–53.

Brown, Alison. "Lucretius and the Epicureans in the Social and Political Context of Renaissance Florence," *I Tatti Studies: Essays in the Renaissance* 9 (2001), pp. 11–62.

———. *The Return of Lucretius to Renaissance Florence*. Cambridge, MA: Harvard University Press, 2010.

Brown, Peter. *Power and Persuasion in Late Antiquity: Towards a Christian Empire*. Madison: University of Wisconsin Press, 1992.

———. *The Rise of Western Christendom: Triumph and Diversity, A.D. 200–1000*. Oxford: Blackwell, 1996.

Bruckner, Gene A. *Renaissance Florence*. Berkeley: University of California Press, 1969, 1983.

Bull, Malcolm. *The Mirror of the Gods*. Oxford: Oxford University Press, 2005.

Bullough, D. A. *Carolingian Renewal: Sources and Heritage*. Manchester and New York: Manchester University Press, 1991.

Burns, Tony, and Ian Fraser, eds. *The Hegel-Marx Connection*. Basingstoke, UK: Macmillan Press, 2000.

Calvi, Gerolamo. *I Manoscritti di Leonardo da Vinci dal Punto di Vista Cronologico, Storico e Biografico*. Bologna: N. Zanichelli, 1925.

Campbell, Gordon. "Zoogony and Evolution in Plato's Timaeus, the Presocratics, Lucretius, and Darwin," in M. R. Wright, ed., *Reason and Necessity: Essays on Plato's Timaeus*. London: Duckworth, 2000.

———. *Lucretius on Creation and Evolution: A Commentary on De Rerum Natura, Book Five, Lines 772–1104*. Oxford: Oxford University Press, 2003.

Campbell, Keith. "Materialism," in Paul Edwards, ed., *The Encyclopedia of Philosophy*. New York: Macmillan Company and The Free Press, 1967, pp. 179–88.

Campbell, Stephen J. "Giorgione's Tempest, Studiolo Culture, and the Renaissance Lucretius," *Renaissance Quarterly* 56 (2003), pp. 299–332.

———. *The Cabinet of Eros: Renaissance Mythological Painting and the Studiolo of Isabella d'Este*. New Haven: Yale University Press, 2004.

Camporeale, Salvatore I. "Poggio Bracciolini versus Lorenzo Valla: The *Ora-*

tiones in Laurentium Vallam," in Joseph Marino and Melinda W. Schlitt, eds. *Perspectives on Early Modern and Modern Intellectual History: Essays in Honor of Nancy S. Struever.* Rochester, NY: University of Rochester Press, 2000, pp. 27–48.

Canfora, Luciano. *The Vanished Library,* trans. Martin Ryle. Berkeley: University of California Press, 1990.

Cariou, Marie. *L'Atomisme; Trois Essais: Gassendi, Leibniz, Bergson et Lucrèce.* Paris: Aubier Montaigne, 1978.

Casini, Paolo. "Newton: The Classical Scholia," *History of Science* 22 (1984), pp. 1–58.

Casson, Lionel. *Libraries in the Ancient World.* New Haven: Yale University Press, 2002.

Castelli, Patrizia, ed. *Un Toscano del '400: Poggio Bracciolini, 1380–1459.* Terranuova Bracciolini: Amministrazione Comunale, 1980.

Castiglioni, Arturo. "Gerolamo Fracastoro e la Dottrina del *Contagium Vivum,*" *Gesnerus* 8 (1951), pp. 52–65.

Celenza, C. S. "Lorenzo Valla and the Traditions and Transmissions of Philosophy," *Journal of the History of Ideas* 66 (2005), pp. 24.

Chamberlin, E. R. *The World of the Italian Renaissance.* London: George Allen & Unwin, 1982.

Chambers, D. S. "Spas in the Italian Renaissance," in Mario A. Di Cesare, ed., *Reconsidering the Renaissance: Papers from the Twenty-first Annual Conference.* Binghamton, NY: Medieval and Renaissance Texts and Studies, 1992, pp. 3–27.

Chang, Kenneth. "In Explaining Life's Complexity, Darwinists and Doubters Clash," *The New York Times,* August 2, 2005.

Cheney, Liana. *Quattrocento Neoplatonism and Medici Humanism in Botticelli's Mythological Paintings.* Lanham, MD, and London: University Press of America, 1985.

Chiffoleau, Jacques. *La Comptabilité de l'Au-Delà: Les Hommes, la Mort et la Religion dans la Région d'Avignon à la Fin du Moyen Age (vers 1320–vers 1480).* Rome: Ecole Française de Rome, 1980.

Christie-Murray, David. *A History of Heresy.* London: New English Library, 1976.

Cicero. *The Speeches of Cicero,* trans. Louis E. Lord. Cambridge, MA: Harvard University Press, 1937.

———. *Tusculan Disputations,* trans. and ed. J. E. King. Cambridge, MA: Harvard University Press, 1960.

———. *De Natura Deorum; Academica,* trans. and ed. H. Rackham. Cambridge, MA: Harvard University Press, 1967.

———. *Cicero's Letters to His Friends,* trans. D. R. Shackleton Bailey. Harmondsworth, UK, and New York: Penguin Books, 1978.

Clanchy, M. T. *From Memory to Written Record: England, 1066–1307*. Cambridge, MA: Harvard University Press, 1979.

Clark, A. C. "The Literary Discoveries of Poggio," *Classical Review* 13 (1899), pp. 119–30.

Clark, Ronald William. *The Survival of Charles Darwin: A Biography of a Man and an Idea*. London: Weidenfeld & Nicolson, 1985.

Clay, Diskin. *Lucretius and Epicurus*. Ithaca, NY: Cornell University Press, 1983.

Cohen, Bernard. "Quantum in se Est: Newton's Concept of Inertia in Relation to Descartes and Lucretius," *Notes and Records of the Royal Society of London*, 19 (1964), pp. 131–55.

Cohen, Elizabeth S., and Thomas V. Cohen. *Daily Life in Renaissance Italy*. Westport, CT: Greenwood Press, 2001.

Cohn, Samuel, Jr., and Steven A. Epstein, eds. *Portraits of Medieval and Renaissance Living: Essays in Memory of David Herlihy*. Ann Arbor: University of Michigan Press, 1996.

Coleman, Francis. *The Harmony of Reason: A Study in Kant's Aesthetics*. Pittsburgh: University of Pittsburgh Press, 1974.

Connell, William J. "Gasparo and the Ladies: Coming of Age in Castiglione's *Book of the Courtier*," *Quaderni d'Italianistica* 23 (2002), pp. 5–23.

———, ed. *Society and Individual in Renaissance Florence*. Berkeley and London: University of California Press, 2002.

———, and Andrea Zorzi, eds. *Florentine Tuscany: Structures and Practices of Power*. Cambridge: Cambridge University Press, 2000.

Contreni, John J. *Carolingian Learning, Masters and Manuscripts*. Aldershot, UK: Variorum, 1992.

Cranz, F. Edward. "The *Studia Humanitatis* and *Litterae* in Cicero and Leonardo Bruni," in Marino and Schlitt, eds., *Perspectives on Early Modern and Modern Intellectual History: Essays in Honor of Nancy S. Struever*. Rochester, NY: University of Rochester Press, 2001, pp. 3–26.

Crick, Julia, and Alexandra Walsham, eds. *The Uses of Script and Print, 1300–1700*. Cambridge: Cambridge University Press, 2004.

Cropper, Elizabeth. "Ancients and Moderns: Alessandro Tassoni, Francesco Scannelli, and the Experience of Modern Art," in Marino and Schlitt, eds., *Perspectives on Early Modern and Modern Intellectual History: Essays in Honor of Nancy S. Struever*, pp. 303–24.

Dampier, Sir William. *A History of Science and Its Relations with Philosophy and Religion*. Cambridge: Cambridge University Press, 1932.

Darwin, Erasmus. *The Letters of Erasmus Darwin*, ed. Desmond King-Hele. Cambridge: Cambridge University Press, 1981.

Daston, Lorraine, and Fernando Vidal, eds. *The Moral Authority of Nature*. Chicago: University of Chicago Press, 2004.

De Lacy, Phillip. "Distant Views: The Imagery of Lucretius," *The Classical Journal* 60 (1964), pp. 49–55.

De Quehen, H. "Lucretius and Swift's Tale of a Tub," *University of Toronto Quarterly* 63 (1993), pp. 287–307.

Dean, Cornelia. "Science of the Soul? 'I Think, Therefore I Am' Is Losing Force," *The New York Times*, June 26, 2007, p. D8.

Deimling, Barbara. "The High Ideal of Love," *Sandro Botticelli: 1444/45–1510*. Cologne: B. Taschen, 1993, pp. 38–55.

Deleuze, Gilles. *Logic du Sens*. Paris: Minuit, 1969.

———. *The Logic of Sense*. trans. Mark Lester with Charles Stivale. New York: Columbia University Press, 1990.

Delumeau, Jean. *Sin and Fear: The Emergence of a Western Guilt Culture, 13th–18th Centuries,* trans. Eric Nicholson. New York: St. Martin's Press, 1990.

Dempsey, Charles. "Mercurius Ver: The Sources of Botticelli's Primavera," *Journal of the Warburg and Courtauld Institutes* 31 (1968), pp. 251–73.

———. "Botticelli's Three Graces," *Journal of the Warburg and Courtauld Institutes* 34 (1971), pp. 326–30.

———. *The Portrayal of Love: Botticelli's Primavera and Humanist Culture at the Time of Lorenzo the Magnificent*. Princeton: Princeton University Press, 1992.

Depreux, Philippe. "Büchersuche und Büchertausch im Zeitalter der Karolingischen Renaissance am Beispiel des Breifwechsels des Lupus von Ferrières," *Archiv für Kulturgeschichte* 76 (1994).

Diano, Carlo. *Forma ed Evento: Principi per una Interpretazione del Mondo Greco*. Venice: Saggi Marsilio, 1993.

Didi-Huberman, Georges. "The Matter-Image: Dust, Garbage, Dirt, and Sculpture in the Sixteenth Century," *Common Knowledge* 6 (1997), pp. 79–96.

Diogenes. *The Epicurean Inscription [of Diogenes of Oinoanda]*, ed. and trans. Martin Ferguson Smith. Naples: Bibliopolis, 1992.

Dionigi, Ivano. "Lucrezio," *Orazio: Enciclopedia Oraziana*. Rome: Istituto della Enciclopedia Italiana, 1996–98, pp. 15–22.

———. *Lucrezio: Le parole e le Cose*. Bologna: Patron Editore, 1988.

Diringer, David. *The Book Before Printing: Ancient, Medieval and Oriental*. New York: Dover Books, 1982.

Dottori, Riccardo, ed. "The Dialogue: Yearbook of Philosophical Hermeneutics," *The Legitimacy of Truth: Proceedings of the III Meeting*. Rome: Lit Verlag, 2001.

Downing, Eric. "Lucretius at the Camera: Ancient Atomism and Early Photographic Theory in Walter Benjamin's *Berliner Chronik*," *The Germanic Review* 81 (2006), pp. 21–36.

Draper, Hal. *The Marx-Engels Glossary*. New York: Schocken Books, 1986.

Drogin, Marc. *Biblioclasm: The Mythical Origins, Magic Powers, and Perishability of the Written Word.* Savage, MD: Rowman & Littlefield, 1989.

Dryden, John. *Sylvae: or, the Second Part of Poetical Miscellanies.* London: Jacob Tonson, 1685.

Dunant, Sarah. *Birth of Venus.* New York: Random House, 2003.

Duncan, Stewart. "Hobbes's Materialism in the Early 1640s," *British Journal for the History of Philosophy* 13 (2005), pp. 437–48.

Dupont, Florence. *Daily Life in Ancient Rome,* trans. Christopher Woodall. Oxford and Cambridge, MA: Blackwell, 1993.

Dyson, Julia T. "Dido the Epicurean," *Classical Antiquity* 15 (1996), pp. 203–21.

Dzielska, Maria. *Hypatia of Alexandria*, trans. F. Lyra. Cambridge, MA: Harvard University Press, 1995.

Early Responses to Hobbes, ed. Gaj Rogers. London: Routledge, 1996.

Edwards, John. "Religious Faith and Doubt in Late Medieval Spain: Soria circa 1450–1500," *Past and Present* 120 (1988), pp. 3–25.

Englert, Walter G. *Epicurus on the Swerve and Voluntary Action.* Atlanta, GA: Scholars Press, 1987.

Epicurus. *The Epicurus Reader,* trans. and ed. Brad Inwood and L. P. Gerson. Indianapolis: Hackett, 1994.

Erwin, Douglas H. "Darwin Still Rules, But Some Biologists Dream of a Paradigm Shift," *The New York Times*, June 26, 2007, p. D2.

Faggen, Robert. *Robert Frost and the Challenge of Darwin.* Ann Arbor: University of Michigan Press, 1997.

Fara, Patricia. *Newton: The Making of a Genius.* New York: Columbia University Press, 2002.

———, and David Money. "Isaac Newton and Augustan Anglo-Latin Poetry," *Studies in History and Philosophy of Science* 35 (2004), pp. 549–71.

Fenves, Peter. *A Peculiar Fate: Metaphysics and World-History in Kant.* Ithaca, NY: Cornell University Press, 1991.

———. *Late Kant: Towards Another Law of the Earth.* New York: Routledge, 2003.

Ferrari, Mirella. "In Papia Conveniant ad Dungalum," *Italia Medioevale e Umanistica* 15 (1972).

Ferruolo, Arnolfo B. "Botticelli's Mythologies, Ficino's De Amore, Poliziano's Stanze per la Giostra: Their Circle of Love," *The Art Bulletin* [*College Art Association of America*] 37 (1955), pp. 17–25.

Ficino, Marsilio. *Platonic Theology*, ed. James Hankins with William Bowen; trans. Michael J. B. Allen and John Warden. Cambridge, MA, and London: Harvard University Press, 2004.

Finch, Chauncey E. "Machiavelli's Copy of Lucretius," *The Classical Journal* 56 (1960), pp. 29–32.

Findlen, Paula. "Possessing the Past: The Material World of the Italian Renaissance," *American Historical Review* 103 (1998), pp. 83–114.

Fleischmann, Wolfgang Bernard. "The Debt of the Enlightenment to Lucre-tius," *Studies on Voltaire and the Eighteenth Century* 29 (1963), pp. 631–43.

———. *Lucretius and English Literature, 1680–1740.* Paris: A. G. Nizet, 1964.

Flores, Enrico. *Le Scoperte di Poggio e il Testo di Lucrezio.* Naples: Liguori, 1980.

Floridi, Luciano. *Sextus Empiricus: The Transmission and Recovery of Phyrrhon-ism.* New York: Oxford University Press, 2002.

Foster, John Bellamy. *Marx's Ecology: Materialism and Nature.* New York: Monthly Review Press, 2000.

Fraisse, Simone. *L'Influence de Lucrèce en France au Seizième Siècle.* Paris: Libra-rie A. G. Nizet, 1962.

Frede, Michael, and Gisela Striker, eds. *Rationality in Greek Thought.* Oxford: Clarendon Press, 1996.

Fubini, Riccardo. "Varieta: Un'Orazione di Poggio Bracciolini sui Vizi del Clero Scritta al Tempo del Concilio di Costanza, " *Giornale Storico della Letteratura Italiana* 142 (1965), pp. 24–33.

———. *L'Umanesimo Italiano e I Suoi Storici.* Milan: Franco Angeli Storia, 2001.

———. *Humanism and Secularization: From Petrarch to Valla,* trans. Martha King. Durham, NC, and London: Duke University Press, 2003.

Fusil, C. A. "Lucrèce et les Philosophes du XVIIIe Siècle," *Revue d'Histoire Lit-téraire de la France* 35 (1928).

———. "Lucrèce et les Littérateurs, Poètes et Artistes du XVIIIe Siècle," *Revue d'Histoire Littéraire de la France* 37 (1930).

Gabotto, Ferdinando. "L'Epicureismo di Marsilio Ficino," *Rivista di Filosofia Scientifica* 10 (1891), pp. 428–42.

Gallagher, Mary. "Dryden's Translation of Lucretius," *Huntington Library Quarterly* 7 (1968), pp. 19–29.

Gallo, Italo. *Studi di Papirologia Ercolanese.* Naples: M. D'Auria, 2002.

Garaudy, Roger. *Marxism in the Twentieth Century.* New York: Charles Scrib-ner's Sons, 1970.

Garin, Eugenio. *Ritratti di Unamisti.* Florence: Sansoni, 1967.

———. *La Cultura Filosofica del Rinascimento Italiano.* Florence: Sansoni, 1979.

Garrard, Mary D. "Leonardo da Vinci: Female Portraits, Female Nature," in Norma Broude and Mary Garrard, eds., *The Expanding Discourse: Femi-nism and Art History.* New York: HarperCollins, 1992, pp. 59–85.

Garzelli, Annarosa. *Miniatura Fiorentina del Rinascimento, 1440–1525.* Florence: Giunta Regionale Toscana: La Nuova Italia, 1985.

Ghiselin, Michael T. "Two Darwins: History versus Criticism," *Journal of the History of Biology* 9 (1976), pp. 121–32.

Gibbon, Edward. *The History of the Decline and Fall of the Roman Empire,* 6 vols. New York: Knopf, 1910.

Gigante, Marcello. "Ambrogio Traversari Interprete di Diogene Laerzio," in Gian Carlo Garfagnini, ed., *Ambrogio Traversari nel VI Centenario della Nas-cita.* Florence: Leo S. Olschki, 1988, pp. 367–459.

————. *Philodemus in Italy: The Books from Herculaneum,* trans. Dick Obbink. Ann Arbor: University of Michigan Press, 1995.

Gildenhard, Ingo. "Confronting the Beast—From Virgil's Cacus to the Dragons of Cornelis van Haarlem," *Proceedings of the Virgil Society* 25 (2004), pp. 27–48.

Gillett, E. H. *The Life and Times of John Huss.* Boston: Gould & Lincoln, 1863.

Gleason, Maud. *Making Men: Sophists and Self-Presentation in Ancient Rome.* Princeton: Princeton University Press, 1995.

Goetschel, Willi. *Constituting Critique: Kant's Writing as Critical Praxis,* trans. Eric Schwab. Durham, NC: Duke University Press, 1994.

Goldberg, Jonathan. *The Seeds of Things: Theorizing Sexuality and Materiality in Renaissance Representations.* New York: Fordham University Press, 2009.

Goldsmith, M. M. *Hobbes' Science of Politics.* New York: Columbia University Press, 1966.

Golner, Johannes. *Bayerische Kloster Bibliotheken.* Freilassing: Pannonia-Verlag, 1983.

Gombrich, Ernst H. "Botticelli's Mythologies: A Study in the Neoplatonic Symbolism of His Circle," *Journal of the Warburg and Courtauld Institutes* 8 (1945), pp. 7–60.

Gordon, Dane R., and David B. Suits, eds. *Epicurus: His Continuing Influence and Contemporary Relevance.* Rochester, NY: RIT Cary Graphic Arts Press, 2003.

Gordon, Pamela. "Phaeacian Dido: Lost Pleasures of an Epicurean Intertext," *Classical Antiquity* 17 (1998), pp. 188–211.

Grafton, Anthony. *Forgers and Critics: Creativity and Duplicity in Western Scholarship.* Princeton: Princeton University Press, 1990.

————. *Commerce with the Classics: Ancient Books and Renaissance Readers.* Ann Arbor: University of Michigan Press, 1997.

————, and Ann Blair, eds., *The Transmission of Culture in Early Modern Europe.* Philadelphia: University of Pennsylvania Press, 1990.

————, and Lisa Jardine, *From Humanism to the Humanities: Education and the Liberal Arts in Fifteenth- and Sixteenth-Century Europe.* Cambridge, MA: Harvard University Press, 1986.

Grant, Edward. "Bernhard Pabst: Atomtheorien des Lateinischen Mittelalters," *Isis* 87 (1996), pp. 345–46.

Greenblatt, Stephen. *Learning to Curse: Essays in Early Modern Culture.* New York and London: Routledge Classics, 2007.

Greenburg, Sidney Thomas. *The Infinite in Giordano Bruno.* New York: Octagon Books, 1978.

Greene, Thomas M. "Ceremonial Closure in Shakespeare's Plays," in Marino and Schlitt, eds., *Perspectives on Early Modern and Modern Intellectual History: Essays in Honor of Nancy S. Struever.* Rochester, NY: University of Rochester Press, 2000, pp. 208–19.

Greetham, David C. *Textual Scholarship: An Introduction.* New York: Garland, 1994.

———. *Textual Transgressions: Essays Toward the Construction of a Bibliography.* New York and London: Garland, 1998.

Gregory, Joshua. *A Short History of Atomism: From Democritus to Bohr.* London: A. C. Black, 1931.

Gregory I, Pope. *Dialogues.* Washington, DC: Catholic University of America Press, 1959.

———. *The Letters of Gregory the Great,* trans. John R. C. Martin. Toronto: Pontifical Institute of Medieval Studies, 2004.

Grieco, Allen J. Michael Rocke, and Fiorella Gioffredi Superbi, eds. *The Italian Renaissance in the Twentieth Century.* Florence: Leo S. Olschki, 1999.

Gruber, Howard E. *Darwin on Man: A Psychological Study of Scientific Creativity.* Chicago: University of Chicago Press, 1981, pp. 46–73.

Gruen, Erich S. *The Hellenistic World and the Coming of Rome.* Berkeley: University of California Press, 1984.

Guehenno, Jean. *Jean Jacques Rousseau,* trans. John Weightman and Doreen Weightman. London: Routledge & Kegan Paul, 1966.

Haas, Christopher. *Alexandria in Late Antiquity: Topography and Social Conflict.* Baltimore: Johns Hopkins University Press, 1997.

Hadot, Pierre. *What Is Ancient Philosophy?* trans. Michael Chase. Cambridge, MA: Harvard University Press, 2002.

Hadzsits, George D. *Lucretius and His Influence.* New York: Longmans, Green & Co., 1935.

Haines-Eitzen, Kim. *Guardians of Letters: Literacy, Power, and the Transmitters of Early Christian Literature.* Oxford: Oxford University Press, 2000.

Hale, John R., ed. *A Concise Encyclopaedia of the Italian Renaissance.* London: Thames & Hudson, 1981.

———. *The Civilization of Europe in the Renaissance.* London: HarperCollins, 1993.

Hall, Rupert. *Isaac Newton, Adventurer in Thought.* Oxford: Blackwell, 1992.

Hamman, G. *L'Epopée du Livre: La Transmission des Textes Anciens, du Scribe a l'Imprimérie.* Paris: Libr. Académique Perrin, 1985.

Hankins, James. *Plato in the Italian Renaissance.* Leiden: E. J. Brill, 1990.

———. "Renaissance Philosophy Between God and the Devil," in Grieco et al., eds., *Italian Renaissance in the Twentieth Century,* pp. 269–93.

———. "Renaissance Humanism and Historiography Today," in Jonathan Woolfson, ed., *Palgrave Advances in Renaissance Historiography.* New York: Palgrave Macmillan, 2005, pp. 73–96.

———. "Religion and the Modernity of Renaissance Humanism," in Angelo Mazzocco, ed., *Interpretations of Renaissance Humanism.* Lei-den: E. J. Brill, 2006, pp. 137–54.

————, and Ada Palmer. *The Recovery of Ancient Philosophy in the Renaissance: A Brief Guide*. Florence: Leo S. Olschki, 2008.

Hardie, Philip R. "Lucretius and the Aeneid," *Virgil's Aeneid: Cosmos and Imperium*. New York: Oxford University Press, 1986, pp. 157–240.

————. *Ovid's Poetics of Illusion*. Cambridge: Cambridge University Press, 2002.

Harris, Jonathan Gil. "Atomic Shakespeare," *Shakespeare Studies* 30 (2002), pp. 47–51.

Harris, William V. *Restraining Rage: The Ideology of Anger Control in Classical Antiquity*. Cambridge, MA: Harvard University Press, 2001.

Harrison, Charles T. *Bacon, Hobbes, Boyle, and the Ancient Atomists*. Cambridge, MA: Harvard University Press, 1933.

————. "The Ancient Atomists and English Literature of the Seventeenth Century," *Harvard Studies in Classical Philology* 45 (1934), pp. 1–79.

Harrison, Edward. "Newton and the Infinite Universe," *Physics Today* 39 (1986), pp. 24–32.

Hay, Denys. *The Italian Renaissance in Its Historical Background*. Cambridge: Cambridge University Press.

Heller, Agnes. *Renaissance Man*, trans. Richard E. Allen. London: Routledge & Kegan Paul, 1978 (orig. Hungarian 1967).

Herbert, Gary B. *The Unity of Scientific and Moral Wisdom*. Vancouver: University of British Columbia Press, 1989.

Himmelfarb, Gertrude. *Darwin and the Darwinian Revolution*. New York: W. W. Norton & Company, 1968.

Hine, William. "Inertia and Scientific Law in Sixteenth-Century Commentaries on Lucretius," *Renaissance Quarterly* 48 (1995), pp. 728–41.

Hinnant, Charles. *Thomas Hobbes*. Boston: Twayne Publishers, 1977.

Hirsch, David A. Hedrich. "Donne's Atomies and Anatomies: Deconstructed Bodies and the Resurrection of Atomic Theory," *Studies in English Literature, 1500–1900* 31 (1991), pp. 69–94.

Hobbes, Thomas. *Leviathan*. Cambridge: Cambridge University Press, 1991.

————. *The Elements of Law Natural and Politic: Human Nature, De Corpore Politico, Three Lives*. Oxford: Oxford University Press, 1994.

Hoffman, Banesh. *Albert Einstein, Creator and Rebel*. New York: Viking Press, 1972.

Holzherr, George. *The Rule of Benedict: A Guide to Christian Living, with Commentary by George Holzherr, Abbot of Einsiedeln*. Dublin: Four Courts Press, 1994.

Horne, Herbert. *Alessandro Filipepi, Commonly Called Sandro Botticelli, Painter of Florence*. Princeton: Princeton University Press, 1980.

Hubbard, Elbert. *Journeys to Homes of Eminent Artists*. East Aurora, NY: Roycrafters, 1901.

Humanism and Liberty: Writings on Freedom from Fifteenth-Century Florence, trans. and ed. Renee Neu Watkins. Columbia, SC: University of South Carolina Press, 1978.

Hutcheon, Pat Duffy. *The Road to Reason: Landmarks in the Evolution of Humanist Thought*. Ottawa: Canadian Humanist Publications, 2001.

Hutchinson, Lucy. *Lucy Hutchinson's Translation of Lucretius: De rerum natura*, ed. Hugh de Quehen. Ann Arbor: University of Michigan Press, 1996.

Hyde, William de Witt. *From Epicurus to Christ: A Study in the Principles of Personality*. New York: Macmillan, 1908.

Impey, Chris. "Reacting to the Size and the Shape of the Universe," *Mercury* 30 (2001).

Isidore of Seville. *The Etymologies of Isidore of Seville*, ed. Stephen A. Barney et al. Cambridge: Cambridge University Press, 2006.

Jacquot, J. "Thomas Harriot's Reputation for Impiety," *Notes and Records of the Royal Society* 9 (1951–52), pp. 164–87.

Jayne, Sears. *John Colet and Marsilio Ficino*. Oxford: Oxford University Press, 1963.

Jefferson, Thomas. *Papers*. Princeton: Princeton University Press, 1950.

———. *Writings*. New York: Viking Press, 1984.

Jerome, St. *Select Letters of St. Jerome*, trans. F. A. Wright. London: William Heinemann, 1933.

———. *The Letters of St. Jerome*, trans. Charles Christopher Mierolo. Westminster, MD: Newman Press, 1963.

John, Bishop of Nikiu. *The Chronicle*, trans. R. H. Charles. London: Williams & Norgate, 1916.

John of Salisbury. *Entheticus, Maior and Minor*, ed. Jan van Laarhoven. Leiden: E. J. Brill, 1987.

Johnson, Elmer D. *History of Libraries in the Western World*. Metuchen, NJ: Scarecrow Press, 1970.

Johnson, W. R. *Lucretius and the Modern World*. London: Duckworth, 2000.

Jones, Howard. *The Epicurean Tradition*. London: Routledge, 1989.

Jordan, Constance. *Pulci's Morgante: Poetry and History in Fifteenth-Century Florence*. Washington, DC: Folger Shakespeare Library, 1986.

Joy, Lynn S. "Epicureanism in Renaissance Moral and Natural Philosophy," *Journal of the History of Ideas* 53 (1992), pp. 573–83.

Judd, John. *The Coming of Evolution: The Story of a Great Revolution in Science*. Cambridge: Cambridge University Press, 1910.

Kaczynski, Bernice M. *Greek in the Carolingian Age: The St. Gall Manuscripts*. Cambridge, MA: Medieval Academy of America, 1988.

Kain, Philip J. *Marx' Method, Epistemology and Humanism*. Dordrecht: D. Reidel, 1986.

Kamenka, Eugene. *The Ethical Foundations of Marxism*. London: Routledge & Kegan Paul, 1972.

Kantorowicz, Ernst H. "The Sovereignty of the Artist: A Note on Legal Maxims and Renaissance Theories of Art," in Millard Meiss, ed., *Essays in Honor of Erwin Panofsky*. New York: New York University Press, 1961, pp. 267–79.

Kargon, Robert Hugh. *Atomism in England from Hariot to Newton*. Oxford: Clarendon Press, 1966.

Kaster, Robert A. *Guardians of Language: The Grammarian and Society in Late Antiquity*. Berkeley: University of California Press, 1988.

Kemp, Martin. *Leonardo da Vinci, the Marvelous Works of Nature and Man*. Cambridge, MA: Harvard University Press, 1981.

———. *Leonardo*. Oxford: Oxford University Press, 2004.

Kemple, Thomas. *Reading Marx Writing: Melodrama, the Market, and the "Grundrisse."* Stanford: Stanford University Press, 1995.

Kenney, E. J. *Lucretius*. Oxford: Clarendon Press, 1977.

Kidwell, Carol. *Marullus: Soldier Poet of the Renaissance*. London: Duckworth, 1989.

Kitts, Eustace J. *In the Days of the Councils: A Sketch of the Life and Times of Baldassare Cossa (Afterward Pope John the Twenty-Third)*. London: Archibald Constable & Co., 1908.

———. *Pope John the Twenty-Third and Master John Hus of Bohemia*. London: Constable & Co., 1910.

Kivisto, Sari. *Creating Anti-Eloquence: Epistolae Obscurorum Virorum and the Humanist Polemics on Style*. Helsinki: Finnish Society of Sciences and Letters, 2002.

Kohl, Benjamin G. *Renaissance Humanism, 1300–1550: A Bibliography of Materials in English*. New York and London: Garland, 1985.

Kors, Alan Charles. "Theology and Atheism in Early Modern France," in Grafton and Blair, eds., *Transmission of Culture in Early Modern Europe*, pp. 238–75.

Korsch, Karl. *Karl Marx*. New York: John Wiley & Sons, 1938.

Koyre, Alexandre. *From the Closed World to the Infinite Universe*. Baltimore: Johns Hopkins Press, 1957.

Krause, Ernst. *Erasmus Darwin*, trans. W. S. Dallas. London: John Murray, 1879.

Krautheimer, Richard. *Rome: Profile of a City, 312–1308*. Princeton: Princeton University Press, 1980.

Kristeller, Paul Oskar. *Renaissance Thought: The Classic, Scholastic, and Humanist Strains*. New York: Harper, 1961.

———. *Renaissance Concepts of Man and Other Essays*. New York: Harper, 1972.

———. *Renaissance Thought and the Arts: Collected Essays*. Princeton: Princeton University Press, 1965, 1980.

———, and Philip P. Wiener, eds. *Renaissance Essays*. New York: Harper, 1968.

Kuehn, Manfred. *Kant: A Biography*. New York: Cambridge University Press, 2001.

Lachs, John. "The Difference God Makes," *Midwest Studies in Philosophy* 28 (2004), pp. 183–94.

Lactantius. "A Treatise on the Anger of God, Addressed to Donatus," in Rev. Alexander Roberts and James Donaldson, eds.; William Fletcher, trans., *The Works of Lactantius*. Vol. II. Edinburgh: T. & T. Clark, 1871, pp. 1–48.

Lange, Frederick Albert. *The History of Materialism: and Criticism of Its Present Importance*, trans. Ernest Chester Thomas, intro. Bertrand Russell. London: K. Paul, Trench, Trubner; New York: Harcourt, Brace, 1925.

Leff, Gordon. *Heresy, Philosophy and Religion in the Medieval West*. Aldershot, UK, and Burlington, VT: Ashgate, 2002.

Le Goff, Jacques. *The Medieval Imagination*, trans. Arthur Goldhammer. Chicago: University of Chicago Press, 1985.

Leonardo da Vinci. *The Notebooks*. New York: New American Library, 1960.

Leonardo da Vinci. *The Literary Works of Leonardo*, ed. Jean Paul Richter. Berkeley: University of California Press, 1977.

Leto, Pomponio. *Lucrezio*, ed. Giuseppe Solaro. Palermo: Sellerio, 1993.

Levine, Norman. *The Tragic Deception: Marx Contra Engels*. Oxford: Clio Books, 1975.

Lezra, Jacques. *Unspeakable Subjects: The Genealogy of the Event in Early Modern Europe*. Stanford: Stanford University Press, 1997.

Lightbrown, R. W. *Botticelli: Life and Work*. New York: Abbeville Press, 1989.

Löffler, Dr. Klemens. *Deutsche Klosterbibliotheken*. Cologne: J. P. Bachman, 1918.

Long, A. A. *Hellenistic Philosophy: Stoics, Epicureans, Sceptics*, 2nd edn. Berkeley: University of California Press, 1987.

———, and D. N. Sedley, *The Hellenistic Philosophers*, 2 vols. Cambridge: Cambridge University Press, 1987.

Longo, Susanna Gambino. *Lucrèce et Epicure à la Renaissance Italienne*. Paris: Honoré Champion, 2004.

Lucretius. *On the Nature of Things*, trans. W. H. D. Rouse, rev. Martin F. Smith. Cambridge, MA: Harvard University Press, 1924, rev. 1975.

———. *De Rerum Natura Libri Sex*, ed. Cyril Bailey. Oxford: Clarendon Press, 1947.

———. *De Rerum Natura*, ed. Cyril Bailey. London: Oxford University Press, 1963.

———. *The Nature of Things*, trans. Frank O. Copley. New York: W. W. Norton & Company, 1977.

———. *On the Nature of Things*, trans. Anthony M. Esolen. Baltimore: Johns Hopkins University Press, 1995.

———. *On the Nature of the Universe*, trans. Ronald Melville. Oxford: Oxford University Press, 1997.

———. *On the Nature of Things*, trans. Martin Ferguson Smith. London: Sphere Books, 1969; rev. trans. Indianapolis: Hackett, 2001.

————. *The Nature of Things,* trans. A. E. Stallings. London: Penguin, 2007.

————. *De Rerum Natura,* trans. David R. Slavitt. Berkeley: University of California Press, 2008.

Lund, Vonne, Raymond Anthony, and Helena Rocklinsberg. "The Ethical Contract as a Tool in Organic Animal Husbandry," *Journal of Agricultural and Environmental Ethics* 17 (2004), pp. 23–49.

Luper-Foy, Steven. "Annihilation," *Philosophical Quarterly* 37 (1987), pp. 233–52.

Macleod, Roy, ed. *The Library of Alexandria: Centre of Learning in the Ancient World.* London: I. B. Tauris, 2004.

MacPhail, Eric. "Montaigne's New Epicureanism," *Montaigne Studies* 12 (2000), pp. 91–103.

Madigan, Arthur. "Commentary on Politis," *Boston Area Colloquium in Ancient Philosophy* 18 (2002).

Maglo, Koffi. "Newton's Gravitational Theory by Huygens, Varignon, and Maupertuis: How Normal Science May Be Revolutionary," *Perspectives on Science,* 11 (2003), pp. 135–69.

Mah, Harold. *The End of Philosophy, the Origin of "Ideology."* Berkeley: University of California Press, 1987.

Maiorino, Giancarlo. *Leonardo da Vinci: The Daedalian Mythmaker.* University Park, PA: Pennsylvania State University Press, 1992.

Malcolm, Noel. *Aspects of Hobbes.* New York: Oxford University Press, 2002.

Marino, Joseph, and Melinda W. Schlitt, eds. *Perspectives on Early Modern and Modern Intellectual History: Essays in Honor of Nancy S. Struever.* Rochester, NY: University of Rochester Press, 2000.

Markus, R. A. *The End of Ancient Christianity.* Cambridge and New York: Cambridge University Press, 1990.

Marlowe, Christopher. *Christopher Marlowe: The Complete Poems and Translations,* ed. Stephen Orgel. Harmondsworth, UK, and Baltimore: Penguin Books, 1971.

Marsh, David. *The Quattrocento Dialogue.* Cambridge, MA, and London: Harvard University Press, 1980.

Martin, Alain, and Oliver Primavesi. *L'Empédocle de Strasbourg.* Berlin and New York: Walter de Gruyter; Bibliothèque Nationale et Universitaire de Strasbourg, 1999.

Martin, John Jeffries. *Myths of Renaissance Individualism.* Houndmills, Basingstoke, UK: Palgrave, 2004.

Martindale, Charles. *Latin Poetry and the Judgement of Taste.* Oxford: Oxford University Press, 2005.

Martines, Lauro. *The Social World of the Florentine Humanists, 1390–1460.* Princeton: Princeton University Press, 1963.

————. *Scourge and Fire: Savonarola and Renaissance Florence.* London: Jonathan Cape, 2006.

Marullo, Michele. *Inni Naturali*, trans. Doratella Coppini. Florence: Casa Editrice le Lettere, 1995.

Marx, Karl, and Frederick Engels. *Collected Works*, trans. Richard Dixon. New York: International Publishers, 1975.

———. *On Literature and Art*. Moscow: Progress Publishers, 1976.

Masters, Roger. *The Political Philosophy of Rousseau*. Princeton: Princeton University Press, 1968.

———. "Gradualism and Discontinuous Change," in Albert Somit and Steven Peterson, eds., *The Dynamics of Evolution*. Ithaca, NY: Cornell University Press, 1992.

Mayo, Thomas Franklin. *Epicurus in England (1650–1725)*. Dallas: Southwest Press, 1934.

McCarthy, George. *Marx and the Ancients: Classical Ethics, Social Justice, and Nineteenth-Century Political Economy*. Savage, MD: Rowman & Littlefield, 1990.

McDowell, Gary, and Sharon Noble, eds. *Reason and Republicanism: Thomas Jefferson's Legacy of Liberty*. Lanham, MD: Rowman & Littlefield, 1997.

McGuire, J. E., and P. M. Rattansi. "Newton and the Pipes of Pan," *Notes and Records of the Royal Society of London* 21 (1966), pp. 108–43.

McKitterick, Rosamond. "Manuscripts and Scriptoria in the Reign of Charles the Bald, 840–877," *Giovanni Scoto nel Suo Tempo*. Spoleto: Centro Italiano di Studi sull'Alto Medioevo, 1989, pp. 201–37.

———. "Le Role Culturel des Monastères dans les Royaumes Carolingiens du VIIIe au Xe Siècle," *Revue Benedictine* 103 (1993), pp. 117–30.

———. *Books, Scribes and Learning in the Frankish Kingdoms, 6th–9th Centuries*. Aldershot, UK: Variorum, 1994.

———, ed. *Carolingian Culture: Emulation and Innovation*. Cambridge: Cambridge University Press, 1994.

McKnight, Stephen A. *The Modern Age and the Recovery of Ancient Wisdom: A Reconsideration of Historical Consciousness, 1450–1650*. Columbia, MO: University of Missouri Press, 1991.

McLellan, David. *The Thought of Karl Marx*. New York: Harper & Row, 1971.

McNeil, Maureen. *Under the Banner of Science: Erasmus Darwin and His Age*. Manchester: Manchester University Press, 1987.

Meikle, Scott. *Essentialism in the Thought of Karl Marx*. London: Duckworth, 1985.

Melzer, Arthur M. *The Natural Goodness of Man: On the System of Rousseau's Thought*. Chicago: University of Chicago Press, 1990.

Merryweather, F. Somner. *Bibliomania in the Middle Ages*. London: Woodstock Press, 1933.

Michel, Paul Henry. *The Cosmology of Giordano Bruno*, trans. R. E. W. Maddison. Paris: Hermann; Ithaca, NY: Cornell University Press, 1973.

Miller, Charles A. *Jefferson and Nature: An Interpretation*. Baltimore: Johns Hopkins University Press, 1988.

Moffitt, John F. "The *Evidentia* of Curling Waters and Whirling Winds: Leonardo's *Ekphraseis* of the Latin Weathermen," *Leonardo Studies* 4 (1991), pp. 11–33.

Molho, Anthony et al. "Genealogy and Marriage Alliance: Memories of Power in Late Medieval Florence," in Cohn and Epstein, eds., *Portraits of Medieval and Renaissance Living*, pp. 39–70.

Morel, Jean. "Recherches sur les Sources du Discours sur l'Inégalité," *Annales* 5 (1909), pp. 163–64.

Mortara, Elena. "The Light of Common Day: Romantic Poetry and the Everydayness of Human Existence," in Riccardo Dottori, ed., *The Legitimacy of Truth*. Rome: Lit Verlag, 2001.

Muller, Conradus. "De Codicum Lucretii Italicorum Origine," *Muséum Helveticum: Revue Suisse pour l'Etude de l'Antiquité Classique* 30 (1973), pp. 166–78.

Mundy, John Hine, and Kennerly M. Woody, eds.; Louise Ropes Loomis, trans. *The Council of Constance: The Unification of the Church*. New York and London: Columbia University Press, 1961.

Murphy, Caroline P. *The Pope's Daughter*. London: Faber & Faber, 2004.

Murray, Alexander. "Piety and Impiety in Thirteenth-Century Italy," in C. J. Cuming and Derek Baker, eds., *Popular Belief and Practice*, Studies in Church History 8. London: Syndics of the Cambridge University Press, 1972, pp. 83–106.

———. "Confession as a Historical Source in the Thirteenth Century," in R. H. C. Davis and J. M. Wallace-Hadrill, eds., *The Writing of History in the Middle Ages: Essays Presented to Richard William Southern*. Oxford: Clarendon Press, 1981, pp. 275–322.

———. "The Epicureans," in Piero Boitani and Anna Torti, eds., *Intellectuals and Writers in Fourteenth-Century Europe*. Tübingen: Gunter Narr, 1986, pp. 138–63.

Nelson, Eric. *The Greek Tradition in Republican Thought*. Cambridge: Cambridge University Press, 2004.

Neugebauer, O. *The Exact Sciences in Antiquity*. Princeton: Princeton University Press, 1952.

Newton, Isaac. *Correspondence of Isaac Newton,* H. W. Tumbull et al., eds., 7 vols. Cambridge: Cambridge University Press, 1959–1984.

Nicholls, Mark. "Percy, Henry," *Oxford Dictionary of National Biography*, 2004–07.

Nichols, James. *Epicurean Political Philosophy: The De Rerum Natura of Lucretius*. Ithaca, NY: Cornell University Press, 1976.

Nussbaum, Martha. *The Therapy of Desire: Theory and Practice in Hellenistic Ethics*. Princeton: Princeton University Press, 2009, pp. 140–91.

Oberman, Heiko. *The Dawn of the Reformation*. Grand Rapids, MI: William Eerdmans Publishing Co., 1986.

Olsen, B. Munk. *L'Etude des Auteurs Classiques Latins aux XIe et XIIe Siècles.* Paris: Editions du Centre National de la Recherche Scientifique, 1985.

O'Malley, Charles, and J. B. Saunders. *Leonardo da Vinci on the Human Body: The Anatomical, Physiological, and Embryological Drawings of Leonardo da Vinci.* New York: Greenwich House, 1982.

O'Malley, John W., Thomas M. Izbicki, and Gerald Christianson, eds.*Humanity and Divinity in Renaissance and Reformation: Essays in Honor of Charles Trinkaus*. Leiden: E. J. Brill, 1993.

Ordine, Nuccio. *Bruno and the Philosophy of the Ass*, trans. Henryk Baraánski in collab. with Arielle Saiber. New Haven, CT: Yale University Press, 1996.

Origen. *Origen Against Celsus*, trans. Rev. Frederick Crombie, in *Anti-Nicene Christian Library: Translations of the Writings of the Fathers Down to A.D. 325*, ed. Rev. Alexander Roberts and James Donaldson, vol. 23. Edinburgh: T. & T. Clark, 1872.

Osborn, Henry Fairfield. *From the Greeks to Darwin: The Development of the Evolution Idea Through Twenty-Four Centuries*. New York: Charles Scribner's Sons, 1929.

Osler, Margaret. *Divine Will and the Mechanical Philosophy: Gassendi and Descartes on Contingency and Necessity in the Created World*. Cambridge: Cambridge University Press, 1994.

———, ed. *Atoms, Pneuma, and Tranquility: Epicurean and Stoic Themes in European Thought*. Cambridge: Cambridge University Press, 1991.

Osler, Sir William. "Illustrations of the Book-Worm," *Bodleian Quarterly Record*, 1 (1917), pp. 355–57.

Otte, James K. "Bernhard Pabst, *Atomtheorien des Lateinischen Mittelalters*," *Speculum* 71 (1996), pp. 747–49.

Overbye, Dennis. "Human DNA, the Ultimate Spot for Secret Messages (Are Some There Now?)," *The New York Times*, June 26, 2007, p. D4.

Overhoff, Jurgen. *Hobbes' Theory of the Will: Ideological Reasons and Historical Circumstances*. Lanham, MD: Rowman & Littlefield, 2000.

Pabst, Bernhard. *Atomtheorien des Lateinischen Mittelalters*. Darmstadt: Wissenschaftliche Buchgesellschaft, 1994.

Palladas. *Palladas: Poems,* trans. Tony Harrison. London: Anvil Press Poetry, 1975.

Panofsky, Erwin. *Renaissance and Renascences in Western Art*, 2 vols. Stockholm: Almqvist & Wiksell, 1960.

Parkes, M. B. *Scribes, Scripts and Readers: Studies in the Communication, Presentation and Dissemination of Medieval Texts*. London: Hambledon Press, 1991.

Parsons, Edward Alexander. *The Alexandrian Library, Glory of the Hellenic World: Its Rise, Antiquities, and Destructions*. New York: American Elsevier Publishing Co., 1952.

Partner, Peter. *Renaissance Rome, 1500–1559: A Portrait of a Society.* Berkeley: University of California Press, 1976.

———. *The Pope's Men: The Papal Civil Service in the Renaissance.* Oxford: Clarendon Press, 1990.

Paterson, Antoinette Mann. *The Infinite Worlds of Giordano Bruno.* Springfield, IL: Thomas, 1970.

Patschovsky, Alexander. *Quellen Zur Bohmischen Inquisition im 14. Jahrundert.* Weimar: Hermann Bohlaus Nachfolger, 1979.

Paulsen, Freidrich. *Immanuel Kant; His Life and Doctrine,* trans. J. E. Creighton and Albert Lefevre. New York: Frederick Ungar, 1963.

Payne, Robert. *Marx.* New York: Simon & Schuster, 1968.

Peter of Mldonovice. *John Hus at the Council of Constance,* trans. Matthew Spinka. New York: Columbia University Press, 1965.

Petrucci, Armando. *Writers and Readers in Medieval Italy: Studies in the History of Written Culture,* trans. Charles M. Kadding. New Haven and London: Yale University Press, 1995.

Pfeiffer, Rudolf. *History of Classical Scholarship from the Beginnings to the End of the Hellenistic Age.* Oxford: Clarendon Press, 1968.

Philippe, J. "Lucrèce dans la Théologie Chrétienne du IIIe au XIIIe Siècle et Spécialement dans les Ecoles Carolingiennes," *Revue de l'Histoire des Religions* 33 (1896) pp. 125–62.

Philodemus. *On Choices and Avoidances,* trans. Giovanni Indelli and Voula Tsouna-McKriahan. Naples: Bibliopolis, 1995.

———[Filodemo]. *Mémoire Epicurée.* Naples: Bibliopolis, 1997.

———. *Acts of Love: Ancient Greek Poetry from Aphrodite's Garden,* trans. George Economou. New York: Modern Library, 2006.

———. *On Rhetoric: Books 1 and 2,* trans. Clive Chandler. New York: Routledge, 2006.

Poggio Bracciolini 1380–1980: Nel VI Centenario della Nascita. Florence: Sansoni, 1982.

Politis, Vasilis. "Aristotle on Aporia and Searching in Metaphysics," *Boston Area Colloquium in Ancient Philosophy* 18 (2002), pp. 145–74.

Porter, James. *Nietzsche and the Philology of the Future.* Stanford: Stanford University Press, 2000.

Primavesi, Oliver. "Empedocles: Physical and Mythical Divinity," in Patricia Curd and Daniel W. Graham, eds., *The Oxford Handbook of Presocratic Philosophy.* New York: Oxford University Press, 2008, pp. 250–83.

Prosperi, Adriano. *Tribunali della Coscienza: Inquisitori, Confessori, Missionari.* Turin: Giulio Einaudi, 1996.

Putnam, George Haven. *Books and Their Makers During the Middle Ages.* New York: G. P. Putnam's Sons, 1898.

Puyo, Jean. *Jan Hus: Un Drame au Coeur de l'Eglise.* Paris: Desclee de Brouwer, 1998.

Rattansi, Piyo. "Newton and the Wisdom of the Ancients," in John Fauvel, ed., *Let Newton Be!* Oxford: Oxford University Press, 1988.

Redshaw, Adrienne M. "Voltaire and Lucretius," *Studies on Voltaire and the Eighteenth Century* 189 (1980), pp. 19–43.

Reti, Ladislao. *The Library of Leonardo da Vinci.* Los Angeles: Zeitlin & Ver-Brugge, 1972.

Reynolds, L. D. *Texts and Transmission: A Survey of the Latin Classics.* Oxford: Clarendon Press, 1983.

———, and N. G. Wilson. *Scribes and Scholars: A Guide to the Transmission of Greek and Latin Literature.* London: Oxford University Press, 1968.

Reynolds, Susan. "Social Mentalities and the Case of Medieval Scepticism," *Transactions of the Royal Historical Society* 1 (1990), pp. 21–41.

Rich, Susanna. "De Undarum Natura: Lucretius and Woolf in *The Waves,*" *Journal of Modern Literature* 23 (2000), pp. 249–57.

Richard, Carl. *The Founders and the Classics: Greece, Rome, and the American Enlightenment.* Cambridge, MA: Harvard University Press, 1994.

Riche, Pierre. *Education and Culture in the Barbarian West Sixth Through Eighth Centuries,* trans. John J. Cotren. Columbia, SC: University of South Carolina Press, 1976.

Richental, Ulrich von. *Chronik des Konstanzer Konzils 1414–1418.* Constance: F. Bahn, 1984.

Richter, J. P. *The Notebooks of Leonardo da Vinci.* New York: Dover Books, 1970.

Richter, Simon. *Laocoon's Body and the Aesthetics of Pain: Winckelmann, Lessing, Herder, Moritz, Goethe.* Detroit: Wayne State University Press, 1992.

Roche, J. J. "Thomas Harriot," *Oxford Dictionary of National Biography* (2004), p. 6.

Rochot, Bernard. *Les Travaux de Gassendi: Sur Epicure et sur l'Atomisme 1619–1658.* Paris: Librairie Philosophique J. Vrin, 1944.

Rosenbaum, Stephen. "How to Be Dead and Not Care," *American Philosophical Quarterly* 23 (1986).

———. "Epicurus and Annihilation," *Philosophical Quarterly* 39 (1989), pp. 81–90.

———. "The Symmetry Argument: Lucretius Against the Fear of Death," *Philosophy and Phenomenological Research* 50 (1989), pp. 353–73.

———. "Epicurus on Pleasure and the Complete Life," *The Monist,* 73 (1990).

Rosler, Wolfgang. "Hermann Diels und Albert Einstein: Die Lukrez-Ausgabe Von 1923/24," *Hermann Diels (1848–1922) et la Science de l'Antique.* Geneva: Entretiens sur l'Antique Classique, 1998.

Rowland, Ingrid D. *Giordano Bruno: Philosopher/Heretic.* New York: Farrar, Straus & Giroux, 2008.

Ruggiero, Guido, ed. *A Companion to the Worlds of the Renaissance.* Oxford: Blackwell, 2002.

Ryan, Lawrence V. "Review of *On Pleasure* by Lorenzo Valla," *Renaissance Quarterly* 34 (1981), pp. 91–93.

Sabbadini, Remigio. *Le Scoperte dei Codici Latini e Greci ne Secoli XIV e XV*. Florence: Sansoni, 1905.

Saiber, Arielle, and Stefano Ugo Baldassarri, eds. *Images of Quattrocento Florence: Selected Writings in Literature, History, and Art*. New Haven: Yale University Press, 2000.

Santayana, George. *Three Philosophical Poets: Lucretius, Dante, and Goethe*. Cambridge, MA: Harvard University Press, 1947.

Schmidt, Albert-Marie. *La Poésie Scientifique en France au Seizième Siècle*. Paris: Albin Michel, 1939.

Schofield, Malcolm, and Gisela Striker, eds. *The Norms of Nature: Studies in Hellenistic Ethics*. Paris: Maison des Sciences de l'Homme, 1986.

Schottenloher, Karl. *Books and the Western World: A Cultural History*, trans. William D. Boyd and Irmgard H. Wolfe. Jefferson, NC: McFarland & Co., 1989.

Sedley, David. *Lucretius and the Transformation of Greek Wisdom*. Cambridge: Cambridge University Press, 1998.

Segal, C. *Lucretius on Death and Anxiety: Poetry and Philosophy in De Rerum Natura*. Princeton: Princeton University Press, 1990.

Seznec, Jean. *The Survival of the Pagan Gods: The Mythological Tradition and Its Place in Renaissance Humanism and Art*, trans. Barbara F. Sessions. New York: Harper & Row, 1953.

Shapin, Steven, and Simon Schaffer. *Leviathan and the Air-Pump: Hobbes, Boyle, and the Experimental Life*. Princeton: Princeton University Press, 1985.

Shea, William. "Filled with Wonder: Kant's Cosmological Essay, the Universal Natural History and Theory of the Heavens," in Robert Butts, ed., *Kant's Philosophy of Physical Science*. Boston: Kluwer Academic Publishers, 1986.

Shell, Susan. *The Embodiment of Reason: Kant on Spirit, Generation, and Community*. Chicago: University of Chicago Press, 1996.

Shepherd, Wm. *Life of Poggio Bracciolini*. Liverpool: Longman et al., 1837.

Shirley, J. W. *Thomas Harriot: A Biography*. Oxford: Clarendon Press, 1983.

———, ed. *Thomas Harriot: Renaissance Scientist*. Oxford: Clarendon Press, 1974.

Sider, David. *The Library of the Villa dei Papiri at Herculaneum*. Los Angeles: J. Paul Getty Museum, 2005.

———, ed. and trans. *The Epigrams of Philodemos*. New York: Oxford University Press, 1997.

Sikes, E. E. *Lucretius, Poet and Philosopher*. New York: Russell & Russell, 1936.

Simonetta, Marcello. *Rinascimento Segreto: Il mondo del Segretario da Petrarca a Machiavelli*. Milan: Franco Angeli, 2004.

Simons, Patricia. "A Profile Portrait of a Renaissance Woman in the National Gallery of Victoria," *Art Bulletin of Victoria* [Australia] 28 (1987), pp. 34–52.

———. "Women in Frames: The Gaze, the Eye, the Profile in Renaissance Portraiture," *History Workshop Journal* 25 (1988), pp. 4–30.

Singer, Dorothea. *Giordano Bruno: His Life and Thought.* New York: H. Schuman, 1950.

Smahel, Frantisek, ed. *Haresie und Vorzeitige Reformation im Spätmittelatler.* Munich: R. Oldenbourg, 1998.

Smith, Christine, and Joseph F. O'Connor. "What Do Athens and Jerusalem Have to Do with Rome? Giannozzo Manetti on the Library of Nicholas V," in Marino and Schlitt, eds., *Perspectives on Early Modern and Modern Intellectual History: Essays in Honor of Nancy S. Struever.* Rochester, NY: University of Rochester Press, 2000, pp. 88–115.

Smith, Cyril. *Karl Marx and the Future of the Human.* Lanham, MD: Lexington Books, 2005.

Smith, John Holland. *The Great Schism, 1378.* London: Hamish Hamilton, 1970.

Smith, Julia M. H. *Europe After Rome: A New Cultural History, 500–1000.* Oxford: Oxford University Press, 2005.

Smuts, R. Malcolm, ed. *The Stuart Court and Europe: Essays in Politics and Political Culture.* Cambridge: Cambridge University Press, 1996.

Snow-Smith, Joanne. *The Primavera of Sandro Botticelli: A Neoplatonic Interpretation.* New York: Peter Lang, 1993.

Snyder, Jane McIntosh. "Lucretius and the Status of Women," *The Classical Bulletin* 53 (1976), pp. 17–19.

———. *Puns and Poetry in Lucretius' De Rerum Natura.* Amsterdam: B. R. Gruner, 1980.

Snyder, Jon R. *Writing the Scene of Speaking: Theories of Dialogue in the Late Italian Renaissance.* Stanford: Stanford University Press, 1989.

Spencer, T. J. B. "Lucretius and the Scientific Poem in English," in D. R. Dudley, ed., *Lucretius.* London: Routledge & Kegan Paul, 1965, pp. 131–64.

Spinka, Matthew. *John Hus and the Czech Reform.* Hamden, CT: Archon Books, 1966.

———. *John Hus: A Biography.* Princeton: Princeton University Press, 1968.

Stanley, John L. *Mainlining Marx.* New Brunswick, NJ: Transaction Publishers, 2002.

Stevenson, J. ed. *A New Eusebius: Documents Illustrating the History of the Church to AD 337.* London: SPCK, 1987.

Stinger, Charles L. *Humanism and the Church Fathers: Ambrogio Taversari (1386–1439) and Christian Antiquity in the Italian Renaissance.* Albany: State University of New York Press, 1977.

———. *The Renaissance in Rome.* Bloomington: Indiana University Press, 1998.

Stites, Raymond. "Sources of Inspiration in the Science and Art of Leonardo da Vinci," *American Scientist* 56 (1968), pp. 222–43.

Strauss, Leo. *Natural Right and History*. Chicago: University of Chicago Press, 1953.

Struever, Nancy S. "Historical Priorities," *Journal of the History of Ideas* 66 (2005), p. 16.

Stump, Phillip H. *The Reforms of the Council of Constance (1414–1418)*. Leiden: E. J. Brill, 1994.

Surtz, Edward L. "Epicurus in Utopia," *ELH: A Journal of English Literary History* 16 (1949), pp. 89–103.

———. *The Praise of Pleasure: Philosophy, Education, and Communism in More's Utopia*. Cambridge, MA: Harvard University Press, 1957.

Symonds, John Addington. *The Renaissance in Italy*. London: Smith, Elder & Co., 1875–86.

———. *Renaissance in Italy*. Vol. 3: *The Fine Arts*. London: Smith, Elder & Co., 1898.

Tafuri, Manfredo. *Interpreting the Renaissance: Princes, Cities, Architects*, trans. Daniel Sherer. New Haven: Yale University Press, 2006.

Teodoro, Francesco di, and Luciano Barbi. "Leonardo da Vinci: Del Riparo a' Terremoti," *Physis: Rivista Internazionale di Storia della Scienza* 25 (1983), pp. 5–39.

Tertullian. *The Writings of Quintus Sept. Flor. Tertullianus*, 3 vols. Edinburgh: T. & T. Clark, 1869–70.

———. *Concerning the Resurrection of the Flesh*. London: SPCK, 1922.

———. *Ante-Nicene Fathers*, ed. A. Roberts and J. Donaldson, vol. 4. Grand Rapids, MI: Wm. B. Eerdmans Publishing Co., 1951.

———. *Tertullian's Treatise on the Incarnation*. London: SPCK, 1956.

———. *Disciplinary, Moral and Ascetical Works*, trans. Rudolph Arbesmann, Sister Emily Joseph Daly, and Edwin A. Quain. New York: Fathers of the Church, 1959.

———. *Treatises on Penance*, trans. William P. Le Saint. Westminster, MD: Newman Press, 1959.

———. *Christian and Pagan in the Roman Empire: The Witness of Tertullian*, Robert D. Sider, ed. Washington, DC: Catholic University of America, 2001.

Tertulliano. *Contro gli Eretici*. Rome: Città Nuova, 2002.

Thatcher, David S. *Nietzsche in England 1890–1914*. Toronto: University of Toronto Press, 1970.

Thompson, James Westfall. *The Medieval Library*. Chicago: University of Chicago Press, 1939.

———. *Ancient Libraries*. Berkeley: University of California Press, 1940.

Tielsch, Elfriede Walesca. "The Secret Influence of the Ancient Atomistic Ideas and the Reaction of the Modern Scientist under Ideological Pressure," *History of European Ideas* 2 (1981), pp. 339–48.

Toynbee, Jocelyn, and John Ward Perkins. "The Shrine of St. Peter and the Vatican Excavations." New York: Pantheon Books, 1957, pp. 109–17.

Trinkaus, Charles. *In Our Image and Likeness.* Chicago: University of Chicago Press, 1970.

———. "Machiavelli and the Humanist Anthropological Tradition," in Marino and Schlitt, eds., *Perspectives on Early Modern and Modern Intellectual History.* Rochester, NY: University of Rochester Press, 2000, pp. 66-87.

Tuma, Kathryn A. "Cézanne and Lucretius at the Red Rock," *Representations* 78 (2002), pp. 56–85.

Turberville, S. *Medieval Heresy and the Inquisition.* London and Hamden, CT: Archon Books, 1964.

Turner, Frank M. "Lucretius Among the Victorians," *Victorian Studies* 16 (1973), pp. 329–48.

Turner, Paul. "Shelley and Lucretius," *Review of English Studies* 10 (1959), pp. 269–82.

Tyndall, John. "The Belfast Address," *Fragments of Science: A Series of Detached Essays, Addresses and Reviews.* New York: D. Appleton & Co., 1880, pp. 472–523.

Ullman, B. L. *Studies in the Italian Renaissance.* Rome: Edizioni di Storia e Letteratura, 1955.

Vail, Amy, ed. "Albert Einstein's Introduction to Diels' Translation of Lucretius," *The Classical World* 82 (1989), pp. 435–36.

Valla, Lorenzo. *De vero falsoque bono,* trans. and ed., Maristella de Panizza Lorch. Bari: Adriatica, 1970.

———. *On Pleasure,* trans. A. Kent Hieatt and Maristella Lorch. New York: Abaris Books, 1977, pp. 48–325.

Vasari, Giorgio. *Lives of the Most Eminent Painters, Sculptors, and Architects.* London: Philip Lee Warner, 1912.

———. *The Lives of the Artists,* trans. Julia Conaway Bondanella and Peter Bondanella. Oxford: Oxford University Press, 1988.

Vespasiano. *The Vespasiano Memoirs: Lives of Illustrious Men of the XVth Century,* trans. William George and Emily Waters. New York: Harper & Row, 1963.

Virgil. *Virgil's Georgics,* trans. John Dryden. London: Euphorion Books, 1949.

Wade, Nicholas. "Humans Have Spread Globally, and Evolved Locally," *The New York Times,* June 26, 2007, p. D3.

Wakefield, Walter L. "Some Unorthodox Popular Ideas of the Thirteenth Century," *Medievalia et Humanistica* 4 (1973), pp. 25–35.

Walser, Ernst. *Poggius Florentinus: Leben und Werke.* Hildesheim: Georg Olms, 1974.

Warburg, Aby. *Sandro Botticellis Geburt der Venus und Fruhling: Eine Untersuchung uber die Vorstellungen von der Antike in der Italienischen Fruhrenaissance.* Hamburg & Leipzig: Verlag von Leopold Voss, 1893.

————. *The Renewal of Pagan Antiquity: Contributions to the Cultural History of the European Renaissance*, trans. David Britt. Los Angeles: Getty Research Institute for the History of Art and the Humanities, 1999, pp. 88–156.

Ward, Henshaw. *Charles Darwin: The Man and His Warfare*. Indianapolis: Bobbs-Merrill, 1927.

Webb, Clement. *Kant's Philosophy of Religion*. Oxford: Clarendon Press, 1926.

Weiss, Harry B., and Ralph H. Carruthers. *Insect Enemies of Books*. New York: New York Public Library, 1937.

Weiss, Roberto. *Medieval and Humanist Greek*. Padua: Antenore, 1977.

Wenley, R. M. *Kant and His Philosophical Revolution*. Edinburgh: T. & T. Clark, 1910.

————. *The Spread of Italian Humanism*. London: Hutchinson University Library, 1964.

————. *The Renaissance Discovery of Classical Antiquity*. Oxford: Blackwell, 1969.

West, David. *The Imagery and Poetry of Lucretius*. Norman: University of Oklahoma Press, 1969.

Westfall, Richard. "The Foundations of Newton's Philosophy of Nature," *British Journal for the History of Science*, 1 (1962), pp. 171–82.

White, Michael. *Leonardo, the First Scientist*. New York: St. Martin's Press, 2000.

Whyte, Lancelot. *Essay on Atomism: From Democritus to 1960*. Middletown, CT: Wesleyan University Press, 1961.

Wilde, Lawrence. *Ethical Marxism and Its Radical Critics*. Houndmills, Basingstoke, UK: Macmillan Press, 1998.

Wilford, John Noble. "The Human Family Tree Has Become a Bush with Many Branches," *The New York Times*, June 26, 2007, pp. D3, D10.

Wind, Edgar. *Pagan Mysteries in the Renaissance*. Harmondsworth, UK: Penguin Books, 1967.

Witt, Ronald G. "The Humanist Movement," in Thomas A. Brady, Jr., Heiko A. Oberman, and James D. Tracy, eds., *Handbook of European History 1400–1600: Late Middle Ages, Renaissance and Reformation*. Leiden and New York: E. J. Brill, 1995, pp. 93–125.

————. *"In the Footsteps of the Ancients": The Origins of Humanism from Lovato to Bruni, Studies in Medieval and Reformation Thought*, ed. Heiko A. Oberman, vol. 74. Leiden: E. J. Brill, 2000.

Woolf, Greg, and Alan K. Bowman, eds. *Literacy and Power in the Ancient World*. Cambridge: Cambridge University Press, 1994.

Yarbrough, Jean. *American Virtues: Thomas Jefferson on the Character of a Free People*. Lawrence: University Press of Kansas, 1998.

Yashiro, Yukio. *Sandro Botticelli and the Florentine Renaissance*. Boston: Hale, Cushman, & Flint, 1929.

Yates, Frances A. *Giordano Bruno and the Hermetic Tradition*. Chicago: University of Chicago Press, 1964.

Yatromanolakis, Dimitrios, and Panagiotis Roilos. *Towards a Ritual Poetics*. Athens: Foundation of the Hellenic World, 2003.

Yoon, Carol Kaesuk. "From a Few Genes, Life's Myriad Shapes," *The New York Times*, June 26, 2007, pp. D1, D4–D5.

Zimmer, Carl. "Fast-Reproducing Microbes Provide a Window on Natural Selection," *The New York Times*, June 26, 2007, pp. D6–D7.

Zorzi, Andrea, and William J. Connell, eds. *Lo Stato Territoriale Fiorentino (Secoli XIV–XV): Richerche, Linguaggi, Confronti*. San Miniato: Pacini, 1996.

Zwijnenberg, Robert. *The Writings and Drawings of Leonardo da Vinci: Order and Chaos in Early Modern Thought*, trans. Caroline A. van Eck. New York: Cambridge University Press, 1999.

图片说明

1. 波焦·布拉乔利尼年轻时的肖像。它出现在波焦翻译的《居鲁士的教育》的拉丁语译本序言中。Biblioteca Medicea Laurenziana, Florence, Ms. Strozzi 50 1, recto. By permission of the Ministero per i Beni e le Attività Culturali with all rights reserved.

2. 1425 年，波焦在自己用优雅字体抄写的西塞罗作品上签名，骄傲地注明他是教皇玛尔定五世的秘书，并与读者告别。波焦的书法在他所处时期非常珍贵，也是他晋升的关键因素之一。Biblioteca Medicea Laurenziana, Florence, Ms. Laur. Plut. 48. 22, 121 recto. By permission of the Ministero per i Beni e le Attività Culturali with all rights reserved.

3. 1758 年，在赫库兰尼姆莎草纸别墅发现了这尊坐着的赫尔墨斯青铜像残骸。一双带翼的凉鞋显示了赫尔墨斯的神使身份。对于伊壁鸠鲁信徒来说，这尊雕像优雅的休息姿态可能暗示众神没有要传递给人类的信息。Alinari / Art Resource, NY.

4. 伊壁鸠鲁主义的敌人并没有把这种思想与赫尔墨斯若有所思的坐姿雕塑联系起来，而是和醉醺醺的森林之神西勒诺斯联系在一起，后者躺在狮子毛皮上的酒囊旁。这尊塑像发现于莎草纸别墅中赫尔墨斯雕像附近。Erich Lessing / Art

Resource，NY.

5. 这尊伊壁鸠鲁的小型半身像保存了原始底座，上面用希腊文刻着这位哲学家的名字，是赫库兰尼姆莎草纸别墅发现的三尊此类半身像之一。在罗马作家老普林尼的《自然史》（*Natural History*，第 35 章）中记载，在老普林尼时代，伊壁鸠鲁的半身像很流行。By courtesy of the Museo Archeologico Nazionale di Napoli/Soprintendenza Speciale per i Beni Archeologici di Napoli e Pompei.

6. "随后彼拉多带走耶稣并让人鞭打"（《约翰福音》19：1）。《圣经》文本激发了像奥地利画家迈克尔·帕切尔这幅画中场景的出现，也促进了对遭受残酷虐待的弥赛亚的同情和对折磨他的人的愤怒，以及模仿他的苦难的强烈愿望的产生。The Flagellation of Christ，Michael Pacher. The Bridgeman Art Library International.

7. 异教徒胡斯被迫戴上一个写有他罪行的仿造纸冠，烧死在火刑柱上。为了防止任何有同情心的旁观者收集这位殉道者的遗骸，之后他的骨灰被倒入莱茵河。By courtesy of the Constance Rosgartenmuseum.

8. 波焦的这幅老年肖像出现在他的著作《论命运的变迁》（*De varietate fortunae*）中，此书是波焦精心考察了古罗马的伟大遗迹后，在六十八岁时写就。©2011 Biblioteca Apostolica Vaticana，Ms. lat. 224，2 recto.

9. 波焦的朋友尼科利把波焦期待已久的《物性论》抄本带给了一位至交，并习惯性地写上"Explicit"（来自拉丁语，意为"展开"）。他祝愿读者"阅读愉快"（Lege feliciter），并虔诚地加上了（与卢克莱修诗歌的精神可能有些冲突的）"阿门"。Biblioteca Medicea Laurenziana, Florence, Ms.
Laur. Plut. 35. 30, 164 verso. By permission of the Ministero per i
Beni e le Attività Culturali with all rights reserved.

10. 在波提切利《春》这幅画的中间站着维纳斯，周身围
绕着古代的春天之神。这一复杂情景源于卢克莱修对地球盛大
的季节更替的描述："春天来了，维纳斯来了，领头的是维纳
斯的有翅膀的先驱，还有她们的母亲花神芙罗拉，紧跟西风风
神仄费洛斯的脚步，为她们开路，撒下各种精致的色彩和香
味。"（5：737－40）Erich Lessing / Art Resource, NY.

11. 蒙田在他那本有大量注释的卢克莱修著作（由丹尼
斯·兰宾于 1563 年编辑出版的重要版本）扉页上的签名被随
后所有者的名字德斯巴涅（Despagnet）覆盖，所以 20 世纪前
蒙田的签名一直没有得到确认。Reproduced by kind permission
of the Syndics of Cambridge University Library.

12. 1889 年，罗马鲜花广场竖立起埃托雷·法拉利所塑的
布鲁诺青铜雕像，当年他正是在此处的火刑柱上被烧死。雕像
底座上镶有纪念被教会迫害的其他哲学家的牌匾，引人注目的
布鲁诺正看着梵蒂冈的方向沉思。Photograph by Isaac Vita
Kohn.

索 引

（索引中的页码为原书页码，即本书页边码）

Greek culture, 28, 59–60, 70, 72, 84, 87,
194–95
Greek language, 43, 88, 97, 119–20, 126, 217
Greek literature, 42, 58, 59, 60, 61, 62–63,
81, 84, 153, 182, 210, 228, 273n,
275n–76n
see also specific works
Greek philosophy, 72–80, 211, 252
Gregory I, Pope, 97, 103
Gregory XI, Pope, 293n
Gregory XII, Antipope, 160, 180, 205
Guarino of Verona, 179
Guasconi, Biagio, 162
Guicciardini, Francesco, 127
guilds, 15, 16, 114
Gutenberg, Johann, 32, 219

Hamlet (Shakespeare), 3, 75, 233
handwriting, 37–38, 62, 112–13, 115–16, 121,
130, 135, 155–56, 179
happiness, 195–96, 198
Harriot, Thomas, 239
Harvey, William, 10
Hebrew language, 88, 95
Hebrews, 42, 283n
Heidelberg, University of, 172
Heidenheim, 15
heliocentrism, 87, 306n
Hell, 30, 288n
Henry V, King of England, 206
Henry VIII, King of England, 228
Herculaneum, 54–59, 63–67, 68, 70–72, 77,
79, 81, 82
heresy, 13, 17, 155, 165, 166–68, 170–73, 177–
79, 227, 233–41, 250–56
hermits, 35, 68, 107, 111
heroism, 104, 130
Hippolytus, 180
History of Florence (Poggio), 217
History of Rome (Livy), 23
Hobbes, Thomas, 10, 261
Holinshed Raphael, 228
holy orders, 120, 137–38, 147–48
Holy Roman Empire, 44, 120, 122, 155
Homer, 48–49, 62, 89, 182, 215
Hooke, Robert, 83–84
Hooker, Richard, 8

Horace, 84, 96
Houghton Library, 243
human existence, 190–92
humanities (*studia humanitatis*), 8–13, 23,
119–24, 134, 208, 214
Hume, David, 262
Hus, Jan, 166–68, 170, 171–72, 177, 253
Hutchinson, John, 257
Hutchinson, Lucy, 257–62, 267n, 305n
hymn to Venus (Lucretius), 1–2, 10, 201–2,
228, 251, 260–61, 299n
Hypatia of Alexandria, 91–93, 252, 282n
hypocrisy, 37, 133, 138–39

Ignatius of Loyola, Saint, 108
Iliad (Homer), 3, 215
illness, 12, 75, 76–77, 104, 147, 195
illusion, 198–99
immortality, 6, 57, 75–76, 98, 99–100, 101,
150, 158, 159, 183, 192–95, 220, 223, 230–
32, 244, 260
Incarnation, 98–99
inclinatio (swerve) principle, 7–13, 188–89,
297n
Index of Prohibited Books, 227
India, 59, 87
indices, 39–40, 63, 227
individuality, 9–10, 16
indulgences, 158, 159, 161, 168
infallibility, 166
Inferno (Dante), 288n
infinity, 186, 187, 189, 196–97, 237, 239, 244,
256
ink, 39, 40, 43, 82–86
Inquisition, 227, 236, 239–40, 254–56
Institutes (Quintillian), 177, 178–79, 296n
intellectuals, 46–47, 51, 65–70, 87–88, 91–93,
122–26, 142–45, 227–33
"intelligent design," 187–88, 220, 297n
Iphegenia, 194
Ireland, 12, 38
Isaac, 194
Isambard, 236
Isidore of Seville, 12
Islam, 113, 282n–83n
Italian language, 31, 206, 257, 262
italics, 115

Vulcan, 99
Vulgate Bible, 95–96

warfare, 24, 49, 59, 79, 89, 153, 192, 195, 226–
   27, 281n
water, 73, 86
water-soluble ink, 82–83, 86
"Way of Cession," 160–61
"Way of Compromise," 161
"Way of Council," 161
wealth, 20–22, 113, 127, 151, 192, 210–11, 215,
   219, 301n, 304n
"wergild" codes, 38
witchcraft, 17, 18–19, 92–93, 217
women, 17, 66, 76, 85, 91–93, 127–29, 143–44,
   174–76, 210, 212, 217, 220, 257–58

wool trade, 113, 114, 126, 287n
Wretchedness of the Human Condition, The
   (Poggio), 216–17
writing, 37–38, 62, 112–16, 121, 130, 135, 155–
   56, 179
Wycliffe, John, 168, 253

Yeats, William Butler, 197

Zabarella, Francesco, 162, 205
Zamora, Padre, 250
Zenodotus, 88
Zephyr, 10, 267n
Zwingli, Huldrych, 253

图书在版编目（CIP）数据

大转向：世界如何步入现代 ／（美）斯蒂芬·格林布拉特（Stephen Greenblatt）著；唐建清译. -- 北京：社会科学文献出版社，2020.9

书名原文：The Swerve：How the World Became Modern

ISBN 978 - 7 - 5201 - 1616 - 9

Ⅰ.①大… Ⅱ.①斯… ②唐… Ⅲ.①文艺复兴 - 历史 - 欧洲 Ⅳ.①K503

中国版本图书馆 CIP 数据核字（2020）第 055256 号

大转向
—— 世界如何步入现代

著　　者／〔美〕斯蒂芬·格林布拉特（Stephen Greenblatt）
译　　者／唐建清

出 版 人／谢寿光
责任编辑／张　骋

出　　版／社会科学文献出版社·甲骨文工作室（010）59366527
　　　　　　地址：北京市北三环中路甲 29 号院华龙大厦　邮编：100029
　　　　　　网址：www. ssap. com. cn
发　　行／市场营销中心（010）59367081　59367083
印　　装／北京盛通印刷股份有限公司

规　　格／开　本：889mm × 1194mm　1/32
　　　　　　印　张：10.875　插　页：0.25　字　数：247 千字
版　　次／2020 年 9 月第 1 版　2020 年 9 月第 1 次印刷
书　　号／ISBN 978 - 7 - 5201 - 1616 - 9
著作权合同
登 记 号／图字01 - 2017 - 5957 号
定　　价／68.00 元

本书如有印装质量问题，请与读者服务中心（010 - 59367028）联系